Volker Tolkmitt

Übungsbuch Neue Bankbetriebslehre

AF124620

Volker Tolkmitt

Übungsbuch
Neue Bankbetriebslehre

Aufgaben – Fallstudien – Lösungen

GABLER

Bibliografische Information Der Deutschen Nationalbibliothek
Die Deutsche Nationalbibliothek verzeichnet diese Publikation in der
Deutschen Nationalbibliografie; detaillierte bibliografische Daten sind im Internet über
<http://dnb.d-nb.de> abrufbar.

Prof. Dr. Volker Tolkmitt lehrt Allgemeine Betriebswirtschaft, insbesondere Controlling, an der Hochschule Mittweida.

1. Auflage 2008

Alle Rechte vorbehalten
© Betriebswirtschaftlicher Verlag Dr. Th. Gabler | GWV Fachverlage GmbH, Wiesbaden 2008

Lektorat: Jutta Hauser-Fahr | Walburga Himmel

Der Gabler Verlag ist ein Unternehmen von Springer Science+Business Media.
www.gabler.de

Das Werk einschließlich aller seiner Teile ist urheberrechtlich geschützt. Jede Verwertung außerhalb der engen Grenzen des Urheberrechtsgesetzes ist ohne Zustimmung des Verlags unzulässig und strafbar. Das gilt insbesondere für Vervielfältigungen, Übersetzungen, Mikroverfilmungen und die Einspeicherung und Verarbeitung in elektronischen Systemen.

Die Wiedergabe von Gebrauchsnamen, Handelsnamen, Warenbezeichnungen usw. in diesem Werk berechtigt auch ohne besondere Kennzeichnung nicht zu der Annahme, dass solche Namen im Sinne der Warenzeichen- und Markenschutz-Gesetzgebung als frei zu betrachten wären und daher von jedermann benutzt werden dürften.

Umschlaggestaltung: Ulrike Weigel, www.CorporateDesignGroup.de
Druck und buchbinderische Verarbeitung: Wilhelm & Adam, Heusenstamm
Gedruckt auf säurefreiem und chlorfrei gebleichtem Papier
Printed in Germany

ISBN 978-3-8349-0525-3

Vorwort

Dieses Buch soll das Lehrbuch „Neue Bankbetriebslehre" ergänzen. Grundsätzlich sollte die Beantwortung der Fragen bzw. Lösung der Übungen auch mit dem Studium anderer Lehrbücher zum Thema möglich sein, dennoch können die Antworten zu den Fragen mit Hilfe meines Lehrbuchs klar nachvollzogen werden. Die Logik der Darstellung in diesem Buch folgt der Struktur des Lehrbuchs „Neue Bankbetriebslehre" nicht zuletzt deshalb, weil mit dem Lehrbuch eine bestimmte Philosophie der Viualisierung und Definition von Begriffen und Sachverhalten verfolgt wurde, die auch in dem dazugehörigen Übungsbuch wiederzufinden sein sollte. Der Aufbau der Fragen und Übungen ist so gewählt, dass nicht nur auswendig gelernte Inhalte abgefragt bzw. getestet werden, sondern dass die Lösung zusammenhängendes Denken erfordern und anwendungsorientiertes Lernen fördern soll.

Angesprochen werden wiederum nicht nur Studenten an Universitäten und Fachhochschulen sowie an Berufsakademien, sondern auch Bankkaufleute und Auszubildende, denn dieses Buch verbindet auch in der Fragestellung nach dem Vorbild dualer Studiengänge das theoretische mit dem praktischen Wissen zu Finanzdienstleistungen. Für Studenten und Fachleute, die sich ebenso für das handwerkliche Funktionsprinzip des Bankgeschäfts interessieren, wie für den wissenschaftlichen Aspekt der Bankbetriebslehre, bietet dieses Buch Gelegenheit, sich selbst zu testen sowie sich gezielt auf Klausuren, Prüfungen oder Veranstaltungen zum Thema vorzubereiten.

An der Fertigstellung des Buches haben sowohl durch kritische Nachfragen als auch durch intensives Korrekturlesen mitgewirkt: Frau Dipl.-Betriebswirtin (BA) Lena Seidel, Frau Dipl.-Ing. Berit Reise sowie meine Frau, Rechtsanwältin Jana Tolkmitt, denen ich an dieser Stelle ganz herzlich danken möchte.

Leipzig, im Winter 2007   Prof. Dr. Volker Tolkmitt

Inhaltsverzeichnis

1 Einführung

Das Arbeitsbuch zum Lehrbuch „Neue Bankbetriebslehre" enthält drei verschiedene Kategorien von Fragestellungen bzw. Fallstudien. Die Systematik der Fragenkomplexe folgt der Gliederung des Lehrbuchs. Die Aufgaben sind teilweise alte Klausuraufgaben oder Vorbereitungsaufgaben auf die Klausur zur Bankbetriebslehre bzw. Finanzierung.

Unabhängig von der Eignung dieses Arbeitsbuches zur Klausurvorbereitung im Fach Bankbetriebslehre bzw. Finanzierung, geben die Fragen und Fallstudien die Möglichkeit, gelerntes Wissen zu testen. Weiterhin helfen diese Aufgaben die Lerneffizienz zu verbessern, indem der aktuelle Wissensstand rekapituliert wird, Fragestellungen richtig gelesen und analysiert werden. Erfahrungsgemäß stellt das richtige Lesen von Fragestellungen eine der Hauptschwierigkeiten bei Prüfungen dar. Üblicherweise werden insbesondere Multiple Choice nicht richtig gelesen und voreilig falsche Antworten angekreuzt. Dieses Arbeitsbuch bietet im Aufgabenteil A die Chance, das richtige Bearbeiten von MC-Fragen zu trainieren. Die Aufgaben des Teils B und C in diesem Buch grenzen die Antworten eindeutig ein. Die Vorgaben zu den Fallstudien geben klare Hinweise zu richtigen Lösungsansätzen, enthalten aber selbstverständlich einen Interpretationsspielraum. Alle Aufgaben des Teils C erfordern ein strukturiertes Vorgehen.

Die Kategorie A sind Multiple Choice-Aufgaben, bei denen jeweils nur eine Antwort richtig ist. Die Beantwortung dieser Aufgaben setzt die grundsätzliche Kenntnis der jeweiligen Inhalte der Bankbetriebslehre voraus. Der Teil B enthält weitestgehend Lernfragen, die durch schlichtes Lesen bzw. Lernen der Inhalte des Lehrbuchs „Neue Bankbetriebslehre" oder anderer Bücher zu Finanzdienstleistungen beantwortet werden können. Der Teil C erfordert zusammenhängendes Denken. Dort wird so genanntes Anwendungswissen nachgefragt. Die Fragen oder Fallstudien können nur beantwortet bzw. gelöst werden, wenn verschiedene Wissensbereiche logisch miteinander verknüpft werden und die Lerninhalte verstanden wurden.

2   Banken in der Volkswirtschaft

2.1   Theorie der Finanzdienstleistung

Aufgaben zu Kapitel 2.1

■ **Teil A: Multiple Choice**

(1)   Das Finanzsystem

a) leistet eine Vermittlung zwischen Wirtschaftsakteuren mit Finanzierungsüberschüssen und Finanzierungsdefiziten
b) gewährleistet zwischen den Wirtschaftsakteuren eine Vermittlung durch Finanzberatung
c) bietet Dienstleistungen an, die den Anbietern und Nachfragern von Kapital keinen entsprechenden Nutzen stiften
d) sorgt durch Finanzdienstleister für die Harmonisierung von Beträgen, Fristen und Risiken

2 Punkte

(2)   Finanzintermediäre sind

a) ausschließlich Banken und Versicherungen
b) Investoren und Sparer
c) u.a. Fondsgesellschaften
d) Haushalte und Unternehmen

2 Punkte

(3)   In einem Wirtschaftssystem existieren

a) Finanzierungsdefizite bei den Wirtschaftsakteuren, die weniger konsumieren als sparen
b) Finanzierungssalden in geldwirtschaftlicher Hinsicht, denen in realwirtschaftlicher Hinsicht Absorptionsungleichgewichte entsprechen

c) Finanzierungsüberschüsse bei Wirtschaftssubjekten, die weniger Einkommen erzielen als sie konsumieren

d) Banken, die Risiken vermeiden

2 Punkte

(4) Es existieren Wirtschaftsakteure mit Finanzierungsüberschüssen,

a) deren Ersparnisse temporär deren geplante Ausgaben übersteigen

b) die dem Markt weniger Realgüter zur Verfügung stellen, als sie ihm entnehmen

c) deren Ausgaben temporär deren Einkommen übersteigen

d) die als Investoren oder Kapitalnachfrager an den Markt treten

2 Punkte

(5) Eine Zentralbank ist

a) immer eine Aktiengesellschaft mit dem Staat als Eigentümer

b) immer eine juristische Person des öffentlichen Rechts

c) historisch in jedem Bankensystem eine der ältesten Banken

d) immer getrennt von den Geschäftsbanken

2 Punkte

(6) Das Notenbankmonopol

a) beinhaltet das alleinige Recht der Zentralbank, die Währung zu bestimmen

b) ist mit dem Beginn der Papiergeldemission entstanden

c) ist ein Garant für niedrige Kosten des Geldangebots

d) bedingt die Zulassung einer einzigen Institution für die Banknotenemission

2 Punkte

(7) Handelsobjekte an den Finanzmärkten

a) sind einem ständigen Innovationsprozess unterworfen

b) werden immer über die Einschaltung von Finanzintermediären getauscht

c) sind ausschließlich Aktien und Anleihen

d) sind Realgüter

2 Punkte

(8) Banken existieren, weil sie

a) Such- und Informationskosten transformieren

b) den Marktteilnehmern Transaktionskosten sparen, wenn sie Finanzdienstleistungen vermitteln

3

c) Risiken vermeiden, die mit der Finanzierung bzw. Geldanlage verbunden sind

d) eine Beratungsleistung anbieten, die von Privatakteuren nicht erbracht werden kann

2 Punkte

(9)   Die Banken betreiben Betragstransformation, wenn

a) die Höhe eines Kredites größer ist als die Höhe einer Einlage

b) die Beträge eines Kredites denen der Einlagen entsprechen

c) die Fristigkeit einer Einlage transformiert wird

d) die Laufzeit eines Aktivgeschäfts nicht gleich der Laufzeit des Refinanzierungsge-schäfts ist

2 Punkte

(10)   Banken erbringen Transformationsleistungen

a) indem sie Such- und Informationskosten sparen

b) indem sie Risiken übernehmen

c) indem sie auf Rechnung der Kunden Wertpapiere kaufen und verkaufen

d) wenn sie einem Kunden mehrere Produkte verkaufen

2 Punkte

(11)   Die Banken betreiben Fristentransformation, wenn

a) die Höhe eines Kredites größer ist als die Höhe einer Einlage

b) die Laufzeit eines Kredites verlängert (prolongiert) wird

c) die Fristigkeit einer Einlage transformiert wird

d) die Laufzeit eines Aktivgeschäfts nicht gleich der Laufzeit des Refinanzierungsge-schäfts ist

2 Punkte

(12)   Banken sparen Transaktionskosten, wenn

a) sie große in kleine Beträge umwandeln

b) sie Risiken übernehmen

c) sie Informationen über Marktteilnehmer sammeln und Marktpartner finden

d) sie günstigere Zinsen anbieten als die Konkurrenz

2 Punkte

(13)   Banken sparen Transaktionskosten, wenn

a) sie preiswerter als andere Wirtschaftseinheiten Beratung anbieten
b) sie Risiken ausschließen
c) sie Informationen über Marktteilnehmer sammeln und verkaufen
d) sie standardisierte Verträge für viele Marktteilnehmer abwickeln

2 Punkte

■ **Teil B: Grundlagenwissen**

(1) **Erläutern** Sie die Intermediationsfunktion von Banken **und beschreiben** Sie kurz was Risikotransformation **beinhaltet!**

9 Punkte

(2) **Erläutern** Sie **zwei** Ursachen dafür, dass Bankdienstleistungen existieren!

6 Punkte

■ **Teil C: Anwendungswissen**

(1) **Erläutern** Sie **systematisch** den Zusammenhang zwischen Investitionen, Ersparnissen, Kapitalnachfragern sowie Kapitalanbietern!

12 Punkte

Lösungen zu Kapitel 2.1:

▓ **Lösungsmuster Teil A: Multiple Choice**

Lösungsmuster Teil A			
	a	b	c	d
1	x			
2			x	
3		x		
4	x			
5				x
6				x
7	x			
8		x		
9	x			
10		x		
11				x
12			x	
13				x

▓ **Lösungsmuster Teil B: Grundlagenwissen**

(1) Finanzintermediäre bieten Dienstleistungen an, die den Anbietern und Nachfragern von Kapital einen entsprechenden Nutzen stiften. Durch den Ausgleich zwischen den Marktteilnehmern verringern sich zum einen die Transaktionskosten. Die Finanzintermediäre vermitteln zwischen den Anbietern und Nachfragern auf den Finanzmärkten, indem sie Marktteilnehmer zusammenführen und prüfen (Such- und Informationskosten) und die Kosten des Interessenausgleichs (Verhandlungs- und Abschlusskosten) senken. Zum anderen wandeln Finanzdienstleister Beträge, Fristen und Risiken.

Finanzdienstleister übernehmen Risiken, die einzelne Kapitalanbieter nicht tragen wollen bzw. können. Einlagen bei Banken und Sparkassen sind gesichert und werden von diesen zurückgezahlt, unabhängig davon, ob der einzelne Kapitalnachfrager seinen Zahlungsverpflichtungen nachkommt. Da das Finanzdienstleistungsgeschäft ein Geschäft unter Unsicherheit ist, weil die Gegenleistung in der Zukunft liegt, besteht in der Übernahme und Übertragung von Risiken eine wesentliche Dienstleistung.

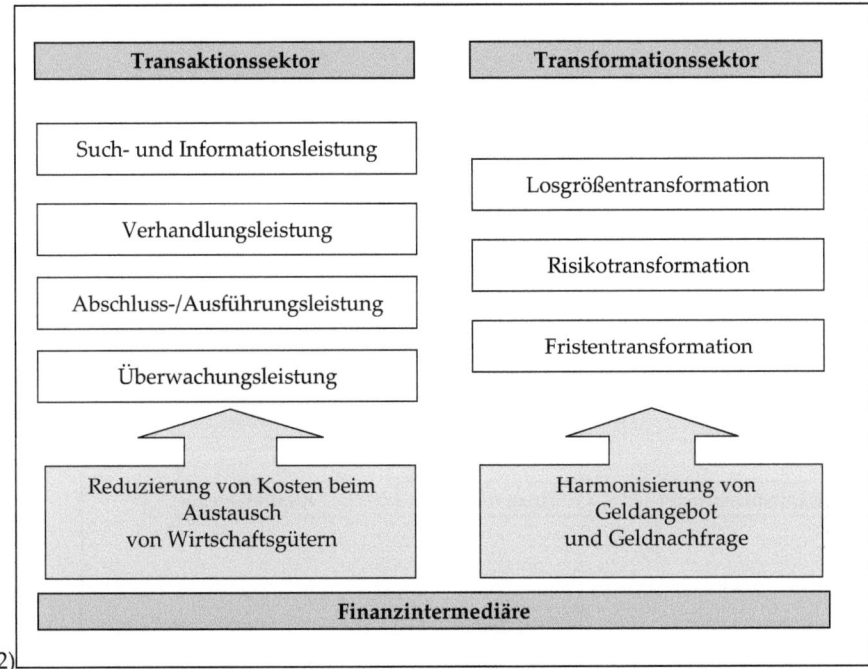

(2)

Beispiel (I) Fristentransformation und (II) Betragstransformation:

Aufgrund unvollkommener Märkte besteht unvollständige Information, Transaktionen benötigen Zeit und Finanzdienstleistungen sind nicht homogen. Die Heterogenität der Leistungen wird durch Transformationsleistungen überwunden. Große Beträge werden in kleine Beträge transformiert, bspw. bei der Stückelung einer großen Einlage in kleine Kredite. Alternativ werden kleine Beträge in große Beträge gewandelt, z.B. durch die Ansammlung kleiner Spareinlagen und die Herausgabe eines Großkredits. Bei der Fristentransformation legen Kapitalanleger das Geld für einen kurzen Zeitraum (1 Jahr) an, während der Finanzintermediär das Geld langfristig einem Kapitalnachfrager bereitstellt (5 Jahre). In diesem Fall der Fristeninkongruenz muss der Intermediär fristgerecht neue Kapitalanleger finden, die vom 2. – 5. Jahr das Geld anbieten. Weitere Ursachen wären: Risikotransformation als weitere Transformationsleistung oder Suchkosten, Informationskosten, Abschlusskosten, Verhandlungskosten bzw. allgemein alle Transaktionskosten, die aufgrund der Marktunvollkommenheiten entstehen.

■ **Lösungsmuster Teil C: Anwendungswissen**

(1) Das Finanzsystem einer dezentralen Volkswirtschaft gewährleistet zwischen Wirtschaftsakteuren mit Finanzierungsüberschüssen und –defiziten eine Vermittlung. Die Wirtschaftsakteure kann man differenzieren in die privaten **Haushalte**, die **Unternehmen** und den **Staat**. Die privaten Haushalte sind die Wirtschaftseinheiten, die primär Absorptionsdefizite aufweisen, also eher als **Sparer** oder Kapitalanbieter an den Markt gehen. Demgegenüber weisen der Staat und die Unternehmen primär Absorptionsüberschüsse auf, treten also tendenziell als **Investoren** oder Kapitalnachfrager an den Markt. Bei Einbeziehung von Vermittlern (Intermediation) treten Banken, Versicherungen oder Investmentgesellschaften zwischen die Akteure. Die direkte Interaktion von Kapitalnachfragern und –anbierten wird als Disintermediation bezeichnet.

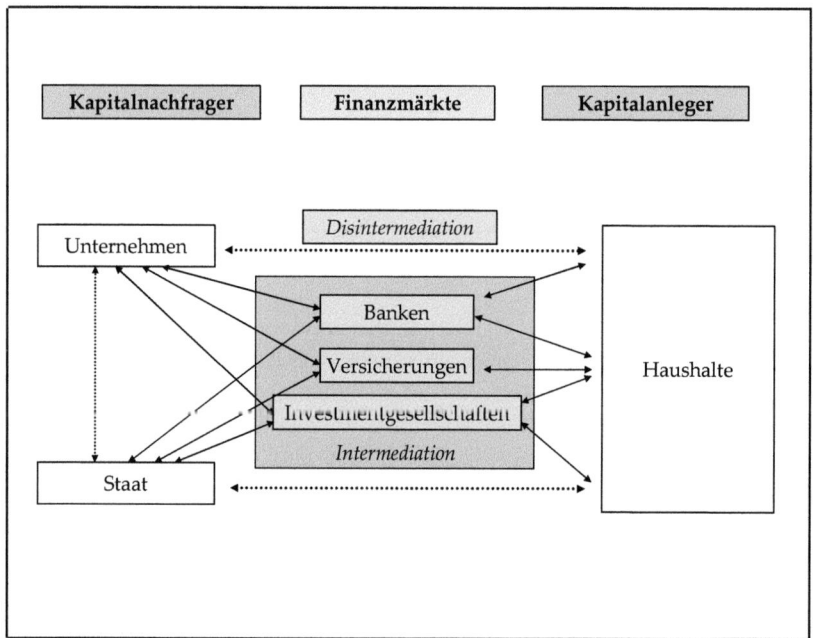

Ein Wirtschaftssubjekt hat die Alternative, einen Euro **Einkommen** sofort für die Bezahlung von Gütern und Dienstleistungen (**Konsum**) einzusetzen oder den Euro zu sparen (**Ersparnis**). Der Konsumverzicht muss entgolten werden. Je höher der Preis für die Ersparnis ist, desto attraktiver wird der **Zukunftskonsum** gegenüber dem **Gegenwartskonsum**. Da den Marktteilnehmern mit Ersparnissen (Finanzierungsüberschüssen) entsprechende Marktteilnehmer mit Investitionen (Finanzierungsdefiziten) gegenüberstehen, bildet sich der Marktpreis bei I=S. Investitionen sind um so interessanter, je niedriger der Preis für das überlassene Kapital ist.

2.2   Historie der Bankenentwicklung

Aufgaben zu Kapitel 2.2

■ Teil A: Multiple Choice

(14)   Das Münzwesen wurde

a) erstmals eingeführt von den Lydern
b) von den Römern ca. 600 v. Chr. eingeführt
c) im antiken Griechenland aus Rom importiert
d) im antiken Griechenland erstmals verwendet

2 Punkte

(15)   Das Bankgeschäft

a) hat mit dem Darlehensgeschäft im Mittelalter seinen Ursprung
b) geht durch die Münzwechsel bis in die Antike zurück
c) wurde in der Entwicklung gestört durch das Zinsverbot der katholischen Kirche
d) mangelnder Kreditbedarf führte immer wieder zu Wuchergeschäften

2 Punkte

(16)   Das Börsengeschäft

a) hat seinen Ursprung mit dem Handel von Staatsanleihen
b) hatte seine Vorläufer in den Messen, auf denen aber keine Geldgeschäfte abgewickelt wurden
c) entstand an Handelsplätzen für Wertpapiere, Edelmetalle und schließlich Waren
d) erfolgte u.a. durch die Ermittlung von Agios und Disagios für Handels- und Staatseffekten

2 Punkte

(17)   Welche Aussage zu Depositen bzw. Papiergeld ist nicht richtig?

a) mit der Schaffung von Papiergeld wurde die Geldschöpfung in großem Umfang möglich
b) Depositenscheine waren die Grundlage für die Entstehung der Banknoten
c) Banken nahmen Einlagen an und investierten die Gelder in Handelsunternehmen
d) Emission von Banknoten durfte die Höhe der Depositen nicht übersteigen

2 Punkte

(18) Zentralnotenbanken

a) mit monopolisierter Emission entstanden mit der Einführung der Banknoten
b) verhinderten die Geldschöpfung und erleichterten den Zahlungsverkehr

c) wurden geschaffen zur besseren Kontrolle des Papiergeldumlaufs
d) entstanden bevor verschiedene Banken das Recht der Notenemission erhielten

2 Punkte

(19) Mit der Einführung von Banknoten

a) entstanden Vertrauenskrisen durch zu viele liquide Mittel im Verhältnis zu den Depositen
b) wurde zur Stärkung der Vertrauenswürdigkeit des Geldes sofort das Notenbank-monopol eingeführt
c) waren die Banken nicht mehr so anfällig durch das Abrufen der Depositen
d) wurde der Zahlungsverkehr verkompliziert und erschwert

2 Punkte

(20) In Deutschland

a) stammt das eingebrachte Vermögen bei privaten Banken von einzelnen Personen bzw. Familien
b) wurde die Gründung der großen Aktienbanken von den Privatbankiers gefördert
c) wurden bei den Sparkassen Kleinsparergelder gesammelt und ausschließlich in öffentliche Körperschaften investiert
d) sind Raiffeisenbanken als „Hülfsvereine" der Gewerbetreibenden und Handwerker entstanden

2 Punkte

▨ **Teil B: Grundlagenwissen**

    (3) Geben Sie einen **kurzen** historischen Abriss der Entwicklung der Bankge-schäfte!

6 Punkte

Lösungen zu Kapitel 2.2:

■ Lösungsmuster Teil A: Multiple Choice

Lösungsmuster Teil A			
	a	b	c	d
14	x			
15		x		
16				x
17				x
18			x	
19	x			
20		x		

■ Lösungsmuster Teil B: Grundlagenwissen

(3) Die Ursprünge des Bankgeschäfts lassen sich bis in die Antike zurückverfolgen. Dokumente aus Babylonien und Assyrien belegen die Existenz eines gesetzlich geregelten Darlehensgeschäfts und eine Art von Wechseln bzw. Schecks (Gesetzessammlung von Hammurabi ca. 1704-1662 v.u.Z.). Als erste Bankgeschäfte i.e.S. gelten die etablierten Münzwechsel im Mittelalter. Aus der Verwahrung von Wertgegenständen und Geld entstand das Depositengeschäft (Einlagengeschäft). Kreditvergabe in Form der Pfandleihe stellte bereits im Mittelalter ein wichtiges Geschäft dar.

2.3   Bankmathematische Grundlagen

Aufgaben zu Kapitel 2.3

■ **Teil A: Multiple Choice**

(21)   Welche der folgenden Verfahren nutzen nicht den Barwert bei der Kalkulation?

a) Die Kapitalwertmethode,
b) Discounted Cash Flow Methode,
c) die Kostenvergleichsrechnung,
d) Ermittlung von Prämien für Lebens- und Rentenversicherungen,
e) Berechnung von Wertpapierpreisen.

2 Punkte

(22)   Was versteht man unter dem Kalkulationszinsfuß (Diskontzins)?

a) Die Rendite, die ein bestimmter Vermögensgegenstand abwirft,
b) den Vergleichszinsfuß zur bestmöglichen Alternativinvestition,
c) die Verzinsung des für eine Investition benötigten Fremdkapitals,
d) die Verzinsung des für eine Investition eingesetzten Eigenkapitals,
e) den Zinsfuß der teuersten Kreditaufnahme.

2 Punkte

(23)   Mit Hilfe welchen Wertes wird die Vorteilhaftigkeit einer Vermögensanlage (Investition) bestimmt?

a) Barwert,
b) Ertragswert,
c) Anschaffungswert,
d) Kapitalwert,
e) Restverkaufserlös.

2 Punkte

(24)   Welche der folgenden Behauptungen ist richtig? Eine Vermögensanlage ist vorteilhaft,

a) wenn sie sich zum risikolosen Zins verzinst,
b) wenn der Kalkulationszinsfuß über dem Zins der Vermögensanlage liegt,

c) wenn ihr Kapitalwert positiv ist,

d) wenn eine Wiedergewinnung der Anschaffungsauszahlungen möglich ist,

e) wenn ihre Annuität kleiner als Null ist.

2 Punkte

(25) Welche der folgenden Behauptungen ist richtig? Der Kapitalwert eines Vermögenserwerbs (Investition) ist negativ,

a) wenn seine Verzinsung kleiner als der Kalkulationszinsfuß ist,

b) wenn seine Verzinsung größer als der Kalkulationszinsfuß ist,

c) wenn die Summe aller Einzahlungen größer als die Summe aller Auszahlungen ist,

d) wenn die Summe aller abgezinsten Einzahlungen gleich der Summe aller abgezinsten Auszahlungen ist.

2 Punkte

(26) Der Amortisationszeitpunkt einer Anlage ist der Zeitpunkt,

a) an dem die Anlage aus dem Betrieb ausscheidet,

b) an dem die Anlage technisch verbraucht ist,

c) an dem die Anlage technisch überholt ist,

d) an dem die Anlage ihre optimale wirtschaftliche Nutzungsdauer erreicht hat,

e) an dem die Anschaffungsauszahlungen wieder gewonnen sind.

f) an dem die Finanzierung zurückgezahlt ist.

2 Punkte

(27) Welche der folgenden Behauptungen ist richtig?

a) Die Annuitätenmethode vergleicht die durchschnittlichen jährlichen Einzahlungen mit den durchschnittlichen jährlichen Auszahlungen einer Investition.

b) Die Annuität eines Darlehens unterscheidet sich von der Annuität einer Anleihe mit gleichem Zins und gleichen Zahlungsströmen

c) Der Barwert der Annuität entspricht dem Kapitalwert, falls mit dem Kalkulationszinsfuß gerechnet wird.

d) Der Barwert der Annuität entspricht dem Kapitalwert, falls mit dem internen Zinsfuß gerechnet wird.

e) Eine Investition ist vorteilhaft, wenn ihre Annuität positiv ist.

2 Punkte

(28)   Die optimale wirtschaftliche Nutzungsdauer einer Realinvestition ist dann erreicht,

a) wenn ihr Barwert Null wird,
b) wenn die Anlage keine Einzahlungen mehr erzielt,
c) wenn die Einzahlungsüberschüsse negativ sind,
d) wenn die Einzahlungsüberschüsse einer Periode kleiner werden als die Summe aus der Minderung des Restverkaufserlöses plus den Zinsen auf den Restverkaufserlös,
e) wenn ihr Restwert positiv wird,
f) wenn ihr Kapitalwert das Maximum erreicht.

2 Punkte

(29)   Das Grundmodell des Zeitwertes des Geldes

a) berücksichtigt die Kosten der Finanzintermediation;
b) basiert auf der Prämisse des vollkommenen Kapitalmarkts;
c) verzinst Ersparnis zum Habenzins und Investition zu einem höheren Sollzins;
d) zeigt, dass bei steigendem Marktzins Sparen weniger attraktiv wird.

2 Punkte

(30)   Der Abzinsungsfaktor

a) ist der Kehrwert des Aufzinsungsfaktors;
b) ist im Gegensatz zum Aufzinsungsfaktor immer negativ;
c) wird - bei gleichem Zinsfuß - um so höher, je weiter die abzuzinsende Zahlung in der Zukunft liegt;
d) ist - bei gleicher Periode - um so höher, je höher der Zinsfuß ist;
e) entspricht dem Abzinsungssatz.

2 Punkte

Der Zeitwert des Geldes

a) bedingt, dass ein gleicher Kapitalbetrag in der Gegenwart weniger nützlich ist als in der Zukunft
b) drückt einen zusätzlichen Nutzen in der Zukunft aus
c) ist nicht entgoltener Konsumverzicht
d) ist kein Maß für die Attraktivität des Zukunftskonsums

2 Punkte

(31) Welche Aussage für den Finanzmarkt ist richtig?

a) Die Differenz zwischen Haben- und Sollzins ist der Preis für die Finanzdienstleistung auf vollkommenen Märkten

b) Ein positiver Finanzierungssaldo bedeutet, dass ein Individuum weniger konsumiert als es Einkommen erzielt

c) In der geschlossenen Volkswirtschaft entsprechen sich Investition und Ersparnis nicht

d) Durch Ersparnis vermehrt sich der zukünftige Konsum nicht

2 Punkte

(32) Welche Aussage zur Verzinsung ist richtig?

a) Beim Zinseszins werden vereinnahmte Zinszahlungen in späteren Perioden nicht verzinst

b) Mit dem Barwertkonzept kann der vom Zins unabhängige Wert des eingesetzten Kapitals zu einem beliebigen Zeitpunkt ermittelt werden

c) Die Verzinsung eines gegenwärtigen Kapitalbetrages auf einen Zukunftswert nennt man Aufzinsung

d) Die Zurückrechnung eines zukünftigen Kapitalbetrags auf die Gegenwart wird nicht als Abzinsung bezeichnet

2 Punkte

(33) Der Zinssatz hat folgenden Einfluss auf den Zeitwert des Geldes

a) Der Barwert eines zukünftigen Kapitalwertes steigt mit steigendem Zins

b) Durch den Zinseszinseffekt wächst ein Kapitalbetrag über die Zeit exponentiell

c) Die Höhe des Zinses hat mit zunehmendem Verzinsungszeitraum einen immer schwächeren Effekt

d) Der Barwert eines Wertpapiers sinkt, wenn der Marktzins gegenüber dem Zinskupon des Wertpapiers fällt

2 Punkte

(34) Das Barwertkonzept wird nicht angewendet

a) für Preise von Wertpapieren, Versicherungsprämien und Krediten

b) für die Investitionsentscheidung in eine Aktie, deren Rendite sich aus Dividenden und Kursveränderungen zusammensetzt

c) für einen Vermögensgegenstand, dessen Rendite sich aus Mietzahlungen und Wertveränderungen der Immobilie zusammensetzt

d) für Arbitragegeschäfte

2 Punkte

15

(35) Als Annuität wird bezeichnet

a) Der Zeitwert einer regelmäßigen, kontinuierlichen Zahlung
b) eine wiederkehrende, konstante und unstetige Zahlungsreihe
c) Die Differenz zweier ewiger Renten, von denen eine ab sofort gezahlt wird und die andere ab einem bestimmten Zeitpunkt später
d) eine Rente, die unendlich gezahlt wird und dynamisiert ist

2 Punkte

(36) Barwerte und Zukunftswerte von Annuitäten werden nicht berechnet bei

a) der Kalkulation von Renten- und Lebensversicherungen
b) Pensionsrückstellungen
c) Finanzierungsraten
d) der Berechnung von Preisen aufgezinster Wertpapiere

2 Punkte

■ **Teil B: Grundlagenwissen**

(4) Wenn ein Unternehmen heute 50.000 EUR Kredit auf dem laufenden Konto aufnimmt, das Konto vierteljährlich abgerechnet wird und 6% Zinsen p.a. bezahlt werden müssen, wie hoch ist der effektive Jahreszins?

4 Punkte

(5) Wenn ein Unternehmen heute 100.000 EUR Kredit aufnimmt und 10% Zinsen jährlich bezahlen muss, wie hoch ist der Gesamtbetrag, den das Unternehmen nach 10 Jahren an die Bank zurückgezahlt haben wird, wenn der Kredit endfällig ist und die Zinszahlungen zum gleichen Zinssatz angelegt werden könnten?

4 Punkte

■ **Teil C: Anwendungswissen**

(2) **Wie viel Geld** muss heute **einmalig** angelegt werden, um in 30 Jahren **Millionär** zu sein?

10 Punkte

(3) **Wie viel Geld** muss **monatlich** gespart werden, um in 30 Jahren **Millionär** zu sein?

12 Punkte

Anlagebetrag (einmalig)	
Zielbetrag	1.000.000,00
Dauer der Zahlung in Jahren	30
Zinstermine im Jahr	1
Zinssatz	7,50%
Eintrittsalter	35
Gegenwartsalter	0
Alter zur Auszahlung	65

Lösungen zu Kapitel 2.3:

■ Lösungsmuster Teil A: Multiple Choice

Lösungsmuster Teil A						
	a	b	c	d	e	f
21			x			
22		x				
23				x		
24			x			
25	x					
26						x
27			x			
28				x		
29		x				
30	x					
31		x				
32		x				
33			x			
34		x				
35				x		
36			x			
37				x		

■ **Lösungsmuster zu Teil B: Grundlagenwissen**

(4)

$$C_t = C_0(1 + \frac{i}{n})^{n*t} = 50.000(1 + \frac{i}{4})^{4*1} =>$$

$$i_{eff} = (1 + \frac{0,06}{4})^4 - 1 = 0,0614 => 6,14\%$$

Der effektive Jahreszins ist 6,14%.

(5)

$$C_t = C_0(1 + i)^t = 100.000(1 + i)^t = 100.000(1 + 0,1)^{10}$$
$$C_t = 259.374$$

Der aus Zins und Tilgung (Rückzahlung) bestehende Gesamtbetrag beläuft sich auf 259.374 EUR.

■ **Lösungsmuster zu Teil C: Anwendungswissen**

(2)

Für das Finanzdienstleistungsgeschäft ist es essentiell, dass die Preise für Kapital unterschiedlichster Laufzeit bei veränderlichen Marktzinsen ermittelt werden können. Mit Hilfe des **Barwertkonzepts** können Preise für Wertpapiere, Versicherungsprämien und Kredite berechnet werden. Bei der Kapitalanlage ist von Interesse welcher Betrag am Ende eines bestimmten Anlagehorizonts aus einem heute einmalig angelegten Betrag und einem gegebenen Zins wird.

Der **Zukunftswert** C_t eines Kapitalbetrags C_0

(1) $\quad C_t = C_0 + C_0(1 + i) + C_0(1 + i)^2 + ... + C_0(1 + i)^t$ lässt sich vereinfachen zu

(2) $\quad C_t = C_0(1 + i)^t$

und gibt den Zeitwert des eingesetzten Kapitals zu einem beliebigen Zeitpunkt t an.

Die angestrebte Million ist finanzmathematisch der Zukunftswert bzw. Rentenendwert eines heute anzulegenden Kapitalbetrags C.

Rentenendwert $= C + C(1 + r) + C(1 + r)^2 + ... + C(1 + r)^{n-1}$

$$\text{Rentenendwert} = C \sum_{n=0}^{n-1} (1+r)^n$$

Demgegenüber ergibt sich der **Barwert**, also der Wert einer zukünftigen Zahlung zum gegenwärtigen Zeitpunkt als

$$C_0 = \frac{C_t}{(1+i)^t} = \frac{C_1}{(1+i)} + \frac{C_2}{(1+i)^2} + \ldots + \frac{C_t}{(1+i)^t}.$$

Da es sich um einen einmalig in der Gegenwart anzulegenden Betrag handelt:

$$\text{Barwert} = \frac{C_{30}}{(1+i)^{30}} = \frac{1.000.000}{(1+0,075)^{30}}$$

$$BW = 114.221,03$$

Es müssen heute 114.221,- EUR angelegt werden, um in 30 Jahren Millionär zu sein.

(3)

Neben der Betrachtung der **Wertveränderung** eines einmaligen **Investments** (Kapitalbetrags) in der Zeit ist der Zeitwert einer regelmäßigen, kontinuierlichen Zahlung von besonderer Bedeutung. Eine solche, periodisch wiederkehrende, konstante Zahlungsreihe nennt man **Annuität**. Der Barwert einer Annuität lässt sich erklären aus der Differenz zweier ewiger Renten, von denen eine ab sofort gezahlt wird und die andere ab einem bestimmten Zeitpunkt t in der Zukunft. Eine ewige Rente ist eine unendlich gezahlte Annuität.

$$\text{Barwert einer Annuität} = BW_{\text{Annuity}} = C \times \left[\frac{1}{r} - \frac{1}{r(1+r)^t} \right]$$

$$R_{BW} = C \frac{(1+r)^n - 1}{(1+r)^n r} = C \frac{(1+0.075/12)^{30*12} - 1}{(1+0.075/12)^{30*12} * 0.075/12}$$

$$C = 742,15$$

2.4 Bankensysteme und Wirtschaftssystem

Aufgaben zu Kapitel 2.4

(37) In einem Bankensystem

a) in zentralen Planwirtschaften existieren keine Monobankensysteme
b) kann es eine einheitliche Geld- und Kreditpolitik geben
c) trägt die Zentralbank immer Verantwortung für den Geldwert
d) gibt es immer entweder Universalbanken oder Spezialbanken

2 Punkte

(38) In einem Bankensystem

a) in Marktwirtschaften existieren keine Monobankensysteme
b) übernehmen Geschäftsbanken die Aufgabe der Kreditversorgung
c) in Planwirtschaften gibt es ein Zinsverbot
d) in Marktwirtschaften erfolgt die Finanzierung des Staates bzw. der Staatsunterneh
   men nicht durch Banken

2 Punkte

2.5 Zentralbanken

Aufgaben zu Kapitel 2.5

■ **Teil A: Multiple Choice**

(39) Die Aufgabe einer Zentralbank

a) ist immer primär die Wahrung der Geldwertstabilität
b) ist immer die Funktion als Bank der Banken
c) die Preisstabilität zu erhalten, ist ohne Autonomie besser umsetzbar
d) drückt sich in ihren geldpolitischen Instrumenten aus

2 Punkte

(40)   Zu den Aufgaben einer Zentralbank

a) gehört die unbeschränkte Kreditvergabe an den Staat
b) gehört die Festlegung von Wechselkursen
c) gehört die Falschgeldkontrolle
d) gehört die Banken- und Finanzmarktaufsicht

2 Punkte

(41)   Das Bankensystem in

a) den USA ist ein historisch gewachsenes Universalbankensystem
b) Kontinentaleuropa ist typischerweise ein Universalbankensystem
c) Deutschland ist aufgrund gesetzlicher Vorschriften entstanden
d) Großbritannien ist ein Trennbankensystem aufgrund gesetzlicher Vorschrift

2 Punkte

(42)   Universalbanken sind Banken, die

a) immer alle Bankgeschäfte betreiben
b) als einzelne Bank besonders krisenanfällig sind, weil sie viele Risiken übernehmen
c) in Deutschland aufgrund gesetzlicher Vorschriften entstanden sind
d) das Einlagengeschäft und das Wertpapiergeschäft sowie weitere Bankgeschäfte betreiben

2 Punkte

(43)   Das Bankensystem ist ein Trennbankensystem,

a) wenn es Investmentbanken gibt
b) wenn eine sehr liberale Bankenaufsicht besteht
c) wenn eine Trennung zwischen Einlagengeschäft und Firmenkundengeschäft besteht
d) wenn die wichtigsten Banken nur ausgewählte Geschäftsfelder anbieten

2 Punkte

(44)   Trennbankensysteme beinhalten

a) immer gesetzliche Vorschriften, die Universalbanken verbieten
b) ausschließlich Banken, die nur ausgewählte Geschäftsfelder bearbeiten
c) die Dominanz von Investmentbanken
d) Banken, die Einlagen- und Investmentgeschäft nicht gleichzeitig betreiben

2 Punkte

(45) Eine Zentralbank

a) gilt als unabhängig, wenn sie ausdrücklich nur der Geldwertstabilität verpflichtet ist
b) gilt als abhängig, wenn sie die Wirtschaftspolitik der Regierung unterstützen soll
c) kann das Preisniveauziel leichter erreichen, wenn sie dem Staat auch Kredit gewähren darf
d) sollte der Einflussnahme der Regierung auf die Geldpolitik unterstellt sein

2 Punkte

(46) Die Unabhängigkeit der Zentralbank

a) ist u.a. an der Gestaltung der Entscheidungsgremien und das Auswahlverfahren bei der Besetzung der Zentralbankführung zu erkennen
b) darf nicht mit Anreizen zur Erreichung der Geldwertstabilität gekoppelt sein
c) hat sich in der Vergangenheit nicht als Garant für Inflationsvermeidung herausgestellt
d) steht anderen wirtschaftspolitischen Zielen als der Preisniveaustabilität im Weg

2 Punkte

■ **Teil B: Grundlagenwissen**

(6) **Erklären** Sie die Aufgaben einer Zentralbank in einem Bankensystem!

8 Punkte

Lösungen zu Kapitel 2.4 - 2.5

■ Lösungsmuster zu Teil A: Multiple Choice

Lösungsmuster Teil A				
	a	b	c	d
38		x		
39	x			
40		x		
41			x	
42		x		
43				x
44				x
45				x
46	x			
47	x			

■ **Lösungsmuster zu Teil B: Grundlagenwissen**

(6)   Zu den **grundlegenden Aufgaben** einer Zentralbank zählen:

Oberstes Ziel der Zentralbank ist die Sicherung der **Preisstabilität bzw. der Geldwert-stabilität**

a) Festlegung und Durchsetzung der Geldpolitik

b) Durchführung von Devisengeschäften sowie die Haltung und Verwaltung der offiziellen Devisenreserven

c) Förderung des reibungslosen Funktionierens der Zahlungssysteme

d) Bank der Banken

e) Emission von Banknoten; Falschgeldkontrolle

f) Bank des Staates

g) ggf. Wahrnehmung der Banken- und Finanzmarktaufsicht

Die Zentralbank benötigt eine Strategie und Instrumente zur **Durchsetzung der Geld-politik**. Bei Unabhängigkeit der Zentralbank ist sie auch für die Festlegung der Geld-politik alleinverantwortlich.

Zur Stabilisierung der eigenen Währung hält jede Zentralbank **Reserven in Fremd-währung**. Gleichzeitig stellen die Währungsreserven eine wesentliche Vermögensposi-tion dar.

Die Zentralbank muss den **Zahlungsverkehr** als eine wesentliche Grundlage für das Funktionieren des Bankensystems sicherstellen, organisieren oder zumindest unter-stützen.

Als **Bank der Banken** hat die Bundesbank die Aufgabe, den Geschäftsbanken Bargeld und Zentralbankguthaben anzubieten.

Die Zentralbank hat das alleinige Recht (Monopol), die **Ausgabe von Banknoten** zu genehmigen bzw. durchzuführen. Dies verpflichtet gleichzeitig den Umlauf von Falschgeld zu unterbinden und Falschgeld aufzuspüren.

Als **Bank des Staates** wickelt die Bundesbank den Zahlungsverkehr und die Wertpa-pieremission für den Staat ab.

Die Zentralbank kann in die **Banken- und Finanzmarktaufsicht** einbezogen sein oder sogar alleinverantwortlich sein.

Erklärung: „Neue Bankbetriebslehre S. 18 f; 33-48.

2.6 Systematik der Finanzmärkte

Aufgaben zu Kapitel 2.6

■ **Teil A: Multiple Choice**

(47) Finanzmärkte

a) sind alle Märkte, auf denen Angebot von und Nachfrage nach Geld bzw. Kapital aufeinander treffen
b) können vollständig in den Kreditmarkt und Kapitalmarkt unterteilt werden
c) werden mit der Laufzeit hinreichend voneinander abgegrenzt
d) unterschiedet man ausschließlich nach verbrieften und unverbrieften Handelsobjekten

2 Punkte

(48) Der Geldmarkt

a) ist vom Kreditmarkt klar zu unterscheiden durch die Fristigkeit
b) ist Handelsplatz für Wertpapiere, die teilweise eine Laufzeit von bis zu zwei Jahren haben
c) ist ein Markt für Liquidität in Form von Buchgeld
d) ist ein organisierter Markt mit geringen Handelsvolumina und wenigen Marktteilnehmern

2 Punkte

(49) Der Kapitalmarkt

a) ist vom Kreditmarkt klar zu unterscheiden durch die Fristigkeit
b) hat nur verbriefte Handelsobjekte und ist damit eindeutig vom Geldmarkt abzugrenzen
c) ist ein unorganisierter Markt mit vielen Marktteilnehmern und Standardregeln
d) ist ein Handelsplatz für Wertpapiere mit längeren Laufzeiten

2 Punkte

(50) Der Kreditmarkt

a) ist vom Geldmarkt klar zu unterscheiden durch die Fristigkeit
b) hat nur unverbriefte Handelsobjekte und ist damit eindeutig vom Kapitalmarkt abzugrenzen

c) ist durch hohe Standardisierung durch z.B. externe Ratings gekennzeichnet

d) schließt kurzfristige Produkte aus

2 Punkte

(51)   Der Baseler Ausschuss

a) ist ein Frühstücksgremium zur Zentralbankberatung

b) hat internationale Standards zu risikoadäquaten Kreditkonditionen ausgearbeitet

c) hat die Unterlegung der Ausfallrisiken mit Eigenkapital neu geregelt

d) will die verschiedenen Bankrisiken begrenzen, ohne überregulierend in die Geschäftspolitik von Kreditinstituten einzugreifen.

2 Punkte

Teil B: Grundlagenwissen

(7)   **Grenzen** Sie **kurz** die verschiedenen Finanzmärkte voneinander **ab** und **ordnen** Sie die jeweiligen Handelsobjekte **zu**!

8 Punkte

(8)   **Nennen** Sie **vier** Merkmale des Kapitalmarktes und grenzen Sie ihn damit eindeutig vom Geldmarkt und Kreditmarkt ab!

6 Punkte

Lösungen zu Kapitel 2.6

■ Lösungsmuster zu Teil A: Multiple Choice

Lösungsmuster Teil A				
	a	b	c	d
48	x			
49			x	
50				x
51		x		
52			x	

■ **Lösungsmuster zu Teil B: Grundlagenwissen**

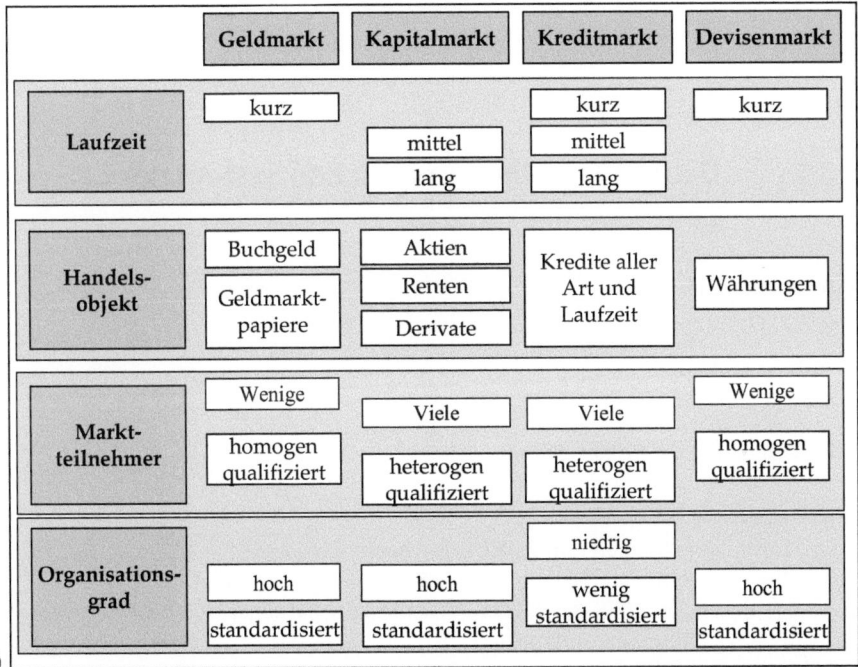

	Geldmarkt	Kapitalmarkt	Kreditmarkt	Devisenmarkt
Laufzeit	kurz	mittel lang	kurz mittel lang	kurz
Handels-objekt	Buchgeld Geldmarkt-papiere	Aktien Renten Derivate	Kredite aller Art und Laufzeit	Währungen
Markt-teilnehmer	Wenige homogen qualifiziert	Viele heterogen qualifiziert	Viele heterogen qualifiziert	Wenige homogen qualifiziert
Organisations-grad	hoch standardisiert	hoch standardisiert	niedrig wenig standardisiert	hoch standardisiert

(7)

(8) I) Laufzeit: mittel-lang (eindeutig abgegrenzt zu Geld- und Devisenmarkt)

II) Handelsobjekte: verbrieft (eindeutig abgegrenzt zum Kreditmarkt)

III) Marktteilnehmer: viele

IV) Organisationsgrad: hohe Transparenz

alternativ: Bonitätsprüfung durch den Markt (externes Rating); standardisierte Geschäftsusancen

siehe auch: „Neue Bankbetriebslehre" S. 20-27.

3 Das deutsche Bankensystem

3.1 Deutschland im europäischen System der Zentralbanken (ESZB)

Aufgaben zu Kapitel 3.1

■ Teil A: Multiple Choice

(52) Als Euribor wird bezeichnet

a) der Leitzins der EZB
b) der Zins zu dem Banken kurzfristiges Buchgeld tauschen
c) der Zins zu dem Banken bereit sind, am Geldmarkt zu handeln
d) ein verzinsliches Wertpapier, das von der EU emittiert wird

2 Punkte

(53) Als Leitzins wird bezeichnet

a) der Spareckzins der EZB
b) der Zins zu dem Banken kurzfristiges Buchgeld tauschen
c) der Zins zu dem die EZB bereit ist, am Geldmarkt zu handeln
d) der durchschnittliche Zinssatz, für Bundeswertpapiere

2 Punkte

(54) Die Einlagenfazilität ist

a) ein geldpolitisches Instrument der Bundesbank
b) ein geldpolitisches Instrument der Offenmarktpolitik
c) eine ständig zur Verfügung stehende Linie für überschüssige Liquidität der Banken
d) eine staatliche Förderlinie für insolvenzgefährdete Geschäftsbanken

2 Punkte

(55) Spitzenrefinanzierungsfazilitäten sind

a) eine zinsgünstige Refinanzierungsmöglichkeit über den Kapitalmarkt
b) Fazilitäten für Firmenkunden bei Liquiditätsengpässen
c) Refinanzierungslinien von Banken bei anderen Banken
d) Refinanzierungslinien bei der Zentralbank

2 Punkte

(56) Die Geldmengenabgrenzungen

a) dienen zur direkten Steuerung der Inflation
b) sind die Grundlage für die Geldpolitik
c) dienen der Messung der Inflationsrate
d) sind eine wichtige Zwischengröße der Geldpolitik

2 Punkte

(57) Die Deutsche Bundesbank ist

a) verantwortlich für die Geldwertstabilität des Euro
b) berechtigt entsprechend ihrer Geldpolitik Euro zu emittieren
c) der Geschäftspartner der deutschen Banken bei Offenmarktgeschäften
d) im Direktorium der EZB vertreten

2 Punkte

(58) Hauptverwaltungen der Bundesbank (ehemals LZB) in Deutschland gibt es

a) so viele, wie es Bundesländer gibt
b) 9
c) 13
d) 4

2 Punkte

(59) Die EZB hat als Hauptrefinanzierung der Banken

a) die Einlagenfazilität eingeräumt
b) die Spitzenrefinanzierungsfazilität eingeräumt
c) Wertpapierverkäufe am offenen Markt eingerichtet
d) befristete Geschäfte am offenen Markt eingerichtet

2 Punkte

(60)   Die Hauptverwaltungen der Bundesbank in Deutschland

a) sind weisungsunabhängig und rechtlich selbständig
b) nehmen Meldungen der Geschäftsbanken im Rahmen der Bankenaufsicht entgegen
c) sind wie die Bundesländer strukturiert und haben ihren Sitz in der jeweiligen Landeshauptstadt
d) sind im deutschen Zentralbankrat vertreten

2 Punkte

(61)   Die Einlagenfazilität ist

a) eine Mindestreserververpflichtung
b) eine ständig zur Verfügung stehende Anlagemöglichkeit für überschüssige Liquidität der Banken
c) eine ständig zur Verfügung stehende Refinanzierungsmöglichkeit für Banken
d) eine Sonderform der Spareinlage für Geschäftsbanken bei der Zentralbank

2 Punkte

(62)   Die Spitzenrefinanzierungsfazilität ist

a) ein geldpolitisches Instrument der Bundesbank
b) ein geldpolitisches Instrument der Offenmarktpolitik
c) eine ständig zur Verfügung stehende Refinanzierungsmöglichkeit für Banken
d) eine staatliche Förderlinie für insolvenzgefährdete Geschäftsbanken

2 Punkte

(63)   Die Geldmenge M3 beinhaltet

a) das Bargeld sowie Spar- und Termineinlagen
b) die Geldbasis und die Spareinlagen
c) die Zentralbankgeldmenge und Einlagen verschiedener Formen und Fristigkeiten
d) die Geldbasis und nur die Termineinlagen

2 Punkte

(64)   Die Geldbasis beinhaltet

a) das Bargeld sowie Spar- und Termineinlagen
b) das Bargeld und die Spareinlagen
c) die Zentralbankgeldmenge
d) das Bargeld und die Spareinlagen der Geschäftsbanken bei der EZB

2 Punkte

(65)   Welche Aussage zur Strategie der EZB ist richtig?

a) Die Europäische Zentralbank geht von einem kurzfristig niedrigen Unsicherheitsgrad bezüglich der Ursache-Wirkungsbeziehungen in der Geldpolitik aus
b) Sie stützt sich im Wesentlichen auf eine umfassende monetäre Analyse
c) Mit Hilfe der Strategie sollen nur die kurz- bis mittelfristigen Einflussfaktoren berücksichtigt werden
d) Die monetäre Analyse wird transparent durch einen veröffentlichten Referenzwert

2 Punkte

■ **Teil B: Grundlagenwissen**

(9) **Stellen** Sie den Aufbau des ESZB **dar und erläutern** Sie die Struktur!

8 Punkte

(10) **Grenzen** Sie die verschiedenen Geldmengenaggregate der EZB voneinander **ab**!

8 Punkte

(11) **Definieren** Sie die Leitzinsen der EZB und **erläutern** Sie die Funktion des Tendersatzes!

8 Punkte

(12) **Beschreiben** Sie **mit** einem kurzen Zahlenbeispiel das Prinzip der Geldschöpfung!

4 Punkte

■ **Teil C: Anwendungswissen**

(4) **Erklären** Sie die Schwierigkeiten einer Zentralbank bei der Sicherung der Geldwertstabilität!

20 Punkte

(5) **Erklären** Sie, wie in Deutschland der Geldschöpfungsprozess grundsätzlich funktioniert! **Gehen** Sie dabei **auf** die geldpolitischen Instrumente und die Beteiligten **ein**! **Nennen** Sie dabei auch mögliche Zwischenzielgrößen und eine Zielgröße der Geldpolitik!

25 Punkte

(6) **Erklären** Sie das Tenderverfahren der Zentralbank an einem selbstgewählten Beispiel!

8 Punkte

(7) **Diskutieren** Sie **drei Ursachen**, die eine Zentralbank zu einer **Liquiditätsverknappung** veranlassen könnten und **empfehlen** Sie **jeweils ein** geldpolitisches Instrument für ein starkes und schwaches Signal an die Marktteilnehmer!

12 Punkte

(8) **Stellen** Sie (**schrittweise**) eine **Kausalkette** zwischen der Erhöhung der „Leitzinsen" und einer verteuerten Kreditvergabe **her**!

8 Punkte

Lösungen zu Kapitel 3.1

■ Lösungsmuster zu Teil A: Multiple Choice

Lösungsmuster Teil A			
	a	b	c	d
53			x	
54			x	
55			x	
56				x
57				x
58			x	
59		x		
60				x
61		x		
62		x		
63			x	
64	x			
65			x	
66				x

■ Lösungsmuster zu Teil B: Grundlagenwissen

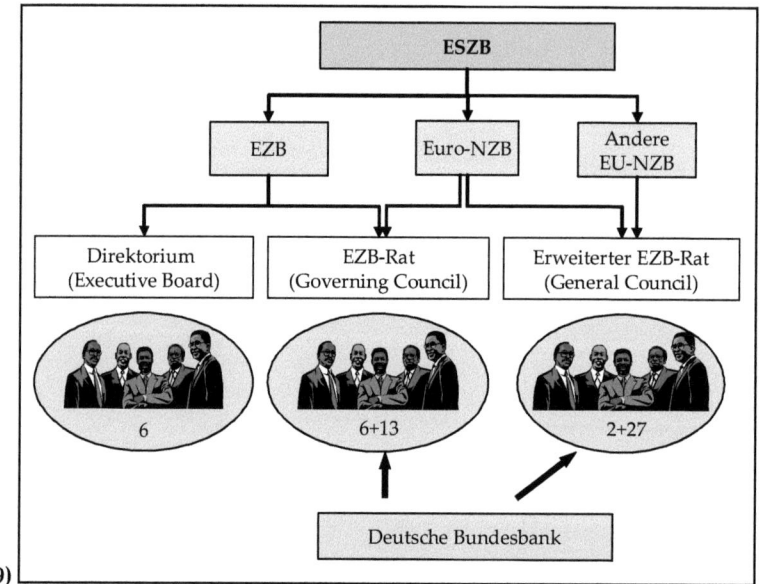

(9)

siehe auch: „Neue Bankbetriebslehre", S. 33-37.

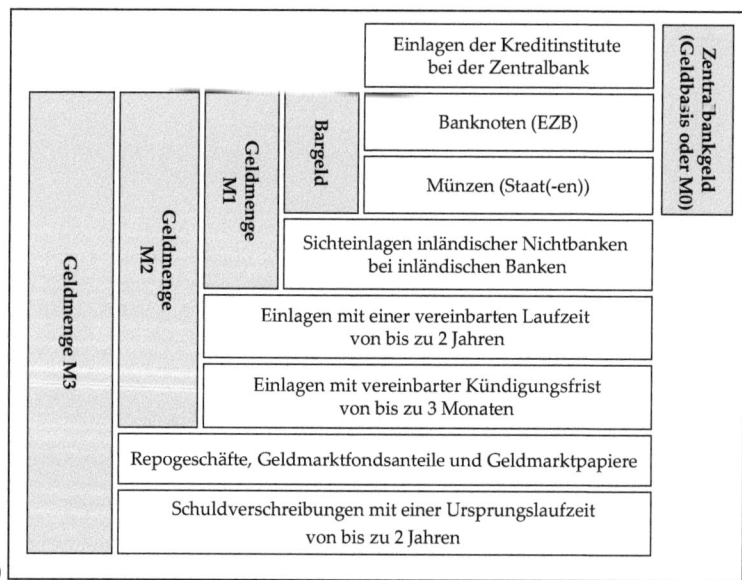

(10)

siehe auch: „Neue Bankbetriebslehre" S. 37-38

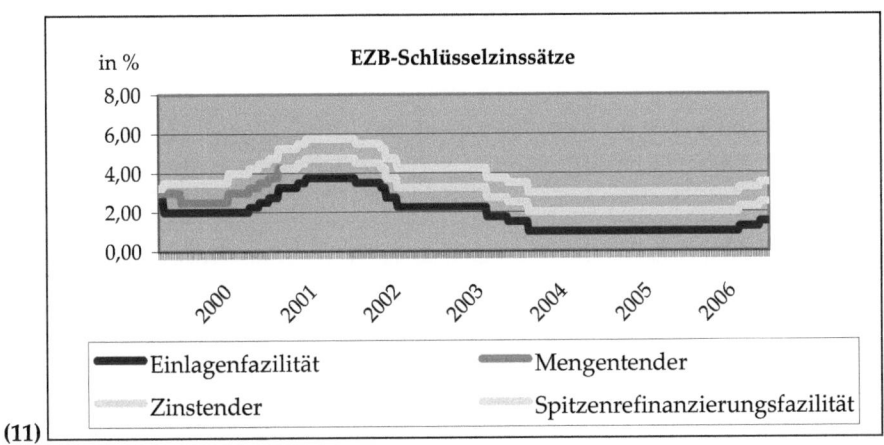

(11)

siehe auch: „Neue Bankbetriebslehre" S. 40-45

	Frei verfügbar (Geldbasis)	Kredit-gewährung	Bargeld-abfluss	Einlagen-zunahme	Reserve
Bankhaus Glorreich	1.000	1.000	400	600	600
Bankhaus Fastreich	600	600	240	360	360
Bankhaus Tierreich	360	360	144	216	216
...	...	...	...	...	...
Summe	-	2.500	1000	1.500	-

(12)

siehe auch: „Neue Bankbetriebslehre" S. 46-47

■ **Lösungsmuster zu Teil C: Anwendungswissen**

(4)

Die Erfahrungen in der Inflationsbekämpfung als dem Hauptziel von Notenbanken zeigen, dass eine große Zentralbankautonomie die wichtigste Voraussetzung für die konsequente Orientierung an der Preisstabilität ist. Tendenziell nutzen Regierungen vorhandene Möglichkeiten der Einflussnahme und werden bei verfassungsmäßiger Gelegenheit durch Notenemission wirtschaftspolitische Zielstellungen unter Verzicht auf die Geldwertstabilität verfolgen. Die Verpflichtung zur Geldwertstabilität wird weiterhin durch Anreizmechanismen untermauert, die den Zentralbanken bei Erreichung von Geldwertstabilität höhere Reputation und monetäre Vorteile verschaffen. Zusammenfassend ist festzuhalten, dass empirisch nachweisbar unabhängige Zentralbanken größere Erfolge bei der Inflationsbekämpfung vorzuweisen haben als abhängige Zentralbanken und dass der Verzicht auf Preisstabilität die Erreichung anderer wirtschaftspolitischer Ziele, wie Wachstum und Vollbeschäftigung mittel- bis langfristig nicht befördert.

Die Zielgröße der **Geldpolitik** ist die Preisstabilität. Die Zielgröße kann nur indirekt und nur über **Zwischenzielgrößen** kontrolliert werden. Der Prozess der Übertragung einer geldpolitischen Maßnahme auf den Geldmarkt und in die Inflationsrate wird als **Transmissionsmechanismus** bezeichnet und ist sehr komplex. Für die Steuerung des Geldangebots versucht die Zentralbank die Geldmenge zu bestimmen, die für die Güter- und Dienstleistungsnachfrage (Konsumnachfrage) benötigt wird. Die Angabe eines **Referenzwertes** für diese Geldmenge soll die **Transparenz der Geldpolitik** erhöhen. Zu den wichtigen Wirtschaftsindikatoren, die das angestrebte Geldmengenwachstum determinieren, zählen die Kapitalmarktzinsen, der Wechselkurs, Preis- und Kostenindizes sowie Messgrößen der Wirtschaftstätigkeit und der Fiskalpolitik. Neben der Geldmenge ist das **Zinsniveau** eine Schlüsselgröße der Geldpolitik. Die Zentralbank kann die Geldmarktzinsen, also die kurzfristigen Zinsen durch Beteiligung an den Geldmarktgeschäften beeinflussen. Eine Ausdehnung der Geldmenge kann entsprechend durch niedrige Geldmarktzinsen gefördert werden. Auf diese Weise kann durch Zinspolitik die Geldmenge und damit die Inflationsrate beeinflusst werden. Als Zwischenziel der Geldpolitik ist ebenfalls ein stabiler **Wechselkurs** denkbar. Eine Wechselkursstabilisierung als geldpolitisches Ziel ist gleichbedeutend mit der Unterordnung der jeweiligen Geldpolitik unter die Geldpolitik der Zentralbank, an deren Währung das Zwischenziel ausgerichtet ist.

In einem Universalbankensystem dominieren Banken mit einer breit angelegten Geschäftsstruktur, wogegen in einem Trennbankensystem (Spezialbankensystem) die wichtigsten Geschäftsbanken nur spezielle Bankgeschäfte (Wertpapiergeschäft = Investmentbanken oder Einlagen- und Kreditgeschäft = Commercial Banks) betreiben.

siehe auch: „Neue Bankbetriebslehre" S. 18 f, 37 ff

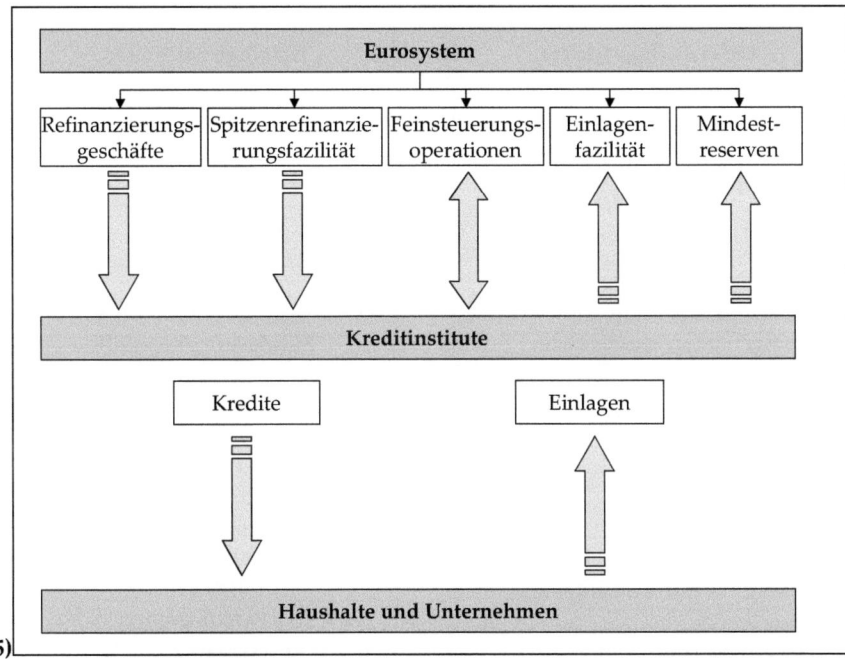

(5)

Der Einsatz der geldpolitischen Instrumente dient der Steuerung der Liquidität des Bankensystems. Die Kreditinstitute betreiben durch die Hereinnahme von Einlagen und die Gewährung von Krediten **Geldschöpfung,** deren Umfang bei der geldpolitischen Steuerung durch die Zentralbank berücksichtigt werden muss und mit der die Liquiditätsausstattung beeinflusst werden kann. Haushalte und Unternehmen beeinflussen durch die Kreditnachfrage sowie die Neigung zur Einlagenhaltung bei den Kreditinstituten deren Geldschöpfung. In Deutschland übernimmt die Bundesbank für die EZB den Einsatz der geldpolitischen Instrumente und damit die Ausführung der Geldpolitik der Europäischen Zentralbank.

Das Instrumentarium der EZB ist umfassend und kann flexibel genutzt werden. Hauptsächlich beabsichtigt die EZB, ihre geldpolitischen Ziele durch **Offenmarktoperationen** durchzusetzen. Dabei stellt die Zentralbank den Geschäftsbanken in der

Offenmarktgeschäfte	Ständige Fazilitäten
Hauptrefinanzierungsgeschäfte	Spitzenrefinanzierungs-fazilität
Liquiditätsbereitstellung am offenen Markt i.d.R. 7-tägige Laufzeit / befristete Transaktionen	Einlagenfazilität
Längerfristige Refinanzierungsgeschäfte	**Mindestreservepolitik**
Liquiditätsbereitstellung am offenen Markt 3 Monate Laufzeit / befristete Transaktionen	Sichteinlagen Spareinlagen, Termineinlagen (vereinbarte Lfz. bzw. Kündigungsfrist von bis zu 2 Jahren)
Feinsteuerungsoperationen	Schuldverschreibungen mit vereinbarter Lfz. von bis zu zwei Jahren
Liquiditätsbereitstellung am offenen Markt befristet oder definitiv	Geldmarktpapiere
Strukturelle Operationen	**- Reservesatz z.Z. 2 % -**

Regel für eine befristete Zeit Liquidität bereit oder bietet die Möglichkeit, überschüssige Liquidität kurzfristig anzulegen. Zur Ergänzung der Offenmarkt-Palette kann die EZB sogenannte **strukturelle Operationen** durchführen. Die **Feinsteuerungsmaßnahmen** und die strukturellen Operationen können befristete Geschäfte oder definitive, das heißt endgültige Käufe- bzw. Verkäufe sein. Im Regulierungsgeldmarkt können die Kreditinstitute ihren Liquiditätsbedarf anmelden. Die EZB entscheidet direkt oder indirekt über die bereitgestellte Summe und die Konditionen. Das Geld wird über sogenannte **Tenderverfahren** in den Markt gebracht. Die Fazilitäten liefern den sogenannten geldpolitischen Rahmen. Die **Einlagenfazilität** bietet den Banken zur Liquiditätssteuerung die Möglichkeit, „über Nacht" Geld bei der Zentralbank zu parken. Der Zinssatz für Einlagen bei der Zentralbank bietet gleichzeitig eine **untere Zinsgrenze** für die Geldanlage. Die **Refinanzierungsfazilität** ermöglicht den Geschäftsbanken eine kurzfristige Geldaufnahme (ebenfalls 24 h). Der Rückgriff auf diese Fazilität zur kurzfristigen Liquiditätsoptimierung markiert gleichsam die **Zinsobergrenze** für kurzfristige Refinanzierungen. Kreditinstitute sind danach verpflichtet, einen bestimmten Anteil (in %) ihrer **Einlagen bei der Zentralbank** als Mindestreserve zu hinterlegen.

Der Prozess der Geldschöpfung wird unterteilt in die **Geldschöpfung** durch die Zentralbank und die **Geld- bzw. Kreditschöpfung** der Geschäftsbanken. Die Geldbasis (Zentralbankgeld) kann von der Zentralbank durch Kreditgewährung an die Geschäftsbanken oder den Ankauf von Vermögenswerten der Geschäftsbanken erhöht werden. Es erhöht sich also durch die Geldschöpfung der Zentralbank das Bargeld und/oder die Zentralbankeinlagen der Kreditinstitute. Die Geldschöpfung der Geschäftsbanken erfolgt durch **Kreditgewährung** und die Haltung der eingeräumten Kredite auf Konten. Das so entstandene Giralgeld ist seinerseits die Grundlage für weitere Kreditgewährung durch die Banken. Die Haltung der Gelder als Einlagen, die die Geldmengendefinition erfüllen, erhöht die Geldmenge. Teilweise wird die Giralgeldschöpfung auch als aktive Geldschöpfung bezeichnet und der Tausch weniger liquider Kapitalanlagen in Geldanlagen, die den Geldmengenaggregaten zuzurechnen sind, wird als passive Geldschöpfung bezeichnet.

Zwischenzielgrößen:

Geldmengenentwicklung; Zinsentwicklung; Wechselkursentwicklung

Zielgröße:

Geldwertstabilität bzw. konkrete Inflationsrate

(6)

Das Geld wird über sogenannte **Tenderverfahren** in den Markt gebracht. Die Zinsen, die im Tenderverfahren gezahlt werden, sind ein wichtiger Indikator für das Zinsniveau am Geldmarkt, also für kurzfristige Geldgeschäfte und beeinflussen so indirekt die Inflation. Es müsste entweder das **Mengentender-Verfahren** (I) **oder** das **Zinstender-Verfahren** (II) in der Antwort erläutert werden

(I) Mengentender-Verfahren

Beim Mengentender gibt die EZB den Zinssatz vor und die Geschäftsbanken geben in ihren Geboten die gewünschten Volumina an. Die Zentralbank entscheidet, welche Menge an Zentralbankgeld sie danach bereitstellt. Übersteigen die nachgefragten Volumina die Angebotsmenge, die die Zentralbank bereitstellen will, dann wird repartiert. Die Geschäftsbanken erhalten anteilig - und zwar entsprechend des Verhältnisses ihres Gebots am Gesamtbietungsvolumen - Zentralbankgeld.

Wenn die Zentralbank einen Zinssatz von 3,25% vorgibt und die Summe der zu diesem Preis nachgefragten Geldmenge liegt bei 100 EUR, dann muss die Zentralbank entscheiden, wie viel Geld sie tatsächlich in den Markt geben will. Ist sie bereit 100 EUR in den Markt zu geben, dann erhalten alle Banken die nachgefragte Menge. In dem Beispiel würde das Bankhaus Steinreich 35 EUR erhalten. Wenn die Zentralbank nur bereit ist, 75 EUR anzubieten, dann erhalten alle Banken nur 75% der nachgefragten Geldmenge, das Bankhaus Steinreich würde also nur 26,25 EUR erhalten.

Mengentender			
	Volumen	**Zinssatz**	**Zuteilung**
Zentralbankangebot:	?	3,25 %	€ 75
Bankhaus Steinreich	€ 35	-	€ 26,25
Bankhaus Waldreich	€ 20	-	€ 15,0
Bankhaus Wasserreich	€ 20	-	€ 15,0
Bankhaus Segensreich	€ 15	-	€ 11,25
Bankhaus Himmelreich	€ 10	-	€ 7,5

(II) Zinstender-Verfahren

Beim Zinstender gibt es grundsätzlich das amerikanische und das holländische Verfahren. Im **holländischen Verfahren** teilt die Zentralbank die Liquidität zu einem einheitlichen Zinssatz zu. Alle Banken, die einen höheren Zins geboten haben, erhalten die nachgefragte Menge zu dem von der Zentralbank festgestellten Grenzzins. Die Gebote zum Grenzzins werden repartiert, darunter liegende Gebote werden nicht bedient. Im **amerikanischen Verfahren** erhalten die Banken mit dem höchsten gebotenen Zinssatz zuerst die nachgefragte Geldmenge genau zu dem von ihnen gebotenen Zins. Überschüssige Gebote zum Grenzzinssatz werden wie beim holländischen Verfahren repartiert, darunter liegende Gebote nicht berücksichtigt. Im Beispiel wäre beim holländischen Verfahren der Grenzzins 3,3 % und alle Banken bekämen zu diesem Zins das ausgewiesene Volumen zugeteilt. Beim amerikanischen Verfahren wären die zugeteilten Beträge gleich, jedoch bezahlt jede Bank den Zins, zu dem sie nachgefragt hat, wie im Beispiel für den Zinstender abgebildet.

Zinstender			
	Volumen	**Zinssatz**	**Zuteilung**
Zentralbankangebot:	€ 100	3,25 %	€ 100
Bankhaus Steinreich	€ 40	3,5 %	€ 40
Bankhaus Waldreich	€ 25	3,45 %	€ 25
Bankhaus Wasserreich	€ 20	3,3 %	€ 17,5
Bankhaus Segensreich	€ 20	3,3 %	€ 17,5
Bankhaus Himmelreich	€ 10	3,25 %	-

(7)

Die Europäische Zentralbank geht bei ihrer **Zwei-Säulen-Strategie** von einem kurzfristig hohen Unsicherheitsgrad bezüglich der komplexen Ursache-Wirkungsbeziehungen in der Geldpolitik aus. Sie stützt ihre **geldpolitische Strategie** deshalb auf eine umfassende **monetäre Analyse** (1. Säule) und **realwirtschaftliche Analyse** (2. Säule). Mit Hilfe der zweiten Säule sollen die kurz- bis mittelfristigen Einflussfaktoren auf die Preisentwicklung analysiert werden. Langfristig wird die Inflation vom monetären Wachstum bestimmt, weshalb die EZB als erste Säule die monetäre Analyse nutzt. Die EZB ist damit in die Lage versetzt, alle relevanten Determinanten in der Geldpolitik zu berücksichtigen, die mögliche Risiken für die Preisstabilität darstellen können.

So können als monetäre Ursachen für eine Liquiditätsverknappung (zu) niedrige Marktzinsen, eine zu hohe Geldmengenausdehnung und/oder eine starke Aufwertung der Währung am Devisenmarkt in Frage kommen. Realwirtschaftliche Auslöser einer Liquiditätsverknappung können z.B. Preisschocks (z.B. Rohstoffe, Energie), starke Einkommenssteigerungen, hohe Staatsausgaben (insbesondere hohe Staatsverschuldung) sein. Die monetären Faktoren bewirken eine hohe Geldschöpfung und damit ein hohes Geldangebot, von dem bei nicht gleicher Nachfrageentwicklung eine Inflationsgefahr ausgeht. Die realwirtschaftlichen Störungen würden bei einer Alimentierung durch die Zentralbank (Ausdehnung des Geldangebots) mittel- bis langfristig zu

Inflation führen. Dennoch kann es sein, dass die realwirtschaftlichen Schocks kurzfristig keine Liquiditätsverknappung zur Folge haben, um die Volkswirtschaft zu stabilisieren.

Ein **schwaches Signal für den Markt** wäre die Reduzierung der über die Hauptrefinanzierung, den wöchentlichen Tendergeschäften, zur Verfügung gestellten Geldmenge. Im Vergleich dazu wäre eine Leitzinserhöhung ein **starkes Signal**. Die Veränderung nur eines Leitzinses kann im Vergleich zur gleichzeitigen Erhöhung aller drei Leitzinssätze ebenfalls ein schwaches Signal darstellen. Grundsätzlich sind Leitzinserhöhungen der Zentralbank regelmäßig medienwirksam und haben allein durch diesen Informationscharakter schon eine starke Wirkung. Es kann aber argumentiert werden, dass eine Zinserhöhung von 0,25% ein schwaches und eine Zinserhöhung von 0,5% ein eher starkes Signal für den Markt repräsentieren.

(8)

Neben der Geldmenge ist das **Zinsniveau** eine Schlüsselgröße der Geldpolitik. Die Zentralbank kann die Geldmarktzinsen, also die kurzfristigen Zinsen, durch Beteiligung an den Geldmarktgeschäften beeinflussen. Eine Möglichkeit, die Geldmengenausdehnung knapp zu halten, ist es, die **Einlagen der Geschäftsbanken** bei der Zentralbank attraktiv zu verzinsen und/oder den Geschäftsbanken nur zu hohen Zinsen zusätzliche **Liquidität bereitzustellen**. Eine Reduzierung der Geldmenge kann entsprechend durch hohe Geldmarktzinsen gefördert werden. Auf diese Weise kann durch Zinspolitik die Geldmenge und damit die Inflationsrate beeinflusst werden.

Die Leitzinserhöhung verteuert die Refinanzierung der Geschäftsbanken über die Zentralbank. Die Verteuerung eines wesentlichen Refinanzierungsinstruments wird die Preise für andere Refinanzierungsinstrumente wie Interbankengeld und Kundeneinlagen ebenfalls ansteigen lassen. Die Geschäftsbanken sehen sich damit steigenden (Zins-)Kosten gegenüber, und müssen, um ihre Rentabilität (Gewinnmarge) zu erhalten ihre Produkte ebenfalls verteuern. Das Kernprodukt einer Bank ist der Kredit. So werden die gestiegenen Leitzinsen in die Kreditpreise weitergegeben. Damit erreicht schließlich die Zentralbank ihr Ziel, wenn sich durch die gestiegenen Kreditpreise die Kreditnachfrage reduziert.

siehe auch Neue Bankbetriebslehre S. 37-48

44

3.2 Das deutsche Geschäftsbankensystem

Aufgaben zu Kapitel 3.2

■ **Teil A: Multiple Choice**

(66) Die dominanten Bankengruppen in Deutschland

a) sind die Sparkassen und Landesbanken
b) sind die privaten Geschäftsbanken, die Sparkassenfinanzgruppe und die Genossenschaftsbanken
c) sind die privaten Geschäftsbanken und die Spezialbanken mit Sonderaufgaben
d) sind einerseits Universalbanken und andererseits Spezialbanken

2 Punkte

(67) Im Bankenmarkt in Deutschland

a) dominieren die Kreditbanken nicht in Ballungsgebieten
b) ist der Marktanteil der Sparkassen und Genossenschaftsinstitute bei den Kunden
einlagen überdurchschnittlich
c) sind die dominierenden Bankengruppen flächendeckend in allen Regionen vertreten
d) haben die Kreditbanken tendenziell Stärken im gehobenen Privatkundengeschäft

2 Punkte

(68) Das Geschäftsbankensystem in Deutschland

a) unterliegt einem tiefgreifenden Strukturwandel
b) kämpft seit Jahren mit Ertragseinbrüchen
c) ist in den letzten Jahren durch zahlreiche erfolgreiche Fusionen gekennzeichnet
d) hat stabil niedrige Kostenstrukturen

2 Punkte

(69) Kreditinstitute mit Sonderaufgaben

a) sind ausschließlich öffentlich-rechtliche Kreditinstitute
b) sind teilweise privatrechtlich organisiert
c) sind Institute zur Durchsetzung wirtschaftspolitischer Ziele
d) werden auch als Förderbanken bezeichnet

2 Punkte

(70)   Deutsche Großbanken

a) gehören zu den großen Banken in der Welt (Top 20)
b) haben im Filialgeschäft den größten Marktanteil in Deutschland
c) refinanzieren sich stärker als andere Banken über Einlagen
d) sind teilweise besser geratet als deutsche Landesbanken

2 Punkte

(71)   Deutsche Großbanken

a) refinanzieren sich ausschließlich über den Interbankenmarkt und die EZB
b) sind im Verband deutscher Banken organisiert
c) refinanzieren sich nicht über Schuldverschreibungen
d) haben im Einlagengeschäft den größten Marktanteil in Deutschland

2 Punkte

(72)   Deutsche Großbanken

a) gehören nicht zu den großen Banken in der Welt
b) haben im Mengengeschäft den größten Marktanteil in Deutschland
c) refinanzieren sich nur über Kundeneinlagen sowie am Geld- und Kapitalmarkt
d) sind interessante Übernahmekandidaten, weil sie eine hohe Eigenkapitalrendite erzielen

2 Punkte

(73)   Das deutsche private Bankgewerbe

a) darf immer alle Bankgeschäfte betreiben
b) beinhaltet die vier Großbanken und Regionalbanken
c) ist in Deutschland aufgrund gesetzlicher Vorschriften entstanden
d) betreibt Einlagensicherung nicht als Institutssicherung

2 Punkte

(74)   Privatbankiers

a) betreiben ausschließlich die gehobene Vermögensanlage
b) sind immer persönlich haftende Gesellschafter
c) sind privatrechtliche Banken mit unterschiedlicher Rechtsform
d) existieren nicht mehr als selbständige Banken in Deutschland

2 Punkte

(75)   Die öffentlich-rechtlichen Sparkassen in Deutschland

a) dürfen zukünftig keine staatlichen Haftungszusagen erhalten
b) sind freiwillige Mitglieder der regionalen Sparkassen- und Giroverbände
c) subventionieren Kredite an regionale Unternehmen
d) tragen aufgrund ihrer öffentlich-rechtlichen Rechtsform die so genannte Anstaltslast

2 Punkte

(76)   Sparkassen

a) können keine Aktiengesellschaften werden
b) haben im Filialgeschäft den größten Marktanteil in Deutschland
c) refinanzieren sich stärker als andere Banken über den Geldmarkt
d) agieren nach dem förderungswirtschaftlichen Prinzip

2 Punkte

(77)   Kommunale Sparkassen sind

a) Tertiärinstitute der Sparkassenfinanzgruppe
b) später als die meisten großen Aktienbanken entstanden
c) Banken deren Mitglieder auch die Eigentümer sind
d) im Filialgeschäft die Kreditinstitute mit den größten Marktanteilen

2 Punkte

(78)   Das Sparkassensystem beinhaltet

a) bis 2005 für alle Sparkassen die Gewährträgerhaftung
b) die Mitgliedschaft im Einlagensicherungsfonds
c) für alle Landesbanken und Sparkassen das Gemeinwirtschaftlichkeitsprinzip
d) das Regionalprinzip durch die Trennung der Landesbanken und Sparkassen

2 Punkte

(79)   Sparkassen sind

a) immer als Anstalten mit Gewährträgerhaftung gegründet worden
b) keine Kreditinstitute im engeren Sinne
c) immer nach dem Regionalprinzip organisiert
d) immer öffentlich-rechtliche Institute

2 Punkte

(80)   Genossenschaftsbanken sind

a) entweder Raiffeisen- oder Volksbanken
b) später als die meisten großen Aktienbanken entstanden
c) Banken, deren Mitglieder auch die Eigentümer sind
d) sind Spezialbanken zur Finanzierung der SPD und ihrer Mitglieder

2 Punkte

(81)   Der genossenschaftliche Bankensektor

a) widmet sich immer Privat- und Geschäftskunden
b) handelt nach dem förderungswirtschaftlichen Prinzip
c) besteht aus Volks- und Raiffeisenbanken
d) gewinnt neue Mitglieder nur dadurch, dass alte Genossen ihre Anteile verkaufen

2 Punkte

(82)   Die Bilanzsummen der deutschen Kreditinstitute sind 2004

a) stärker gewachsen als das BIP
b) kumuliert größer als das jährliche BIP Deutschlands
c) kumuliert ungefähr 6.000.000.000 EUR
d) durchschnittlich kleiner als die Bilanzsummen von Industrieunternehmen

2 Punkte

(83)   Die Bilanzsummen deutscher Sparkassen liegen im Durchschnitt bei

a) mehr als 1 Mrd. EUR
b) 1 Mio. EUR
c) 500 Mrd. EUR
d) 20 Mrd. EUR

2 Punkte

(84)   Die Zahl der Kreditinstitute in Deutschland

a) stagniert seit einigen Jahren
b) liegt z.Z. bei ca. 5000 Instituten
c) beträgt ca. 2100 Institute
d) hat in diesem Jahr zugenommen

2 Punkte

■ **Teil B: Grundlagenwissen**

(13) Nennen Sie **vier** Merkmale des deutschen Sparkassenwesens und **erläutern Sie drei** davon!

6 Punkte

(14) Nennen und erläutern Sie **kurz** die Struktur des deutschen Sparkassensektors!

6 Punkte

■ **Teil C: Anwendungswissen**

(9) Kennzeichnen Sie die **wesentlichen** Strukturmerkmale des deutschen Geschäftsbankensystems! **Gehen** Sie auf die dominierenden Bankengruppen, Gemeinsamkeiten und deren Unterschiede **ein**!

15 Punkte

(10) Warum haben die (privaten) Kreditbanken sich gegen die Gewährträgerhaftung aufgelehnt und Recht bekommen?

10 Punkte

(11) Erklären Sie kurz den Unterschied in der geschäftspolitischen Ausrichtung der privaten Kreditbanken, der Sparkassen und der Genossenschaftsbanken!

10 Punkte

(12) Stellen Sie **systematisch dar**, welche Unterschiede zwischen privaten Kreditbanken und Sparkassen bestehen (**Wählen** Sie **selbständig** geeignete **Kriterien**)!

12 Punkte

Lösungen zu Kapitel 3.2

■ Lösungsmuster zu Teil A: Multiple Choice

Lösungsmuster Teil A			
	a	b	c	d
67		x		
68		x		
69	x			
70		x		
71				x
72		x		
73	x			
74				x
75			x	
76				x
77		x		
78				x
79			x	
80			x	
81			x	
82		x		
83		x		
84	x			
85			x	

■ Lösungsmuster zu Teil B: Grundlagenwissen

Kommunale Sparkassen, Landesbanken, Girozentrale		
Anstaltslast	Veränderungen bis 2005	Errichtung und Sicherung der Betriebsfähigkeit durch öffentlich-rechtliche Körperschaften
Gewährträgerhaftung	bis 2005	Verpflichtung, für alle Verbindlichkeiten einzustehen
Öffentlicher Auftrag		Flächendeckende bankwirtschaftliche Versorgung der Bevölkerung; Förderung der Vermögensbildung
Regionalprinzip		Beschränkung der Geschäftsstellen auf das Gebiet des Trägers
Kommunale Sparkassen, Landesbanken, Girozentrale + Freie Sparkassen		
Gemeinnützigkeit		Gewinnerzielung - nicht aber Gewinnmaximierung
Haftungsverbund		Institutssicherung, Risikoverteilung

(13)

Zu den Prinzipien des Sparkassenwesens gehört die **Anstaltslast**. Aus ihr ergibt sich die **öffentlich-rechtliche Rechtsform**. **Träger** der kommunalen Sparkassen sind Städte, Gemeinden oder Landkreise, was sich u.a. im Namen Stadtsparkasse bzw. Kreissparkasse widerspiegelt. Hinsichtlich der **Rechtsform** werden Veränderungen im Sparkassensektor stattfinden. Bis 2005 galt für die Kreditinstitute des öffentlich-rechtlichen Sektors eine sogenannte **Gewährträgerhaftung**, bei der der Gewährträger die Haftungsübernahme für alle Zahlungsverpflichtungen bzw. Verbindlichkeiten der Sparkasse, Landesbank bzw. Girozentrale garantiert. Ein weiteres Merkmal des Sektors beinhaltet das **Regionalprinzip**. Danach sollen Sparkassen (und Landesbanken) nicht untereinander in Konkurrenz treten. Dieser Grundsatz stößt in den Randregionen der Geschäftsbereiche und in vertikaler Richtung der Sparkassenorganisation an Grenzen. Ein wesentliches Prinzip ist die **Gemeinnützigkeit**, die den Sparkassen zwar die Gewinnerzielung ermöglicht, nicht aber Gewinnmaximierung. Dies kann durch gemeinnützige Verwendung von Überschüssen aus der Geschäftstätigkeit erreicht werden. Eine weitere Besonderheit der Institute ist der begrenzte **Zugang zu Eigenkapital**. Die wichtigste Quelle zur Stärkung des Eigenkapitals als Basis für Wachstum sind die Gewinnrücklagen aus den erzielten Überschüssen. Mit einem möglichen Rechtsformwandel verändert sich die Eigenkapitalbasis und die Einbettung in Verbundsysteme der Sparkassenorganisation kann eventuell in Frage gestellt sein.

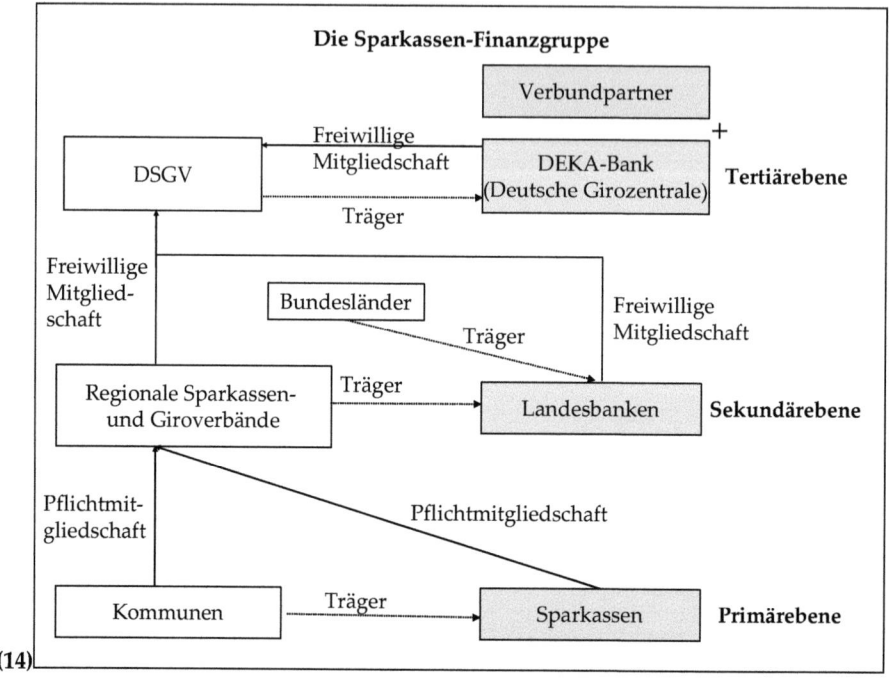

(14)

Der öffentlich-rechtliche Sektor gehört in Deutschlands Bankenlandschaft, wie sonst nur in wenigen EU-Ländern, zu den wichtigsten Marktakteuren und zeichnet sich durch einige Besonderheiten aus. Zunächst ist er durch seine **dreistufige Struktur** gekennzeichnet. Neben den **Sparkassen** (Primärinstituten) gehören die **Landesbanken** und die **Deka-Bank** (Deutsche Girozentrale) als Zentralinstitut des Sektors dazu.

Darüber hinaus unterliegt er derzeit besonders massiven Veränderungen. Aufgrund von neuen Wettbewerbsregeln, die infolge einer Einigung der deutschen Bundesregierung mit der Europäischen Wettbewerbsbehörde für die deutsche Sparkassenfinanzgruppe gelten, sind zwei bisher wesentliche Merkmale der Sparkassengruppe aufgehoben. Grundlage für die Tätigkeit dieser Sparkassen sind die **Sparkassengesetze** der Länder bzw. die Sparkassenverordnungen. Neben den öffentlich-rechtlichen Sparkassen existieren die freien Sparkassen. Theoretisch soll statt des Konkurrenzprinzips der Verbundgedanke Einzug halten. Dies findet seinen Ausdruck in zahlreichen **Verbundeinrichtungen** des Sektors. In der **Sekundärebene** ist gegenwärtig ein seit mehreren Jahren anhaltender Konsolidierungsprozess zu beobachten. Zur Zeit bestehen 12 **Landesbanken**, deren primäre Geschäftstätigkeit in den Bundesländern liegt, denen sie zuordenbar sind. Grundsätzlich sollen die Landesbanken Geschäfte und Funktionen für die Sparkassen ihres Geschäftsbereiches übernehmen, die den Primärinstituten nicht möglich sind.

siehe auch Neue Bankbetriebslehre S. 57-60

■ **Lösungsmuster zu Teil C: Anwendungswissen**

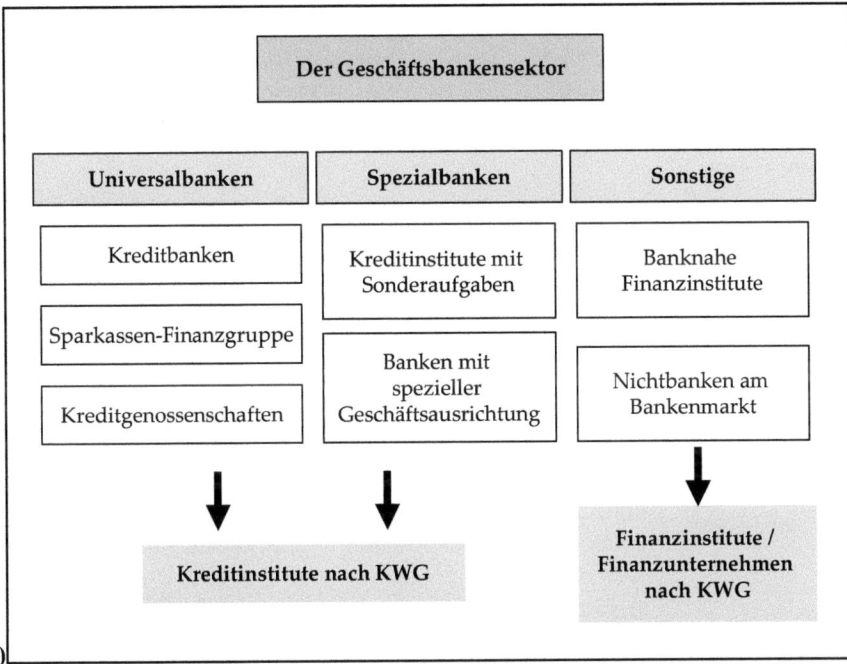

(9)

Das deutsche **Universalbanksystem** ist historisch gewachsen. Die Universalbanken sind nach Geschäftsvolumen, Geschäftsfeldern und Marktanteilen die dominierende Bankengruppe in Deutschland. Zunächst existieren drei große Blöcke innerhalb der **Universalbanken**. Den ersten Block bilden die deutschen **Kreditbanken**. Das sind die Banken des privaten Kreditgewerbes, an der Spitze die vier deutschen Großbanken (Deutsche Bank; Hypovereinsbank, Dresdner Bank, Commerzbank). Der **Sparkassensektor** zusammengenommen, das heißt Sparkassen, Landesbanken und die DGZ-Deka-Bank, bildet den Teil des deutschen Bankensystems mit dem größten Marktanteil. Die dritte größere Bankengruppe stellen die **Genossenschaftsbanken** dar. Daneben spielen am Bankenplatz Deutschland auch **Spezialbanken** eine wesentliche Rolle. Unter den Banken mit spezieller Geschäftsausrichtung sind die Hypothekenbanken und Bausparkassen herauszuheben. Der Bankensektor wird ergänzt durch Akteure, die nur bestimmte Finanzdienstleistungen anbieten und als **Finanzinstitute** oder **Finanzunternehmen** bezeichnet werden.

Neben den deutschen Großbanken (Deutsche Bank, Dresdner Bank, Hypovereinsbank, Commerzbank) nehmen, gemessen am Geschäftsvolumen, vor allem einige Landesbanken eine wesentliche Marktposition ein. Zusammengefasst ist der **Sparkassensektor** mit mehr als einem Drittel der Bilanzaktiva der deutschen Banken die **bedeutendste Bankengruppe**.

Dominierende Bankengruppen: Kreditbanken, Sparkassen-Finanzgruppe, Genossenschaftsbanken

Gemeinsamkeiten: Universalbanken, Bundesweite Filialpräsenz, Gewinnerzielungsabsicht

Unterschiede: Geschäftsfelder, Zielgruppen, Regionale Positionierung, Rechtsform, Geschäftsprinzip, Struktur

Bankengruppen/ Charakteristika	Kreditbanken	Sparkassen-Finanzgruppe	Genossenschaftsbanken
Bedeutendste Geschäftsfelder	Gehobenes Privatkundengeschäft, Filialgeschäft, Internationale Finanzierungen, Kapitalmarktgeschäft	Sparkassen dominant im Filialgeschäft; Landesbanken in der Unternehmensfinanzierung, Kommunalkreditgeschäft	Filialgeschäft, Mittelstandsgeschäft
Wichtigste Kundengruppen	Großunternehmen, Staaten und Kommunen, Privatkunden und Mittelstand	Staaten und Kommunen, Privatkunden (vor allem) im Mengengeschäft und (regionaler) Mittelstand	Handwerker und Gewerbetreibende
Regionale Positionierung	bundesweit, vor allem in Ballungsgebieten	flächendeckend	flächendeckend
Rechtsform	Privatrechtlich, vor allem Kapitalgesellschaften	(noch) öffentlich rechtliche Körperschaften, teilweise AG	Genossenschaften
Geschäftsprinzip	Gewinnmaximierung	Gemeinwirtschaftlichkeit	förderungswirtschaftliches Prinzip

Struktur	Konzernstruktur	Primär-, Sekundär - und Spitzeninstitute	Primärinstitute und Spitzeninstitut
Sicherung	Einlagensicherung	Einlagensicherung und Haftungsverbund	Einlagensicherung und Haftungsverbund

(10)

Bis 2005 galt für die Kreditinstitute des öffentlich-rechtlichen Sektors eine sogenannte **Gewährträgerhaftung**, bei der der Gewährträger die Haftungsübernahme für alle Zahlungsverpflichtungen bzw. Verbindlichkeiten der Sparkasse, Landesbank bzw. Girozentrale garantiert. Aufgrund einer Klage des privaten deutschen Bankgewerbes bei der Europäischen Union gibt es diese Verpflichtung in Form der Gewährträgerhaftung nicht mehr. Die Wettbewerbskommission der EU folgte der Auffassung der Privatbanken, die in dieser nicht marktgerecht abgegoltenen Garantie eine Wettbewerbsverzerrung zugunsten der öffentlich-rechtlichen Kreditinstitute sahen. Die Argumentation der Sparkassen-Finanzgruppe, dass als Ausgleich zur Gewährträgerhaftung der öffentliche Auftrag einen Wettbewerbsnachteil darstellt, konnte die Wettbewerbshüter der EU nicht überzeugen. Staatliche Garantien sind damit zwar nicht generell ausgeschlossen, sie müssten aber marktgerecht entgolten werden. Die Wettbewerbverzerrung bestand vor allem darin, dass die Landesbanken und die DEKA-Bank aufgrund der Gewährträgerhaftung eine hervorragende Bonitätsbeurteilung (oft Triple-AAA-Rating) erhielten, die ihnen eine preiswerte Refinanzierung am Kapitalmarkt ermöglichte. Die preiswerte Refinanzierung wiederum gestattete den begünstigten Instituten und damit letztlich auch den Sparkassen günstige Kundenkonditionen zu gewähren. Dies führte zu einer Verzerrung der Wettbewerbsbedingungen im deutschen Bankwesen.

Weitere Veränderungen im Sparkassensektor werden hinsichtlich der **Rechtsform** stattfinden. Die Geschäftsfelder, in denen die Sparkassen und Landesbanken mit den privaten Banken unmittelbar konkurrieren bzw. der **öffentliche Auftrag** nicht wirksam wird, werden nicht zwingend in öffentlich-rechtlicher Struktur bleiben. Die Rechtsform war ebenfalls Gegenstand der Klage des privaten Bankengewerbes. Die Umwandlung von Sparkassen und Landesbanken bzw. von Teilinstituten in privatrechtliche Unternehmen ist bereits ein laufender Prozess.

(11)

Die vier **Großbanken** (Deutsche Bank, Dresdner Bank, Hypovereinsbank, Commerzbank) nehmen vor allem im internationalen Geschäft, im gehobenen Firmenkunden- und Privatkundengeschäft eine bedeutende Marktstellung ein. Die **Regionalbanken** und sonstigen Kreditbanken betreiben das Bankgeschäft – im Gegensatz zu den Großbanken – nur regional, lokal oder branchenbegrenzt. Vereinzelt werden auch Geschäfte an anderen Standorten abgewickelt, wobei mitunter auch Niederlassungen an internationalen Bankenplätzen bestehen. Branchenbanken haben sich aufgrund historischer Entwicklungen auf bestimmte Kundengruppen spezialisiert (z.B.: Apothekerbank). Die klassischen **Privatbankiers** in der Rechtsform der OHG oder KG sind häufig in ausgewählten Geschäftsbereichen aktiv und ziehen ihr Potential aus persönlichen Kontakten und einem stabilen Vertrauensverhältnis zur Kundschaft, das immer auch mit individueller Bankberatung einhergeht.

Während die Sparkassen und Genossenschaftsbanken regional konzentrierte und überwiegend kleine Kreditsummen verbuchen, finanzieren die Kreditbanken (und auch die Landesbanken) größere Unternehmen, Projekte sowie den Staat mit jeweils größeren Einzelkreditbeträgen.

Deutlich überdurchschnittlich ist der **Marktanteil** der Sparkassen und Genossenschaftsinstitute bei den **Kundeneinlagen**. Diese Kreditinstitute gelten als stark einlagenfinanziert. Sparkassen finanzieren sich zudem stark im Interbankengeschäft über Landesbanken und umgekehrt. Während die Sparkassen und Genossenschaftsbanken flächendeckend tätig sind, konzentrieren sich die privaten Kreditbanken auf die Ballungsgebiete. Die gehobenen Privatkunden sind zwar grundsätzlich für alle Kreditinstitute interessante Zielgruppen, jedoch sind die privaten Kreditbanken hier stärker positioniert als die Sparkassen und Genossenschaftsbanken. Aufgrund der regionalen Ausrichtung der Sparkassen und Genossenschaftsbanken sind insbesondere die Großbanken mit ihrer i.d.R. globalen Ausrichtung im internationalen Geschäft und im Geschäft mit Großkunden besser aufgestellt.

(12)

Bankengruppen/ Charakteristika	Kreditbanken	Sparkassen-Finanzgruppe
Bedeutendste Geschäftsfelder	Gehobenes Privatkundengeschäft, Filialgeschäft, Internationale Finanzierungen, Kapitalmarktgeschäft	Sparkassen dominant im Filialgeschäft; Landesbanken in der Unternehmensfinanzierung, Kommunalkreditgeschäft
Wichtigste Kundengruppen	Großunternehmen, Staaten und Kommunen, Privatkunden und Mittelstand	Staaten und Kommunen, Privatkunden (vor allem) im Mengengeschäft und (regionaler) Mittelstand
Regionale Positionierung	bundesweit, vor allem in Ballungsgebieten	flächendeckend
Rechtsform	Privatrechtlich, vor allem Kapitalgesellschaften	(noch) öffentlich rechtliche Körperschaften, teilweise AG
Geschäftsprinzip	Gewinnmaximierung	Gemeinwirtschaftlichkeit
Struktur	Konzernstruktur	Primär-, Sekundär und Spitzeninstitute
Sicherung	Einlagensicherung	Einlagensicherung und Haftungsverbund
Sonstige Besonderheiten		Öffentlicher Auftrag; Regionalprinzip

Die Fragestellung ähnelt den Fragen (9) und (11). Die Kriterien sind jeweils zu erläutern.

siehe zu den Fragen (9)-(12) des Teils C auch Neue Bankbetriebslehre S. 51-64.

3.3 Der Finanzmarkt in Deutschland

Aufgaben zu Kapitel 3.3

▪ **Teil A: Multiple Choice**

(85) Deutsche Börsenplätze

a) sind in sieben Standorte für Präsenzhandel von Wertpapieren zu unterteilen
b) haben drei gesetzliche Marktsegmente, darunter den TecDAX
c) sind Präsenzbörsen und die dominante Computerbörse
d) sind auch Warenterminbörsen in Berlin und Hannover

2 Punkte

(86) Sogenannte Midcaps sind

a) Aktien, die die durchschnittliche Wertentwicklung eines Kapitalmarktes abbilden
b) Aktien, die man auch als Blue Chips bezeichnet
c) Aktien, die beispielsweise im DAX 100 mit enthalten sind
d) Aktienoptionen, deren Wert sich halbiert hat

2 Punkte

(87) Sogenannte Standardwerte sind

a) Aktien, die eine durchschnittliche Wertentwicklung erzielen
b) Aktien, die z.B. im EURO-STOXX 50 enthalten sind
c) Aktien, die nicht im DAX 100 mitenthalten sind
d) Aktienoptionen, die im Wert gestiegen sind

2 Punkte

(88) Sogenannte Blue Chips sind

a) Aktien, die eine überdurchschnittliche Wertentwicklung erzielen
b) Aktien, die man auch als Standardwerte bezeichnet
c) Aktien, mit denen Anleger ihr blaues Wunder erleben
d) Technologiewerte

2 Punkte

■ **Teil B: Grundlagenwissen**

(15) Definieren Sie den Begriff Börse und ordnen Sie die Handelsobjekte den verschiedenen Börsen zu!

6 Punkte

(16) **Beschreiben Sie kurz** die Bedeutung von Indizes des deutschen Kapitalmarktes und **definieren** Sie **zwei** Indizes der Deutsche Börse AG!

6 Punkte

■ **Teil C: Anwendungswissen**

(13) **Stellen** Sie **systematisch dar**, was eine Börse ist und **welche** Börsen Sie in Deutschland kennen! **Gehen** Sie ggf. **kurz** auf die Börsensegmente und deren Rolle **ein**!

15 Punkte

3.4   Die deutsche Banken- und Finanzmarktaufsicht

Aufgaben zu Kapitel 3.4

■ **Teil A: Multiple Choice**

(89)   Das KWG beinhaltet u.a.

a) Vorschriften über das Bilanzsummenwachstum der Kreditinstitute
b) die Meldepflicht für Kredite ab einer Größe von 500.000 EUR
c) Vorschriften zur Liquiditätshaltung der Banken
d) die Regelung, dass Vorstände von Banken 50 Mio. EUR Eigenkapital aufbringen müssen

2 Punkte

(90)   Das KWG regelt u.a.

a) in § 1 die Zulassung von Kreditinstituten
b) in § 10 die Definition des Eigenkapitals
c) in § 18 den Kreditbegriff
d) die Begrenzung des Wertpapierbesitzes von Banken auf max. 50% der Bilanzsumme

2 Punkte

(91)   Finanzinstitute sind

a) keine Kreditinstitute, weil sie laut KWG die dazu erforderlichen Geschäfte nicht betreiben
b) Finanzunternehmen, die nur ausgewählte Bankgeschäfte ausführen
c) Finanzdienstleister, die ausschließlich Anlageberatung betreiben
d) Leasingunternehmen, wenn sie Tochterunternehmen von Kreditinstituten sind

2 Punkte

(92)   Die BA-Fin-Abteilung für die Bankenaufsicht

a) hat das Kreditwesengesetz als Rechtsgrundlage
b) wurde als Querschnittsabteilung gegründet
c) ist von der Versicherungsaufsicht abhängig
d) ist für die Funktionsfähigkeit der Märkte und die Kontrolle des Börsenhandels verantwortlich

2 Punkte

(93) Die BA-Fin-Abteilung für den Wertpapierhandel

a) hat das Wertpapierhandelsgesetz als Rechtsgrundlage
b) wurde auf der Grundlage des KWG gebildet
c) ist von der Bankenaufsicht abhängig
d) ist für die Funktionsfähigkeit der Märkte und der Kontrolle des Börsenhandels verantwortlich

2 Punkte

(94) Die Mindestanforderungen an das Risikomanagement (MaR)

a) verteuern das Risikomanagement nicht, weil sie nur Melde- und Dokumentationspflichten enthalten
b) fordern vielfach bereits aufgrund der Markterfordernisse bzw. der Erfahrungen mit Kreditausfällen aus Eigeninteresse implementierte Maßnahmen
c) sind erst aufgrund der technischen Weiterentwicklung umsetzbar
d) sind nur von international tätigen Kreditinstituten anzuwenden

2 Punkte

(95) Die MaR sind

a) eine Fortsetzung der Mindestanforderungen an Handelsgeschäfte (MaH)
b) ausschließlich Melde- und Dokumentationspflichten
c) die Umsetzung der Anforderungen an eine qualitative Bankenaufsicht
d) Richtlinien, die die Gesamtverantwortung eines Geschäftsleiters festlegen

2 Punkte

(96) Die MaR beinhalten

a) die Trennung der Funktionen Markt/Handel von den Funktionen Marktfolge, Risikocontrolling, Abwicklung und Kontrolle bis in die Ebene der Geschäftsführung
b) die funktionale Einheit verschiedener Prozessbereiche bei Handel und Kredit
c) Vorschriften zu Strategien aber nicht zu deren Inhalten, Operationalisierung und Kommunikation
d) für neue Produkte/Märkte die Forderung nach einer Strategie aber nicht nach einem Controlling

2 Punkte

■ **Teil B: Grundlagenwissen**

(17) Nennen Sie die Aufgaben der Wertpapieraufsicht und deren gesetzliche Grundlage! **Erklären** Sie **eine** wichtige Regelung, sagen Sie dabei auch **warum** diese Regelung getroffen wurde!

6 Punkte

(18) Erläutern Sie die **Struktur** der deutschen Finanzdienstleistungsaufsicht!

6 Punkte

(19) Erläutern Sie die **Ziele** der Insiderüberwachung! **Nennen** Sie **drei** weitere gesetzliche Regelungen der Banken- bzw. Wertpapieraufsicht!

6 Punke

■ **Teil C: Anwendungswissen**

(14) Erläutern Sie zwei aufsichtsrechtliche Bestimmungen vor allem auch unter dem Aspekt der Zielsetzung der Regelungen!

6 Punkte

Lösungen zu Kapitel 3.3 und 3.4

◼ Lösungsmuster zu Teil A: Multiple Choice

Lösungsmuster Teil A				
	a	b	c	d
86	x			
87			x	
88		x		
89		x		
90			x	
91		x		
92	x			
93	x			
94	x			
95		x		
96			x	
97	x			

◼ Lösungsmuster zu Teil B: Grundlagenwissen

(15)

Die Börse ist ein organisierter Handelsplatz für Finanzmarktprodukte bzw. Handelsgüter. Der organisierte Handelsplatz ist dadurch gekennzeichnet, dass er nach (gesetzlich und/oder privatrechtlich) klar definierten Standards und Regeln funktioniert.

Die bekanntesten organisierten Märkte sind die deutschen **Wertpapierbörsen**. Dort werden alle handelbaren Wertpapiere (Effekten) gekauft und verkauft. Der Wertpapierhandel wird in den Kassa- und Terminhandel unterschieden. Der Kassahandel beinhaltet alle Börsengeschäfte, bei denen die Erfüllung unmittelbar erfolgt. Dort werden Aktien, Renten und Mischformen davon sowie Optionsscheine gehandelt. Demgegenüber fallen bei einem Terminhandel der Vertragsabschluss und die Erfüllung zeitlich auseinander. Dort werden Derivate gehandelt. Für den historisch älteren Warenterminhandel ist der wichtigste deutsche Handelsplatz die **Warenterminbörse** in Hannover. Dort werden die wichtigsten Handelsgüter, wie z.B. Rohstoffe gehandelt. Mit den **Strombörsen** soll schließlich der deregulierte Strommarkt in Deutschland und Europa eine organisierte Handelsplattform erhalten.

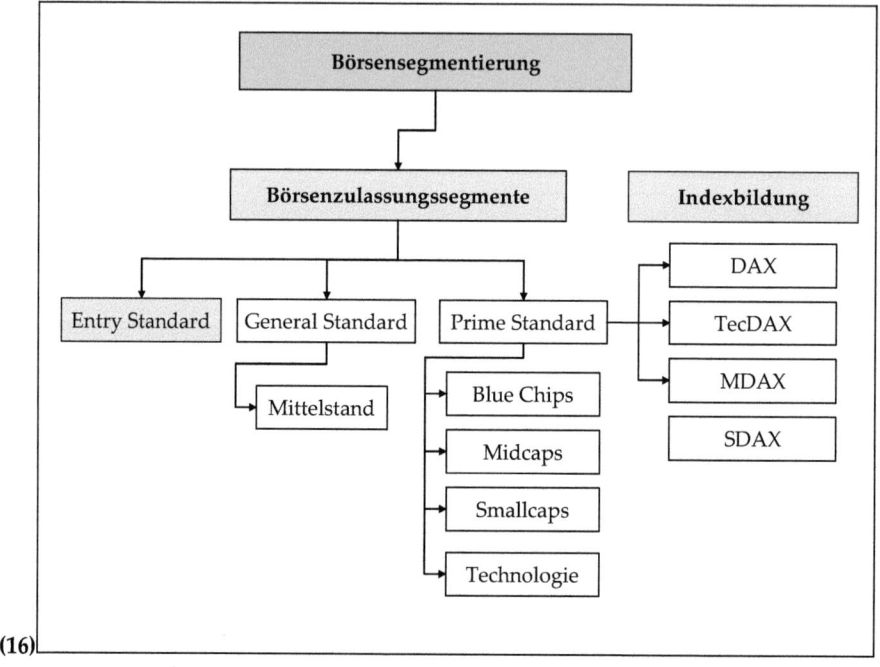

(16)

Für den Aktienmarkt ist die Performance der wichtigsten Unternehmenswerte eine ausschlaggebende Kennzahl. Die Entwicklung der Vermögenswerte der börennotierten Aktienunternehmen widerspiegelt die Stimmung in der Wirtschaft und deren Entwicklung. Diese Entwicklung kann an einem Index, der die durchschnittliche Entwicklung des Aktienmarktes repräsentiert, abgelesen werden. Man nennt die Aktienindizes auch Börsenbarometer. Um die Wirtschaft eines Landes in einem Index möglichst gut abzubilden, werden die in ihm enthaltenen Unternehmenswerte nach Branchen, Größe, Handelsvolumen etc. gewichtet.

Als Indizes kommen alle DAX-Varianten und die Umlaufrendite in Frage.

Der **DAX** bildet die umsatzstärksten deutschen Aktien mit einer gleichzeitig hohen Marktkapitalisierung ab. Die dreißig DAX-Werte ergeben siebzig Prozent des deutschen Aktienmarktes. Der abgeleitete **DAX 30** Index ist der wichtigste **Aktienmarkt-Indikator** für Deutschland. Für jeden Kapitalmarkt sind die Entwicklung des **Zinsniveaus** und die Kursentwicklung der Aktien entscheidende Indikatoren. In Deutschland wird als Maßstab für die Zinsentwicklung die **Umlaufrendite** verwendet, die die durchschnittliche Verzinsung von Anleihen in Deutschland widerspiegelt. Ein **Rentenindex** wird aus einem nach Marktkapitalisierung gewichteten Korb hochliquider, realer Anleihen der Bundesrepublik gebildet, wodurch ein fiktives Bundeswertpapier nachgebildet wird.

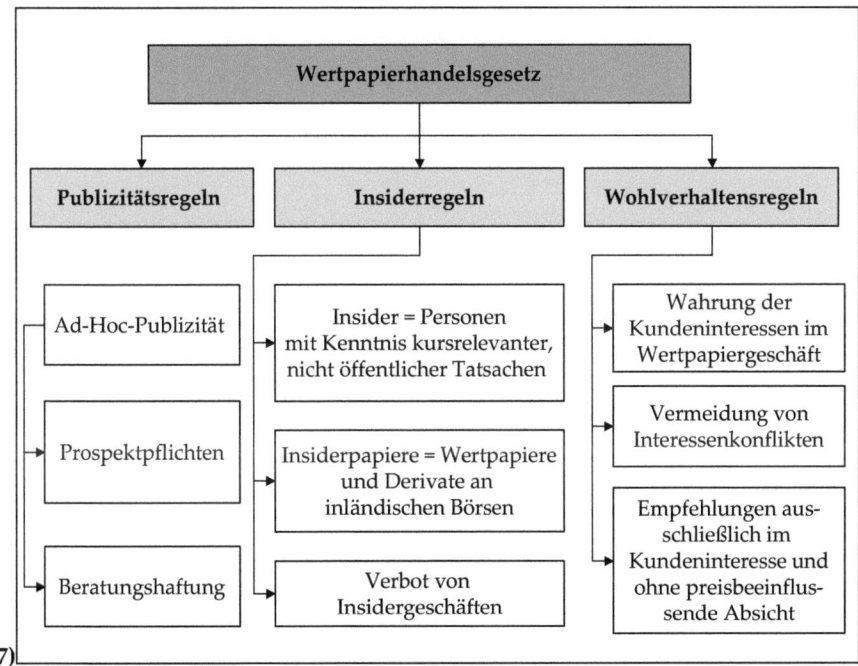

(17)

Die **zweite Säule** der Finanzaufsicht bildet die **Wertpapieraufsicht**/Asset-Management. Die im folgenden aufgezählten Aufgaben wären zu nennen und eine davon zu erläutern.

Neben der Aufgabe, die **Funktionsfähigkeit der deutschen Märkte für Wertpapiere und Derivate sicherzustellen**, sind einige Aufgaben des ehemaligen BAKred nun bei der Wertpapieraufsicht angesiedelt. Die **Aufsicht über Kapitalanlagegesellschaften und Finanzdienstleistungsinstitute** sowie **ausländische Investmentfonds** ist aufgrund der engen Verflechtung zum Wertpapiergeschäft in die Abteilung Asset-Management zu dieser Säule der Finanzaufsicht gewechselt.

Die Mitarbeiter der Wertpapieraufsicht überwachen das **Handelsgeschehen** im Hinblick auf auffällige Kursbewegungen oder Umsätze, um Insiderverstöße offen zu legen. Gleichzeitig überwacht die Aufsicht die Einhaltung der **Veröffentlichungspflichten**. Wertpapierprospekte müssen bei der Aufsicht hinterlegt werden. Die Einhaltung dieser Regeln wird überwacht, um die durch die gesetzlichen Vorschriften angestrebte Transparenz tatsächlich zu erzeugen. Schließlich überprüft die Wertpapieraufsicht mit Hilfe externer Prüfer die Einhaltung der **Verhaltensregeln**, die den Schutz der Anleger gewährleisten sollen.

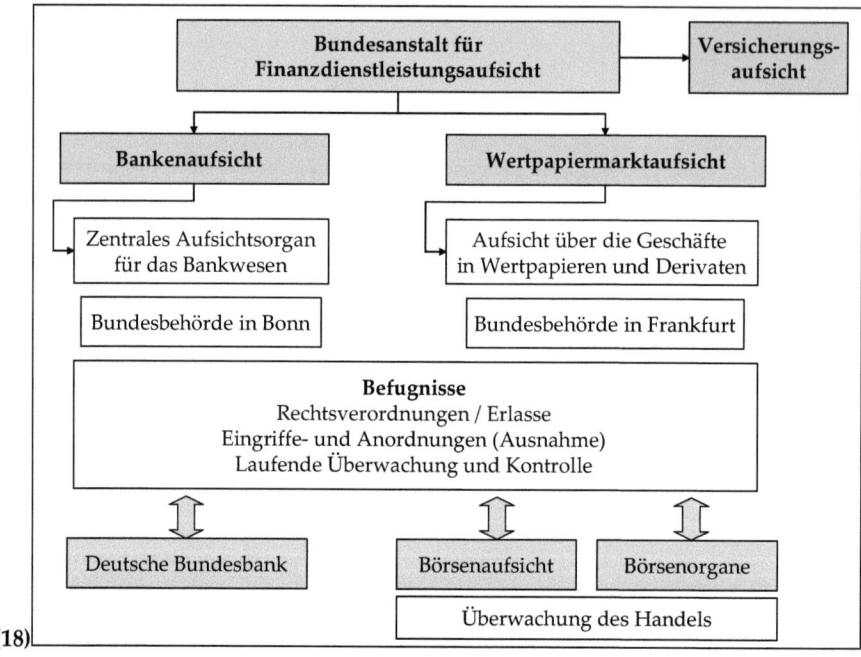

(18)

Eine gemeinsame Aufsicht ist eine Reaktion des Staates auf die Entwicklung am Markt. Die Allfinanzkonzernbildung muss von einer Aufsicht kontrolliert werden, die zu einer vollständigen Marktübersicht befähigt ist und die so zu einer Stärkung des Finanzplatzes Deutschland beitragen kann. Innerhalb dieser Bundesanstalt sind die drei wesentlichen Aufgaben der früheren Ämter weiterzuführen. Die Vereinheitlichung der Aufsicht soll Paralleltätigkeiten vermeiden und die **Effizienz der Aufsicht** erhöhen. Die Aufsicht über die Finanzdienstleister soll den Markttendenzen zur Allfinanz entsprechen. Die **Bundesbank** hat nun gesetzlich fixierte **Mitwirkungsaufgaben**, aber keine Sanktionsmöglichkeiten. Die Kompetenz für eingreifende Maßnahmen liegt ausschließlich beim BAFin. Für die sektorübergreifenden Aufgaben sind sogenannte Querschnittsabteilungen zuständig.

(19)

Die Insiderüberwachung soll verhindern, dass sich einzelne Marktteilnehmer durch einen Informationsvorsprung ungerechtfertigt Vorteile beim Börsenhandel verschaffen. Dabei muss sowohl eindeutig definiert sein, welcher Personenkreis zu Insidern wird als auch welche Informationen als Insiderinformationen zu betrachten sind. Schließlich sollen derartige Geschäfte verboten und unter Strafe gestellt werden.

z.B. Bankenaufsicht: eine Ordnungsvorschrift, Anzeigen- und Meldepflicht oder Prüfungsvorschrift; z.B. Wertpapieraufsicht: eine Publizitätsregel oder Wohlverhaltensregel

■ **Lösungsmuster zu Teil C: Anwendungswissen**

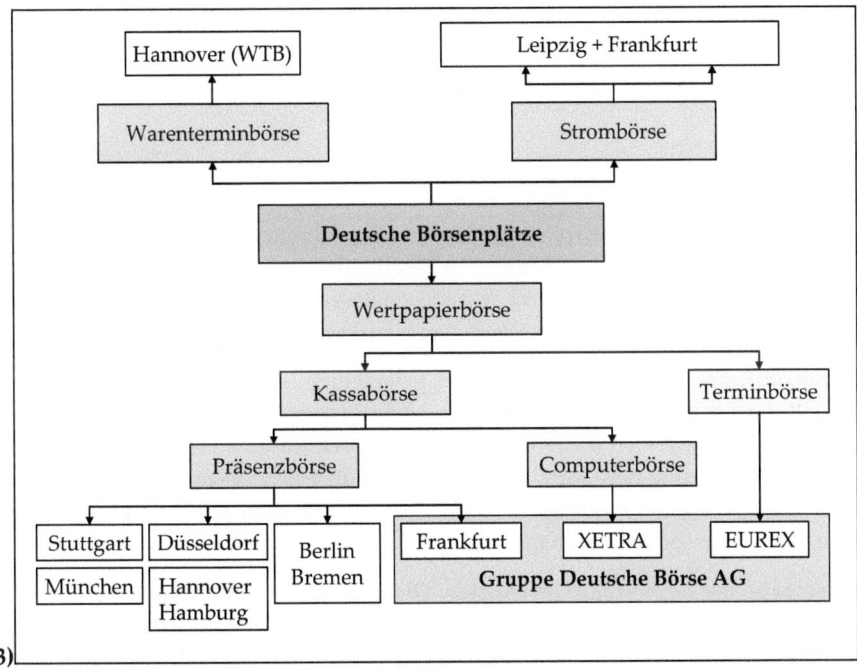

(13)

Zur Definition einer Börse siehe Frage (15) in Teil B:

Für die Zulassung an den deutschen Wertpapierbörsen bestehen verschiedene Segmente, die jeweils standardisiert sind. Eine Präsenz in einem der **Börsensegmente** erfordert die Erfüllung normierter Kriterien. Das Segment mit den höchsten Anforderungen bildete bisher der **Amtliche Markt**. Der **geregelte Markt** (Gründung 1987) ist dem Amtlichen Markt nachgeordnet. Er bietet eine Plattform für Unternehmen, denen die Anforderungen und Kosten einer Notierung im Amtlichen Markt zu hoch sind. Der Freiverkehr ist dem geregelten Markt nachgeordnet . Der **Freiverkehr** (Open Market) stellt das gesetzlich nicht geregelte Marktsegment der Börse für kleine Aktiengesellschaften dar. Der Freiverkehr kann qualitativ bedeutende Unternehmen mit vergleichsweise niedrigen Emissionsvolumina bzw. Handelsvolumina aufnehmen. Inzwischen können die Standards für den Amtlichen Markt und geregelten Markt durch die **Börsenordnung** einander angepasst werden.

Die Regionalbörsen versuchen Nischen zu definieren und zu besetzen, um ihren Platz im Wettbewerb zu finden. Darüber hinaus werden Kooperationen und gemeinsame

Handelsplattformen vereinbart. Eine typische Konsequenz dieser Bemühungen sind so genannte **Qualitätssegmente**, die privatrechtlich organisiert sind. Die bekanntesten dieser Segmente bietet auch hier Frankfurt mit dem **Prime Standard** und dem **General Standard**.

(14)

Aufsichtsrechtliche Regelungen:

Liquiditätsnormen, Eigenkapitalvorschriften, Organkreditvorschriften, Offenlegungsvorschriften, Anzeige bzw. Meldung von Beteiligungen, Großkrediten oder Millionenkrediten, Zulassungsvorschriften, Geschäftstätigkeitsbegrenzungen, Publizitätsvorschriften, Insiderregelungen, Wohlverhaltensvorschriften usw.

Zielsetzung der Liquiditätsnormen: Die jederzeitige Sicherstellung der Zahlungsfähigkeit von Kreditinstituten soll mit den Mindestvorschriften zur Liquidität erreicht werden. Die Kennzahlen dienen als Frühindikatoren für eine Liquiditätsverschlechterung. Die Einhaltung der Liquiditätsnormen soll für eine jederzeitige Liquiditätsreserve sorgen, die in einer Liquiditätskrise als Risikopuffer dienen soll und dem Management Handlungsspielraum schafft.

Zielsetzung der Großkreditvorschriften: Die Großkreditvorschriften haben die rechtzeitige Information über mögliche Klumpenrisiken im Bankensystem bzw. in einzelnen Banken zum Ziel. Durch die Begrenzung der Großkredite soll eine Mindestdiversifizierung des Kreditportfolios und damit eine Risikoreduktion erzeugt werden. Das Ausfallrisiko soll limitiert werden, da der Ausfall eines einzelnen großen Kredits ein Kreditinstitut in eine Krise stürzen kann.

siehe auch „Neue Bankbetriebslehre" S. 70 ff.

4 Systematik der Bankgeschäfte und Finanzdienstleistungen

4.1 Liquiditätsmanagementbereich

4.1.1 Leistungen der Konten- und Depotführung

Aufgaben zu Kapitel 4.1.1

■ **Teil A: Multiple Choice**

(97) Die Dienstleistungen

a) der Konten- und Depotführung werden über Gebühren und Provisionen abgegolten
b) im Finanzierungsbereich begründen Forderungen der Kunden gegen die Bank
c) im Anlagebereich sind vorwiegend bilanzwirksam
d) des Liquiditätsmanagements schließen die Konten- und Depotführung mit ein

2 Punkte

(98) Bei Kontoeröffnung entsteht

a) zwischen Kunde und Bank ein Werkvertrag
b) zwischen Kunde und Bank ein Kaufvertrag, wenn es ein Depotkonto ist
c) bei jeder Kontenart ein Geschäftsbesorgungsvertrag
d) eine Darlehensforderung des Kunden gegen die Bank

2 Punkte

(99) Kontoinhaber

a) ist bei ODER-Konten nur eine Person
b) können keine Personenhandelsgesellschaften sein
c) können durch Abtretung die Verfügungsberechtigung über ihr Konto verlieren
d) haben sich einmalig bei Kontoeröffnung zu legitimieren

2 Punkte

69

(100)   Ein Konto wird

a) debitorisch geführt, wenn aus Kundensicht eine Forderung besteht
b) kreditorisch geführt, wenn aus Bankensicht eine Verbindlichkeit besteht
c) als Depotkonto bezeichnet, wenn Wertpapiere verbucht werden, die die Bank verwahrt
d) als Girokonto bezeichnet, wenn es auf Guthabenbasis geführt wird

2 Punkte

(101)   Konten können nach der Verfügungsgewalt unterschieden werden

a) in Treuhandkonten und Gemeinschaftskonten
b) in Konten zugunsten Dritter und Treuhandkonten
c) in Anderkonten und Einzelkonten
d) Debitorische und kreditorische Konten

2 Punkte

(102)   Die Depotführung

a) beinhaltet die Aufbewahrung von Gegenständen in offenen Depots
b) beinhaltet die Sonderverwahrung von Wertpapieren als Girosammelverwahrung
c) ist kein Bankgeschäft im Sinne des KWG
d) als Sammelverwahrung gibt dem Kunden ein Miteigentum an einem Wertpapiersammelbestand

2 Punkte

(103)   Im Rahmen der Depotführung

a) führt die Bank selbständig das Depotstimmrecht für den Kunden aus
b) überwacht die Bank selbständig Kapitalerhöhungen
c) zieht die Bank auf Weisung Kupons für die verwahrten Wertpapiere ein
d) übt die Bank auf Kundenweisung das Bezugsrecht aus

2 Punkte

(104)   Die Streifbandverwahrung

a) ist eine Sonderform der Wertpapierverwahrung
b) beinhaltet die Sonderverwahrung getrennt von anderen Wertpapieren, mit Ausnahme der Wertpapiere des Eigenbestandes
c) führt zur Miteigentümerstellung an einem Sammelbestand
d) gewährt kein Recht auf ein bestimmtes Stück

2 Punkte

■ **Teil B: Grundlagenwissen**

(20) Erläutern Sie worin die Dienstleistungen einer Bank bestehen (Beratungsleistung ist nicht gemeint)!

6 Punkte

(21) Nennen Sie **jeweils zwei** Produkte/Dienstleistungen von Banken aus den Bereichen Liquiditätsmanagement, Finanzierung, Anlage und beschreiben Sie jeweils eine/s davon!

9 Punkte

(22) Beschreiben Sie die Unterschiede zwischen Loro- und Nostrokonten! Wer führt für wen solche Konten?

3 Punkte

(23) Nennen Sie die notwendigen Mindeststandards bei Abschluss eines Kontovertrages **und beschreiben** Sie **zwei** davon!

6 Punkte

(24) Nennen Sie **vier** und **erläutern** Sie **zwei** Aufgaben der Banken im Rahmen der Depotführung!

6 Punkte

■ **Teil C: Anwendungswissen**

(15) Erörtern Sie **jeweils zwei** Argumente für und gegen das Depot-Stimmrecht der Banken!

6 Punkte

Lösungen zu Kapitel 4.1.1

▓ Lösungsmuster zu Teil A: Multiple Choice

Lösungsmuster Teil A					
	a	b	c	d	e
98				X	
99			X		
100			X		
101			X		
102		X			
103				X	
104				X	
105	X				

◼ **Lösungsmuster zum Teil B**

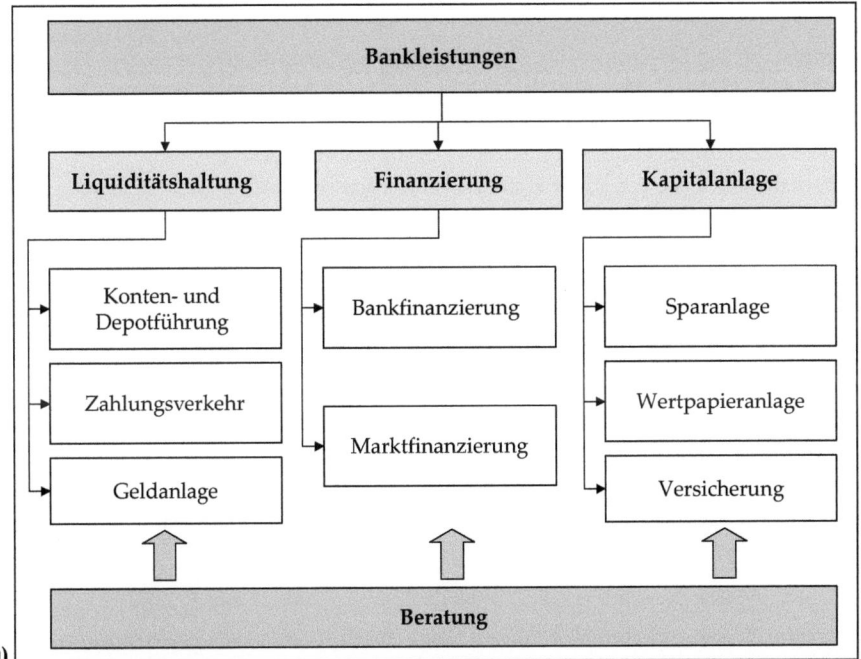

(20)

Wesentliche Geschäftsfelder sind die **Kontenführung** und der **Zahlungsverkehr**, weil diese Leistungen die Grundlage für jede Kunde-Bank-Beziehung darstellen. Zusammen mit der **Führung von Depots** und der **Gelddisposition** können diese Geschäfte als **Leistungen des Liquiditätsmanagements** bzw. der Liquiditätshaltung abgegrenzt werden. Eine Systematisierung der Kernleistungen im **Finanzierungsbereich** und **Anlagebereich** kann aus **Bankensicht** danach erfolgen, ob die Geschäfte für das Kreditinstitut **bilanzwirksam** sind oder nicht. Kennzeichen der **Bankfinanzierung** der Kunden ist damit die Bilanzwirksamkeit und die Erzielung einer positiven Zinsspanne aus der Differenz der Zinsen für Anlageprodukte (Passivzinsen = Zinsaufwand der Bank) und den Zinsen für die Finanzierungsprodukte (Aktivzinsen = Zinsertrag der Bank).

(21)

Liquiditätsmanagement:

Kontenführung, Depotführung, Zahlungsverkehr, Geldanlage

Finanzierungsbereich:

Marktfinanzierung, Bankfinanzierung   oder alternativ:
Kontokorrentkredit, Aval, Darlehen, Leasing, Factoring, Wertpapieremission, usw.

Anlagebereich:

Sparanlage, Wertpapieranlage, Versicherung   oder alternativ:
Spareinlagen, Sparbriefe, Schuldverschreibungen, Aktien, Investmentfonds, Zertifikate
usw.

z.B.:   Die **Depotführung** ist wie die Kontoführung zu den Basisgeschäften von
Finanzdienstleistern zu rechnen. In Depots werden Gegenstände (**geschlossenes Depot**) oder Wertpapiere (**offenes Depot**) von Kunden im **Auftrag des Kunden** durch
die Bank verwahrt bzw. verwaltet. In einem offenen Depot werden Wertpapiere zur
Verwahrung und Verwaltung aufbewahrt.

Bei der **Marktfinanzierung** bzw. der Vermittlung von Kapitalanlage- und Versicherungsprodukten steht die Beratungs- bzw. Maklerfunktion der Kreditinstitute im Vordergrund. In diesem Geschäftsfeld verdient die Bank durch Provisionen und ggf. Gebühren. Kapitalnachfrager werden an den Finanzmarkt gebracht, indem ihre
Kapitalnachfrage zu einer marktfähigen Nachfrage gestaltet wird und entsprechende
Kapitalanleger gewonnen werden.

Spareinlagen sind auf gesetzlich definierte Personen bzw. Personengruppen beschränkt und haben eine gesetzliche Kündigungsfrist von mindestens 3 Monaten. Die
Spareinlagen unterscheiden sich von allen anderen Einlagen durch die zwingende
Ausfertigung einer **Sparurkunde** sowie die Möglichkeit, dieses Produkt zur Anlage
vermögenswirksamer Leistungen zu verwenden.

(22)

Banken führen Konten untereinander als **Loro- bzw. Nostrokonten**. Dabei wird das
Konto der Korrespondenzbank (Kontoinhaber) bei der kontoführenden Bank (Kontoführer) als Lorokonto – „Ihr" Konto bei „uns" unterhalten, während der Kontoinhaber
das (Gegen)konto als Nostrokonto – „unser" Konto bei „Ihnen" führt.

(23)

Beim Abschluss eines Kontovertrages sind bestimmte Mindeststandards einzuhalten. Neben den **persönlichen Angaben** und der **Unterschrift des Antragstellers** sind dabei die **Angaben zum GWG** und die **Einbeziehung in die Geschäftsbedingungen** wesentlich. Bei der **Kontoeröffnung** und jeder **Kontoverfügung** ist die **Legitimation** zu prüfen.

z.B. Unterschrift: Die **Unterschrift des Antragsstellers** ist für die Wirksamkeit des schriftlichen Vertrags als auch für die Legitimationsprüfung notwendig. Sie ist also sowohl rechtlich als auch aus Sicherheitsgründen notwendig.

(24)

Von den fettgedruckten Aufgaben sind vier zu nennen und zwei zu erläutern!

Neben der **Verwahrung**, die die **Sicherung des Eigentums** des Depotkunden bzw. die **Beschaffung der Wertpapiere** beinhaltet, ist beim offenen Depot die Depotverwaltung von großer Bedeutung. Der Kunde muss regelmäßig relevante **Informationen über seine Wertpapiere** erhalten. Außerdem gehört dazu die **Erinnerung an** sämtliche **Rechte und Pflichten** aus dem Eigentum an Wertpapieren und gegebenenfalls die **Ausübung** der mit dem Wertpapier verbundenen Rechte für den Kunden sowie die **Depotbuchführung**. Danach können Kreditinstitute durch ihre Kunden bevollmächtigt werden, das Stimmrecht auf Hauptversammlungen wahrzunehmen.

■ **Lösungsmuster zum Teil C: Anwendungswissen**

(15)

Zur Depotführung gehört die **Erinnerung an** sämtliche **Rechte und Pflichten** aus dem Eigentum an Wertpapieren und gegebenenfalls die **Ausübung** der mit dem Wertpapier verbundenen Rechte für den Kunden. In diesem Zusammenhang ist seit Jahren das sogenannte **Vollmachtsstimmrecht** der Kreditinstitute umstritten. Danach können Kreditinstitute durch ihre Kunden bevollmächtigt werden, das Stimmrecht auf Hauptversammlungen wahrzunehmen. Sie müssen dabei die Interessen des Aktionärs schützen. Dies wird durch besondere Vorschriften im Aktiengesetz sichergestellt. Das Vollmachtsstimmrecht (oder Auftragsstimmrecht) gewährleistet **stabile Entscheidungen auf den Hauptversammlungen** und sollte für die **Konzentration von Fachkompetenz bei der Aktionärsversammlung** sorgen. Kritisch wird dagegen vorgebracht, dass Kreditinstitute, ohne Eigentümer einer Gesellschaft zu sein, erheblichen Einfluss ausüben können und eine ungerechtfertigte **Machtposition** erhalten, die sie beispielsweise bei der **Besetzung der Aufsichtsgremien** ausnutzen. Nach geltender Mehrheitsmeinung überwiegen die Vorteile dieser Stimmrechtsbehandlung die Nachteile.

Das Depotstimmrecht verhindert, dass Hauptversammlungen entgegen dem Interesse von nicht anwesenden Einzelaktionären, die in der Summe erhebliche Stimmen auf sich vereinigen, abstimmen bzw. Entscheidungen treffen. Jeder Aktionär kann seine Bank konkret anweisen in seinem Sinne zu stimmen. Ansonsten wird durch das Depotstimmrecht gewährleistet, dass die Kleinaktionäre mittelbar ein entsprechendes Gewicht auf den Hauptversammlungen erhalten. Zudem sollte das Depotstimmrecht dazu führen, dass die Stimmenmehrheit bei Experten bzw. kompetenten Entscheidungsträgern gebündelt wird. Im Idealfall erzeugt dies einen entsprechenden Druck auf die Gremien der AG im Sinne der Aktionäre zu handeln, weil sie mit der Offenlegung von Managementfehlern rechnen müssen.

Dem wäre entgegenzuhalten, dass Banken, die zugleich auch oft Kreditgeber sind, als Fremdkapitalgeber andere Interessen verfolgen als die Aktionäre. Gleichzeitig führt das Depotstimmrecht zur Bündelung der Macht bei den Banken. Mit Hilfe der Depotstimmen können Banken erheblichen Einfluss auf Unternehmensentscheidungen nehmen und dabei eigene Interessen verfolgen. Da die Hauptversammlung ebenfalls über die Besetzung von Kontrollgremien entscheidet, besteht die Gefahr, die Kontrolle von Unternehmen außer Kraft zu setzen. Die Kritik des Depotstimmrechts sieht die Banken hier in einer Machtposition, die sie nur unter Nutzung von Rechten erhalten, die ihnen eigentlich nicht zustehen.

Siehe auch „Neue Bankbetriebslehre" S. 98-105.

4.1.2   Leistungen des nationalen Zahlungsverkehrs

Aufgaben zu Kapitel 4.1.2

■ Teil A: Multiple Choice

(105)   Das Transaktionbanking

a) bezeichnet das Direktbankprinzip
b) ist die Bezeichnung für Konten mit hohen Kontoumsätzen
c) beinhaltet die Zahlungsabwicklung und Abrechnung der Wertpapiertransaktionen
d) stagniert, weil die Zahl der Geschäftsvorfälle rückläufig ist

2 Punkte

(106)   Die gesetzlichen Zahlungsmittel

a) sind Bargeld und vorausbezahlte Zahlungsmittel in Werteinheiten auf einer Chipkarte
b) sind ausschließlich Bargeld und Kontoguthaben auf Girokonten
c) schließen den Scheck und den Wechsel nicht mit ein
d) sind in Deutschland alle frei konvertiblen Währungen

2 Punkte

(107)   Schecks

a) müssen als gesetzliche Zahlungsmittel hohe Sicherheitsstandards erfüllen
b) dienen zahlungshalber zur Begleichung von Forderungen
c) unterliegen als Geldsurrogate keiner speziellen gesetzlichen Regelung
d) sind Zahlungsanweisungen, aber kein förmliches Wertpapier

2 Punkte

(108)   Der LZB-Giroverkehr

a) dient nur der Abwicklung des so genannten netzfremden Zahlungsverkehrs
b) ist nach dem Überweisungsgesetz notwendige Zwischenstation bei Inlandsüberweisungen
c) schließt Schecks auf die Bundesbank ein, für die eine befristete Einlösegarantie besteht
d) keine der Antworten ist richtig

2 Punkte

(109)   Zur Vereinfachung des Zahlungsverkehrs

a) sind für den beleghaften Zahlungsverkehr einheitliche Formulare gültig
b) sind für regelmäßige Zahlungen Daueraufträge vom Zahlungsempfänger einzurichten
c) kann der Zahlungspflichtige der Bank eine Einzugsermächtigung erteilen
d) kann für regelmäßige Zahlungen der Zahlungspflichtige ein Abbuchungsverfahren auslösen

2 Punkte

(110)   Der Dauerauftrag

a) ist die Berechtigung für die Bank, regelmäßig (periodisch) Buchgeld vom Zahlungspflichtigen zum Zahlungsempfänger zu übertragen
b) dient der Vereinfachung wiederkehrender, regelmäßiger Zahlungen unterschiedlicher Höhe
c) berechtigt dazu, Lastschriften des Zahlungsempfängers vom Konto abzubuchen
d) wird eingerichtet, wenn die Bank periodisch wiederkehrende Zahlungen des Kunden in gleicher Höhe registriert

2 Punkte

(111)   Der Zahlungsverkehr

a) wird durch das Lastschriftabkommen europaweit vereinfacht
b) ist nicht ausschließlich bargeldlos oder halbbar
c) wird als halbbar bezeichnet, wenn Buchgeld in Bargeld übertragen wird aber nicht umgekehrt
d) wird u.a. als halbbar bezeichnet, wenn mit Kreditkarte bezahlt wird

2 Punkte

(112)   Im Zahlungsverkehr

a) dienen Zahlungsverkehrskonten nur der Abwicklung des Zahlungsverkehrs und nicht auch der Geldhaltung
b) ist zur Übertragung von Buchgeld ein Girokonto unentbehrlich
c) sind Wertstellungsgewinne aus dem zeitlichen Unterschied zwischen Belastung und Gutschrift auf den Konten ausgeschlossen
d) stellt der Guthabenzins für die Bank den Refinanzierungssatz und damit die Kosten des Zahlungsverkehrs dar

2 Punkte

(113)   Die Abwicklung des Zahlungsverkehrs

a) erfolgt standardisiert bankenübergreifend zu einheitlichen Kosten
b) schließt Auszahlungen an Kassen gegen Auszahlungsbelege, Barschecks oder Reiseschecks aus
c) erfordert ab einem Betrag von 15.000 EUR eine Identifizierungspflicht der Kunden
d) findet überwiegend beleghaft statt

2 Punkte

(114)   Der Scheck

a) ist eine bei Sicht fällige Zahlungsanweisung, die das angewiesene Kreditinstitut verpflichtet, auf Rechnung des Ausstellers zu zahlen
b) muss zwingend alle kaufmännischen und gesetzlichen Bestandteile enthalten
c) ist ein Orderpapier
d) wird zum Barscheck durch die Klausel „nur zur Barauszahlung"

2 Punkte

(115)   Welche Aussage für Schecks ist richtig?

a) Der Empfänger kann den Scheck einlösen oder als Zahlungsmittel verwenden
b) Der Indossant kann bei Nichteinlösung des Zahlungspflichtigen nicht zur Zahlung gezwungen werden
c) Die Vorlegungsfrist beginnt mit dem Ausstellungstag
d) Voraussetzung für den Scheckverkehr ist die aktive Scheckfähigkeit, die alle rechtsfähigen, geschäftsfähigen, natürlichen aber nicht die juristischen Personen besitzen

2 Punkte

(116)   Im Scheckverkehr

a) hat ausschließlich die Bundesbank die passive Scheckfähigkeit
b) muss ein (inländischer) Scheck innerhalb von 8 Tagen vorgelegt werden
c) muss der Zahlungsempfänger ein Zahlungsverkehrskonto bei der bezogenen Bank unterhalten
d) keine der Antworten ist richtig

2 Punkte

(117)   Welche Aussage zum Wechsel ist richtig?

a) Die Wechselforderung ist akzessorisch, also vom zugrunde liegenden Rechtsgeschäft nicht getrennt
b) Der Wechsel kann als Kredit-, Sicherungs- und Zahlungsmittel dienen

c) Der Wechsel ist kein Wertpapier, sondern eine Schuldurkunde

d) Der gezogene Wechsel beinhaltet das Versprechen des Ausstellers bei Fälligkeit eine bestimmte Summe an eine im Wechsel genannte Person oder deren Order zu zahlen

2 Punkte

(118) Die Wechselstrenge

a) schließt keine Formvorschriften für den Wechsel ein

b) beinhaltet Formvorschriften, die Haftung aller Wechselverpflichteten, Vorschriften bei der Einlösung und Besonderheiten des Wechselprozesses

c) bedeutet ausschließlich, dass bei Nichtleistung des Bezogenen der Indossant zur Zahlung der Wechselverbindlichkeit herangezogen werden kann

d) ist der umgangssprachliche Begriff für die Diskontierungsvorschriften

2 Punkte

(119) Der Wechsel

a) ist eine unbedingte Zahlungsanweisung an den Aussteller

b) ist ein Solawechsel, wenn der Bezogene nicht der Aussteller ist

c) beinhaltet bei einem Solawechsel das unbedingte Zahlungsversprechen des Ausstellers

d) ist eine Tratte, sobald die unbedingte Zahlungsanweisung vom Bezogenen unterschrieben wird

2 Punkte

(120) Der Wechsel

a) muss innerhalb eines Monats zur Einlösung vorgelegt werden

b) wird als Tratte bezeichnet, solange er nur die unbedingte Zahlungsanweisung an den Bezogenen enthält

c) kann vom Begünstigten zur Forderungsbegleichung mit befreiender Wirkung weitergegeben werden

d) wird bei Nichteinlösung zum Protestwechsel

2 Punkte

(121) Die Überweisung

a) ist die buchmäßige Übertragung von Geldbeträgen

b) ist zur einfachen sowie schnellen Abwicklung sowohl im Inland als auch international nicht gesetzlich geregelt, unterliegt aber einheitlichen Rahmenbedingungen

c) muss innerhalb von einem bzw. zwei Bankgeschäftstagen zwischen verschiedenen Instituten abgewickelt werden

d) muss vom Überweisenden und nicht von der Bank auf die formelle Ordnungsmäßigkeit geprüft werden

2 Punkte

(122) Im Überweisungsverkehr

a) hat die Bank nur die Unterschrift und die Kontendeckung zu prüfen

b) kann die Bank bei mangelnder Kontodeckung den Auftrag ausführen

c) schuldet die Bank nur die fristgemäße Ausführung

d) wird für regelmäßig anfallende und in gleicher Höhe wiederkehrende Zahlungen eine Sammelüberweisung eingerichtet.

2 Punkte

(123) Welche Zahlungsverpflichtung ist nicht für einen Dauerauftrag geeignet?

a) Bausparbeiträge

b) Zahlungen nach einem Sparplan

c) Telefongebühren

d) Raten eines Annuitätendarlehens

2 Punkte

(124) Im Überweisungsverkehr

a) ist der Zahlungsempfänger der Auftraggeber

b) gilt die Angabe der Kontoverbindung als die notwendige Zustimmung des Begünstigten

c) ist der Girovertrag zwischen endbegünstigtem Kreditinstitut und Zahlungsempfänger kein Geschäftsbesorgungsvertrag

d) ist eine Gläubiger-Schuldner-Beziehung keine Voraussetzung

2 Punkte

(125) Im Lastschriftverfahren

a) wird die Zahlung vom Zahlungspflichtigen ausgelöst

b) ist eine Form der Zustimmung des Belasteten (Zahlungspflichtigen) notwendig.

c) kann der Zahlungspflichtige den Zahlungsempfänger schriftlich und ohne jederzeitige Widerrufsmöglichkeit ermächtigen

d) kann der Zahlungsbegünstigte seinem Kreditinstitut den Auftrag erteilen den Lastschrifteinzug des Zahlungspflichtigen auszuführen

2 Punkte

(126)   Die Lastschrift

a) ist nur geeignet für wiederkehrende Forderungen in gleicher Höhe
b) ist ein Wertpapier, weil der Zahlungsvorgang vom Empfänger ausgelöst wird.
c) kann im Abbuchungsverfahren oder per Einzugsermächtigung ausgeführt werden
d) wird durch die Zahlstelle nicht auf Richtigkeit geprüft.

2 Punkte

(127)   Die Kartenzahlung

a) mit Kreditkarten wird taggenau zinswirksam (pay now) abgerechnet.
b) mit Debit-Karten erfolgt durch monatliche Abrechnung der auf einem Kartenkonto gesammelten Umsätze
c) erfolgt beim POZ mit Zahlungsgarantie
d) erfolgt beim POZ mit Legitimation durch die Unterschrift

2 Punkte

(128)   Welche Aussage zu Kartensystemen ist richtig?

a) Kundenkarten und EC-Karten erlauben die Zahlung an elektronischen Kassen im POS- und POZ-Verfahren, die Geldkartenfunktion, sowie verschiedene Serviceleistungen des Zahlungsverkehrs
b) Kundenkarten sind Debitkarten und EC-Karten sind Kreditkarten
c) Die EC-Karte wird auch als Multifunktionskarte bezeichnet
d) Bei EC-Karten und Kreditkarten sind ausschließlich die Leistungspakete je nach Art der Karte unterschiedlich.

2 Punkte

(129)   Im Rahmen des Zahlungsverkehrs

a) sind die Bankleitzahlen (BLZ) zur eindeutigen Kennzeichnung der teilnehmenden Kreditinstitute unentbehrlich
b) ist die LZB-Abrechnung zur bilateralen Verrechnung der täglich anfallenden Forderungen und Verbindlichkeiten zwischen Kreditinstituten wichtig
c) müssen beleglose Aufträge in Datensätze umgewandelt werden und können dann mittels Datenfernübertragung oder Datenträgeraustauschs weitergeleitet werden
d) werden ausnahmsweise auch Gironetze der Institute, Institutsgruppen bzw. der deutschen Kreditwirtschaft für die Abwicklung genutzt

2 Punkte

■ Teil B: Grundlagenwissen

(25) Nennen Sie **fünf Instrumente** des nationalen Zahlungsverkehrs und **erklären** Sie **zwei** davon!

6 Punkte

(26) Grenzen Sie die Formen des nationalen Zahlungsverkehrs voneinander **ab** und **ordnen** Sie die **jeweiligen** Instrumente **zu**!

8 Punkte

Lösungen zu Kapitel 4.1.2

▓ Lösungsmuster zu Teil A: Multiple Choice

Lösungsmuster Teil A				
	a	b	c	d
106			x	
107			x	
108		x		
109			x	
110				x
111	x			
112	x			
113		x		
114		x		
115			x	
116	x			
117		x		
118		x		
119		x		
120			x	
121		x		
122	x			
123		x		
124			x	
125		x		
126		x		
127			x	
128				x
129			x	
130	x			

■ **Lösungsmuster zu Teil B: Grundlagenwissen**

(25)

Von den folgenden Zahlungsverkehrsinstrumenten müssen fünf genannt und zwei erklärt werden!

Die **gesetzlichen Zahlungsmittel** sind ausschließlich **Bargeld** und zeichnen sich dadurch aus, dass sie zwingend als Tauschmittel akzeptiert sind. Buchgelder sind Kontoguthaben auf Girokonten, die wiederum den Zahlungsverkehr ermöglichen.

Elektronisches Geld ist eine Abwandlung des Buchgeldes und stellt vorausbezahlte Zahlungsmittel dar. Sie werden als **Werteinheiten auf einer Karte** (Kreditkarte, Geldkarte) oder einem PC gespeichert und zur Bezahlung von Waren und Dienstleistungen verwendet.

Vergleichsweise alte Zahlungsmittel sind der **Scheck** und der **Wechsel**. Als Geldersatz dienen sie zahlungshalber zur Begleichung von Forderungen. Sie stellen eine besondere Form von Buchgeld dar. Der **Scheck** ist zunächst eine Zahlungsanweisung, die bei Sicht fällig ist und das angewiesene Kreditinstitut ermächtigt, auf Rechnung des Ausstellers zu zahlen. Es ist außerdem ein streng förmliches Wertpapier.

Der **Wechsel** ist ein Wertpapier. Dieses Wertpapier unterliegt strengen Formvorschriften. Ein Wechsel muss zwingend alle gesetzlichen Bestandteile enthalten. Wechsel sind nur solche Urkunden, die den Formvorschriften des Wechselgesetzes entsprechen. Darüber hinaus sind zur Vereinfachung und Sicherstellung des Wechselverkehrs die sogenannten kaufmännischen Bestandteile enthalten.

Als **Kassengeschäfte** bezeichnet man den gesamten halbbaren Zahlungsverkehr (Abwicklung mit **Zahlscheinen**). Für Einzahlungen auf das eigene Konto müssen entsprechende Einzahlungsvordrucke verwendet werden, bei Einzahlungen auf fremde Konten sind Zahlscheinvordrucke vorgesehen. Auszahlungen an Kassen oder Kassentresoren erfolgen gegen Auszahlungsbelege, Barschecks oder Reiseschecks.

Eine **Überweisung** ist die buchmäßige Übertragung von Geldbeträgen. Grundlage für den Überweisungsverkehr sind verschiedene Gesetze, die einheitliche Rahmenbedingungen und damit einfache sowie schnelle Abwicklung sowohl im Inland als auch international gewährleisten sollen.

Die **Lastschrift** ist ein bargeldloses Zahlungsverkehrsinstrument, das dem Zahlungsempfänger die Möglichkeit gibt, rationell seine wiederkehrenden Forderungen in gleicher und unterschiedlicher Höhe einzuziehen.

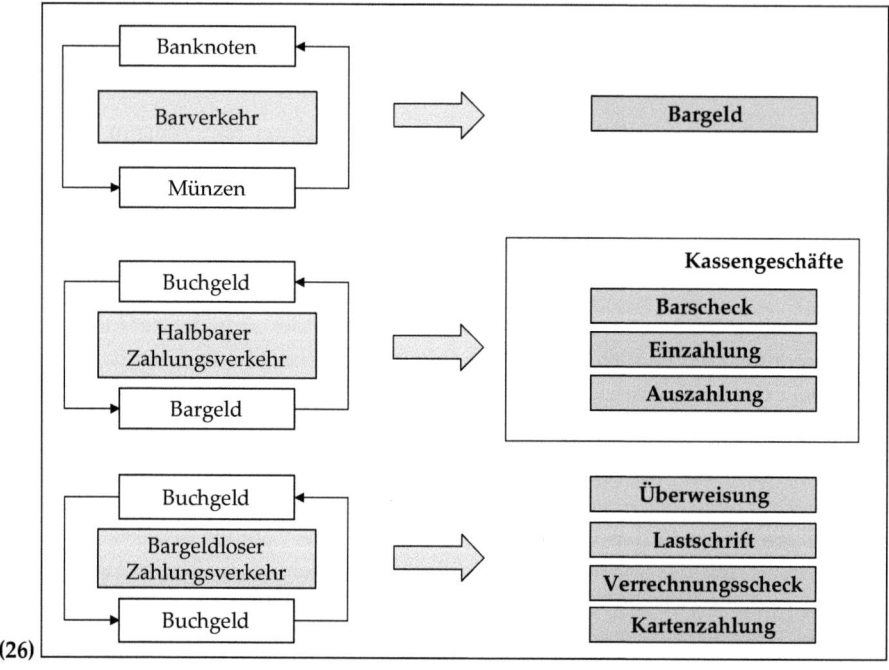

(26)

Als **Barverkehr** bezeichnet man den direkten Austausch von Bargeld, also Münzen und Banknoten. Von **halbbarem Zahlungsverkehr** spricht man, wenn Buchgeld in Bargeld übertragen wird oder umgekehrt. Dabei werden Banknoten und Münzen gegen Buchgeld getauscht, d.h. auf ein Konto eingezahlt oder von einem Konto gebucht und ausgezahlt. Die Auszahlung von Bargeld gegen einen Scheck (Barscheck) ist ebenso zum halbbaren Zahlungsverkehr zu rechnen. **Bargeldloser Zahlungsverkehr** besteht ausschließlich aus Buchgeldbewegungen. Neben der Überweisung und der Lastschrift gehören dazu der Verrechnungsscheck und Kartenzahlungen.

Siehe auch „Neue Bankbetriebslehre" S. 105-128.

4.1.3 Leistungen des internationalen Zahlungsverkehrs

Aufgaben zu Kapitel 4.1.3

■ Teil A: Multiple Choice

(130) Im internationalen Zahlungsverkehr gilt:

a) Die Kosten der physischen Verfügbarkeit der Währungen spiegeln sich in den Sortenkursen wider
b) Reiseschecks und fremde Banknoten sind Sorten
c) Aus Kostengründen können Banken keine Fremdwährung physisch vorhalten
d) Auf Fremdwährung lautende Tratten und Schecks gehören zu den Sorten

2 Punkte

(131) Im dokumentären Zahlungsverkehr

a) werden Reiseschecks, Wechsel, das Inkasso und das Akkreditiv eingesetzt
b) dienen die Zahlungsformen zur Finanzierung von Außenhandelsgeschäften, um die höheren Risiken dieser Geschäfte zu reduzieren.
c) sind die Dokumente zur einfachen und schnellen Abwicklung notwendig, haben aber keine Sicherungsfunktion
d) spielt das Akkreditiv als Zahlungspapier bzw. Geldsurrogat eine große Rolle

2 Punkte

(132) Korrespondenzbankverhältnisse

a) ermöglichen die multilaterale Abrechnung internationaler Zahlungen
b) sind notwendig, um an internationalen Abrechnungssystemen teilzunehmen
c) werden zunehmend durch Clearingsysteme ersetzt
d) sind A-Korrespondenzbankverhältnisse, wenn keine Kontoverbindung besteht

2 Punkte

(133) Korrespondenzbanken

a) sind Partnerbanken im Ausland, an denen wechselseitige Beteiligungen bestehen
b) sind eine kostengünstige Alternative zu eigenen Auslandsniederlassungen
c) unterhalten gegenseitige Kontoverbindungen
d) sind B-Korrespondenzbanken, wenn eine Kontoverbindung besteht

2 Punkte

(134)   Zur Abwicklung des internationalen Zahlungsverkehrs

a) ermöglichen Clearingsysteme die multilaterale Abrechnung aller am System beteiligten Kreditinstitute,

b) sind bilaterale Abrechnungen zwischen Korrespondenzbanken kostengünstig,

c) wird das so genannte TARGET in der bilateralen Abrechnung eingesetzt,

d) sind gegenwärtig vor allem automatisierte beleghafte Verfahren eingesetzt.

2 Punkte

(135)   Das TARGET-System

a) ermöglicht den Nachrichtenaustausch zwischen allen Personen und Wirtschaftsunternehmen.

b) ermöglicht allen Kreditinstituten die Teilnahme, auch wenn sie kein Konto bei einer EU-Zentralbank haben.

c) kann grundsätzlich von allen Kreditinstituten genutzt werden.

d) verrechnet die Zahlungen in der jeweiligen Landeswährung.

2 Punkte

(136)   Welche der folgenden Zahlungsmittel werden als Sorten bezeichnet?

a) Fremdwährungsschecks

b) Reiseschecks

c) Banknoten in Fremdwährung

d) Guthaben in Fremdwährung

2 Punkte

(137)   Anweisungen inländischer Banken an ausländische Korrespondenzbanken von ihrem Konto eine Zahlung an einen Empfänger zu leisten sind

a) Wechsel

b) Einzahlungen

c) Akkreditive

d) Auszahlungen

2 Punkte

(138)   Welche Aussage zu Devisentermingeschäften ist richtig?

a) Abschluss und Erfüllung fallen auseinander

b) Nur der Abschluss erfolgt später

c) Die Bezahlung erfolgt sofort

d) Die Glattstellung erfolgt sofort

2 Punkte

(139)   Im dokumentären Auslandsgeschäft

a) gelten die Geldsurrogate, z.B. Scheck und Wechsel als Zahlungspapiere

b) sind Handelspapiere nicht alle Dokumente, die zur Abwicklung eines Warenge-schäfts im internationalen Güterverkehr notwendig sind

c) sind die Lieferbedingungen nicht zu regeln

d) sind die Zahlungsbedingungen nicht aber die Lieferbedingungen wichtig

2 Punkte

(140)   Zu den Papieren im internationalen Zahlungsverkehr gehören

a) die Zahlungspapiere, wie Rechnungen und Wechsel

b) als Handelspapiere Zolldokumente, nicht jedoch Versicherungsnachweise

c) die Transportdokumente als Handelspapiere

d) keine Begleitdokumente, wie z.B. Packlisten

2 Punkte

(141)   Im internationalen Zahlungsverkehr

a) spricht man von dokumentärem Zahlungsverkehr, weil Überweisungen beleghaft erfolgen

b) werden Lieferbedingungen nach internationalen Standards vereinbart

c) sind keine anderen Dokumente als im Inlandszahlungsverkehr notwendig

d) sind Zahlungen nur dokumentär möglich

2 Punkte

(142)   Welche Aussagen zu Papieren im internationalen Zahlungsverkehr sind rich-tig?

a) Das Konnossement und der Frachtbrief sind Papiere im Schiffsverkehr

b) Eine CIF-Klausel gehört zu den Handelspapieren

c) Die Begleitpapiere gehören nicht zu den Handelspapieren

d) Der Versicherungsnachweis gehört zu den Handelspapieren

2 Punkte

(143) Das Dokumenteninkasso

a) ist eine Möglichkeit die Zahlungsabwicklung und die Zahlungssicherung zu verbinden
b) ist ein Geschäft, bei dem die vorlegende Bank gegen Vorlage von vereinbarten Dokumenten zu leisten hat
c) ist international nicht geregelt
d) setzt einen Kaufvertrag zwischen Einreicherbank und Exporteur voraus

2 Punkte

(144) Beim Dokumenteninkasso

a) gibt es das Inkasso gegen Zahlung (d/p-Inkasso) als eine Variante
b) gibt es "documents against accounting" = d/a-Inkasso) als eine Alternative
c) dient das d/p-Inkasso der Vermeidung von Liquiditätsabfluss beim Importeur, bevor er die Ware weiterverkaufen bzw. nutzen kann
d) entstehen gegenüber dem Grundgeschäft keine zusätzlichen Kosten

2 Punkte

(145) Welche Aussage zum Dokumenteninkasso ist richtig?:

a) Der Zahlungspflichtige ist der Auftraggeber
b) Der Exporteur ist als Zahlungspflichtiger der Auftraggeber, der seine Bank mit dem Inkasso beauftragt
c) Die Bank des Auftraggebers (vorlegende Bank) leitet den Inkassoauftrag weiter
d) Dazwischen eingeschaltete Kreditinstitute sind Inkassobanken

2 Punkte

(146) Welche Aussage zur Abwicklung eines Dokumenteninkassos ist richtig?

a) Der Importeur muss nach Einreichung der Dokumente die Ware annehmen aber muss erst bei Vorlage der Dokumente Zahlung leisten
b) Der Importeur kann die Ware erst nach Zahlung prüfen und kann die Bank für mögliche Fehler in den Dokumenten nicht haftbar machen
c) Der Exporteur kann nicht sicher gehen, dass der Importeur über die Ware erst nach Zahlung verfügen kann
d) Der Exporteur trägt nicht das Risiko (Erfüllungsrisiko), dass der Importeur die Annahme verweigert

2 Punkte

(147) Für die Beziehungen der Inkasso-Beteiligten gilt:

a) Der Zahlungspflichtige ist der Bezogene, der von seiner Bank (vorlegende Bank) gegen Vorlage der Dokumente mit dem Forderungsbetrag belastet wird
b) Der Importeur ist als Zahlungspflichtiger der Auftraggeber, der seine Bank mit dem Inkasso seiner Verbindlichkeit aus dem Grundgeschäft beauftragt
c) Bank des Auftraggebers (einreichende Bank) leitet den Inkassoauftrag weiter
d) dazwischen eingeschaltete Kreditinstitute sind einreichende Banken

2 Punkte

(148) Zur Abwicklung des Inkassos

a) beweist der Exporteur die ordnungsgemäße Versendung der Ware durch die Dokumente
b) muss zwischen Exporteur und vorlegender Bank eine Inkassovereinbarung bestehen
c) müssen Kreditinstitute die Dokumente genau auf Übereinstimmung mit den vertraglichen Vereinbarungen prüfen
d) muss der Importeur frei über die Dokumente verfügen, bevor er bezahlen kann

2 Punkte

(149) Was bedeutet die Bestätigung eines Dokumentenakkreditivs?

a) Die Akkreditivbank bestätigt der avisierenden Bank die Übernahme der Zahlungsverpflichtung.
b) Die avisierende Bank bestätigt dem Begünstigten die Übernahme der Zahlungsverpflichtung.
c) Die Akkreditivbank bestätigt dem Begünstigten die Übernahme der Zahlungsverpflichtung.
d) Zu der Verpflichtung der Akkreditivbank tritt die Zahlungsverpflichtung der avisierenden Bank.

2 Punkte

(150) Wann kann der Importeur die Zahlung aus dem Akkreditiv verweigern?

a) Die angedienten Dokumente sind akkreditivgerecht
b) Bei der erhaltenen Ware werden Mängel festgestellt
c) Der Exporteur reicht die Dokumente nach der im Akkreditiv vereinbarten Frist ein
d) Der Importeur hat inzwischen ein preiswerteres Angebot erhalten

2 Punkte

(151)   Welches Risiko kann der Exporteur mit einem unbestätigten Akkreditiv aus-schließen?

a) Die Akkreditivbank verweigert die Zahlung wegen nicht akkreditivkonformer Dokumente
b) Das Land des Importeurs verhängt ein Zahlungsmoratorium
c) Die Akkreditivbank lehnt die Zahlung wegen Insolvenz des Importeurs ab
d) Die Zahlung ist gefährdet weil die Akkreditivbank in Zahlungsschwierigkeiten kommt

2 Punkte

(152)   Welches Risiko kann der Exporteur mit einem unbestätigten Akkreditiv nicht ausschließen?

a) Zahlungsgefährdung durch Liquiditätsprobleme des Importeurs
b) Zahlungsausfall durch Transferverbot des Landes des Importeurs
c) Zahlungsausfall durch Liquiditätsschwierigkeiten der avisierenden Bank
d) Zahlungsverweigerung trotz akkreditivkonformer Dokumente

2 Punkte

(153)   Für Dokumentenakkreditive gilt,

a) dass sie Zahlungsinstrumente mit geringer Sicherheit für den Zahlungsempfänger darstellen
b) dass sie nicht einheitlich international geregelt sind
c) dass zwischen den Akteuren jeweils Geschäftsbesorgungsverträge existieren müssen
d) dass sie für den Auftraggeber eine hohe Zahlungssicherheit darstellen

2 Punkte

(154)   Ein Dokumentenakkreditiv ist

a) ein abstraktes Zahlungsversprechen der Bank des Exporteurs
b) durch Bestätigung ebenfalls ein Zahlungsversprechen der Hausbank des Zahlungs-empfängers
c) ein unbedingtes, abstraktes Zahlungsversprechen der Importeursbank gegenüber dem Exporteur
d) ein bedingtes, abstraktes Zahlungsversprechen der Importeursbank gegenüber der Exporteursbank

2 Punkte

(155) Bei den Zahlungsformen

a) wird von Auszahlungsakkreditiven gesprochen, wenn kein Zahlungsziel vereinbart ist
b) gehört die Akzeptierung eines Wechsels nicht zu den Möglichkeiten bei einem Akkreditiv
c) entbindet ein Zahlungsziel (Nachsicht) oder Akzeptierung den Importeur von der Gegenleistung
d) dient das Akzept dem Exporteur zur Liquiditätsbeschaffung durch Diskontierung

2 Punkte

(156) Bei der Abwicklung von Dokumentenakkreditiven gilt

a) Die Akkreditivbank ist als Bank des Exporteurs die eröffnende Bank
b) Zahlungsempfänger ist die Bank des Exporteurs und nicht der Begünstigte des Akkreditivs
c) Für den Importeur besteht ähnlich wie beim Inkasso die Sicherungsfunktion durch die Dokumente
d) Die Bank des Importeurs teilt dem Exporteur durch Avisierung die Akkreditiveröffnung mit

2 Punkte

(157) Welche Aussage zu Akkreditiven ist richtig?

a) Eine Bonitätsprüfung des Importeurs ist nicht erforderlich
b) Wie beim Inkasso erfolgt eine detaillierte Prüfung der Dokumente
c) Die Abwicklung wird ausgelöst durch den Importeur
d) Das abstrakte Zahlungsversprechen der Exporteursbank entspricht der Einräumung einer Kreditlinie

2 Punkte

(158) Zu den Pflichten der Banken bei Dokumentenakkreditiven gehören

a) die genaue und sorgfältige Prüfung der Dokumente
b) die Herstellung der Ordnungsmäßigkeit und Vollständigkeit der Dokumente
c) nicht die sofortige Zahlung der Akkreditivbank bei Vorlage der Dokumente
d) die Prüfung der Dokumente innerhalb von 3 Tagen

2 Punkte

(159) Bei der Prüfung der Dokumente beim Akkreditiv

a) muss die Bank bei Mängelfeststellung, auch bei geringfügigen Abweichungen, die Dokumente zurückweisen
b) kann die avisierende Bank die Dokumente bei leichten Mängeln annehmen und „unter Vorbehalt" weiterleiten
c) hat die Bank fünf Tage zur Aufnahme (Prüfung) der Dokumente
d) übernimmt die Bank die Haftung für die Dokumente (Form, Vollständigkeit usw.)

2 Punkte

(160) Die Ausgestaltung eines Dokumentenakkreditivs

a) beinhaltet selten die Unwiderruflichkeit, weil dies eine zu strenge Verpflichtung der Importeursbank wäre
b) kann nicht die Revolvierbarkeit, das heißt die Wiederinanspruchnahme einschließen
c) mit einer Widerrufsmöglichkeit ohne Benachrichtigung des Begünstigten (Exporteurs) würde das abgegebene Zahlungsversprechen konterkarieren
d) mit einer Bestätigung ersetzt das Zahlungsversprechen der Akkreditivbank

2 Punkte

(161) Die Übertragbarkeit eines Akkreditivs bedeutet,

a) dass der Exporteur das Akkreditiv an seinen Lieferanten gegen Aufschlag weitergeben kann
b) dass sich die avisierende Bank dem Zweitbegünstigten gegenüber verpflichtet
c) eine Einschränkung der Verwendbarkeit eines Akkreditivs
d) dass ein Gegenakkreditiv als neues Akkreditiv zugunsten des Lieferanten des Exporteurs nicht erforderlich ist

2 Punkte

(162) Welche Behauptung zum dokumentären Zahlungsverkehr ist richtig?

a) Ein Nachsichtakkreditiv wird eingeräumt, damit der Zahlungspflichtige bereits über die Ware verfügen und sie verkaufen kann, bevor er die Zahlung leistet
b) Der Commercial Letter of Credit (C.L.C.) wird direkt an den Begünstigten ausgestellt, ist aber unüblich
c) Ein Akkreditiv ist sicherer und kostengünstiger für den Exporteur als ein Dokumenteninkasso
d) Die Dokumente haben nur eine Sicherungs- aber keine Zahlungsfunktion

2 Punkte

■ **Teil B: Grundlagenwissen:**

(27) Nennen Sie die **zwei** Arten von Dokumenten im Auslandszahlungsverkehr **und jeweils zwei Beispiele! Erklären** Sie **jeweils ein** Dokument!

6 Punkte

(28) Erklären Sie das Prinzip des Dokumenteninkassos!

8 Punkte

(29) Erörtern Sie die Gestaltungsmöglichkeiten bei einem Dokumentenakkreditiv!

8 Punkte

■ **Teil C: Anwendungswissen:**

(16) Welche Leistungen des internationalen Zahlungsverkehrs sind jeweils aus Sicht von Exporteur bzw. Importeur zu empfehlen? **Stufen** Sie die Leistungen nach Eignung **ab**!

15 Punkte

Lösungen zu Kapitel 4.1.3

▨ Lösungsmuster zu Teil A: Multiple Choice

	a	b	c	d	e
131	x				
132		x			
133			x		
134		x			
135	x				
136			x		
137			x		
138				x	
139	x				
140	x				
141			x		
142		x			
143				x	
144	x				
145	x				
146				x	
147		x			
148			x		
149	x				
150				x	
151			x		
152			x		
153		x			
154			x		
155		x			
156				x	
157			x		
158			x		
159	x				
160		x			
161			x		
162				x	
163	x				

■ **Lösungsmuster zu Teil B: Grundlagenwissen**

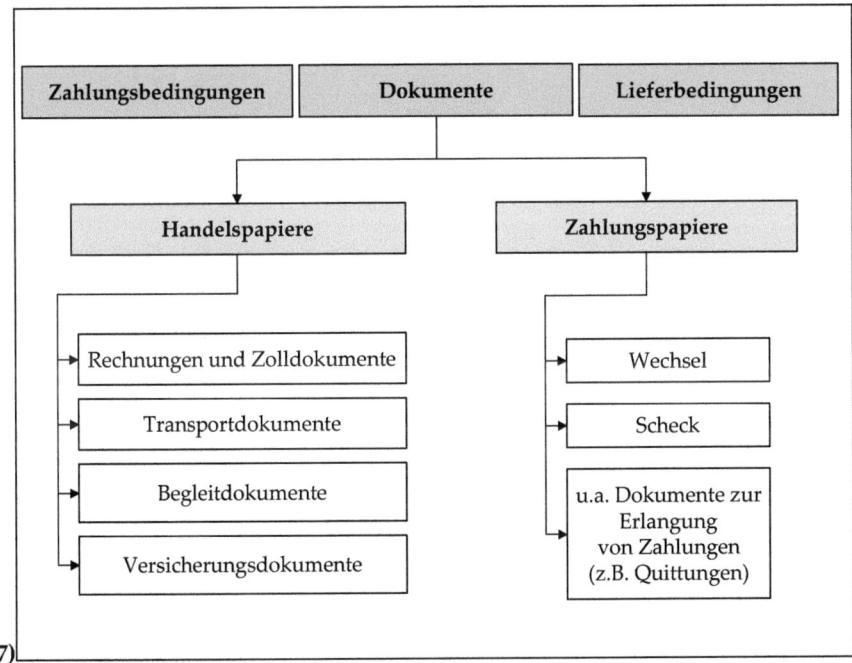

(27)

Grundsätzlich lassen sich **Handelspapiere** und **Zahlungspapiere** unterscheiden. Als Zahlungspapiere gelten Geldsurrogate, z.B. Scheck und Wechsel. Handelspapiere sind alle Dokumente, die zur Abwicklung eines Warengeschäfts im internationalen Güterverkehr notwendig sind.

Neben den **Rechnungen** sowie **Zolldokumenten** (Zoll-/Konsulatsfaktura; Ursprungszeugnis) gehören dazu vor allem **Nachweise über Transportbedingungen und –wege** sowie **Versicherungsnachweise** für Waren, ggf. Transportmittel u.a.. Die Transportdokumente sind nach der Transportart zu unterscheiden (Schiff: Konnossement, Ladeschein; Luft: Luftfrachtbrief; Land: Bahn-, LKW-Frachtbrief, Spediteurübernahmebescheinigung; Posteinlieferungsschein). **Begleitdokumente** können Packlisten, Analysezertifikate bzw. Qualitätszertifikate sein.

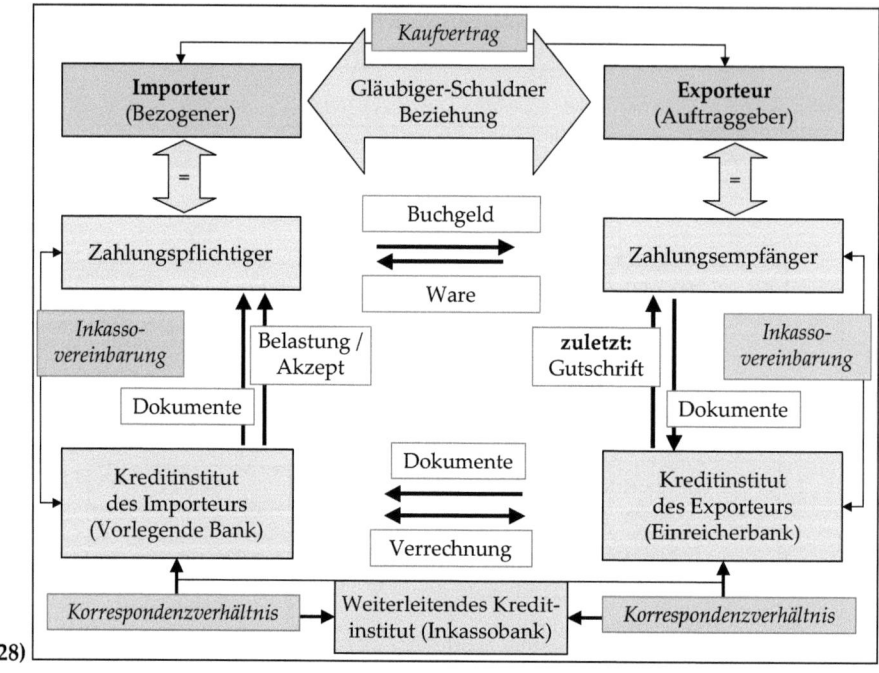

(28)

Das Dokumenteninkasso ist eine Form, die Zahlungsabwicklung und die Zahlungssicherung zu verbinden. Es handelt sich um ein **Zug-um-Zug-Geschäft**, weil der Zahlungspflichtige gegen Vorlage von vereinbarten Dokumenten zu leisten hat. Das Dokumenteninkasso ist ein Zahlungsinstrument, setzt also voraus, dass es aufgrund eines Grundgeschäfts einen Zahlungspflichtigen und einen Zahlungsempfänger gibt, die als Zahlungsbedingung „Dokumente gegen Zahlung" vereinbart haben. Sowohl für den Exporteur als auch für den Importeur ergeben sich Vor- und Nachteile beim Dokumenteninkasso. Der Exporteur ist als **Zahlungsempfänger** der **Auftraggeber**, der seine Bank mit dem Inkasso seiner Forderung aus dem Grundgeschäft beauftragt. Der **Zahlungspflichtige** ist der **Bezogene**, der von seiner Bank (vorlegende Bank) gegen Vorlage der Dokumente mit dem Forderungsbetrag belastet wird. Der Exporteur beweist die ordnungsgemäße Versendung der Ware durch die **Dokumente**, die er seiner Bank einreicht (Einreicherbank). Die Bank des Auftraggebers (**einreichende Bank**) leitet den Inkassoauftrag weiter, indem sie die ihr eingereichten Dokumente (geprüft) weiterleitet. Mögliche dazwischen eingeschaltete Kreditinstitute sind **Inkassobanken**, die bei fehlender Kontoverbindung zwischen der **Einreicherbank** und der vorlegenden Bank erforderlich sind. Die **Importeursbank** (vorlegende Bank) legt sie dem Zahlungspflichtigen nach **Prüfung** vor und belastet dessen Konto mit dem entsprechenden Zahlungsbetrag. Erst nach Bezahlung (bzw. Akzeptierung eines Wechsels) kann der Importeur frei über die Dokumente verfügen.

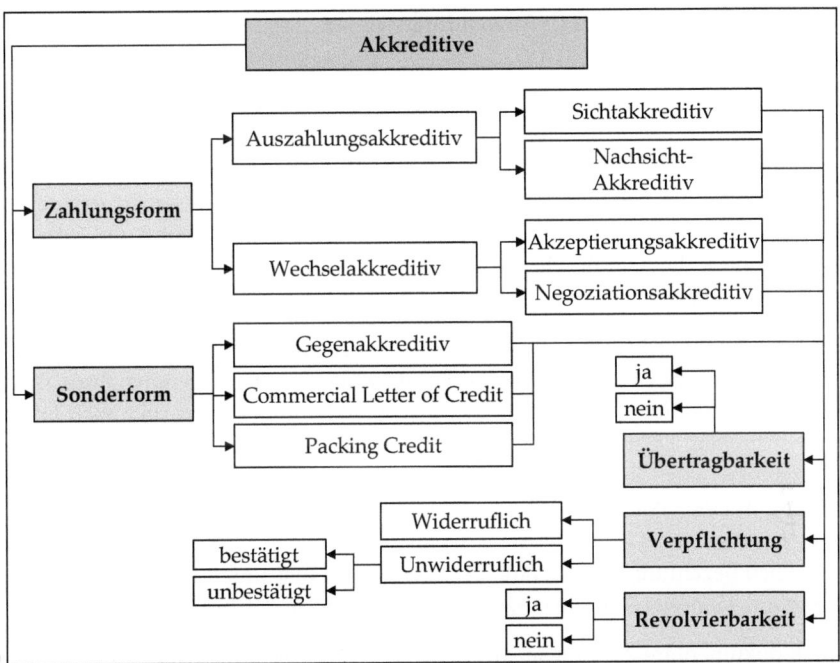

(29)

Akkreditive können nach der **Art der Zahlung** abgegrenzt werden. Die Zahlungsfälligkeit des Zahlungspflichtigen kann später eintreten, wenn ein **Zahlungsziel** (Nachsicht) oder **Akzeptierung** vereinbart sind. Das Zahlungsziel entbindet den Importeur nicht von der Gegenleistung. Der Exporteur seinerseits kann sich bei vereinbartem Zahlungsziel Liquidität bereits verschaffen, wenn er das **Akzept** bei seiner Bank **diskontieren** lässt oder **Negoziierung** (Ankauf von Wechseln oder Dokumenten bei beliebigen Banken am Zahlungsort) vereinbart wird. Unabhängig von der Gestaltung der Zahlungsform können sie übertragbar/nicht übertragbar, revolvierend/nicht revolvierend, widerruflich/nicht widerruflich sein. Die **Übertragbarkeit** ist für den Exporteur von Bedeutung. Wenn diese vereinbart wird (Bezeichnung „übertragbar" im Akkreditiv), kann er das Akkreditiv an seinen Lieferanten zum Einkaufspreis weitergeben, weil sich die Akkreditivbank dem Zweitbegünstigten gegenüber verpflichtet. Die **Revolvierbarkeit**, das heißt die Wiederinanspruchnahme kann vereinbart werden, wenn es sich bei dem Grundgeschäft zwischen Exporteur und Importeur um mehrere regelmäßige Geschäfte handelt. Üblicherweise wird die **Unwiderruflichkeit** festgelegt, weil die (jederzeitige) Widerrufsmöglichkeit ohne Benachrichtigung des Begünstigten (Exporteurs) das abgegebene Zahlungsversprechen konterkariert. Schließlich kann die Wirkung des unwiderruflichen Akkreditivs durch das zusätzliche Zahlungsversprechen der avisierenden Bank verstärkt werden (bestätigtes Akkreditiv).

■ **Lösungsmuster zu Teil C: Anwendungswissen**

(16)

Der überwiegende Teil des internationalen Zahlungsverkehrs wird als bargeldloser, nicht dokumentärer Zahlungsverkehr abgewickelt. Die international üblichen Instrumente sind der Scheck und die Überweisung. Darüber hinaus existiert der dokumentäre Auslandszahlungsverkehr. Die Zahlungsinstrumente Akkreditiv und Inkasso sind so konstruiert, dass sie durch die Kopplung an bestimmte Dokumente auch eine Sicherungsfunktion ausüben.

Der Exporteur wird Vorausbezahlung in seiner Heimatwährung bevorzugen. Damit kann er Zahlungs- und Währungsrisiko ausschließen. Im Gegensatz dazu wird der Importeur Bezahlung auf Zahlungsziel in seiner Heimatwährung und nach Erhalt der Ware anstreben. Dazwischen liegt eine breite Palette von möglichen Zahlungsvereinbarungen zwischen Exporteur und Importeur. Als Währung kann man als Lösung die Zahlung in einer Weltwährung vereinbaren. Aus Sicht des Importeurs wären die danach günstigsten Zahlungsformen Geldsurrogate wie Wechsel oder Scheck und schließlich Bezahlung gegen Ware. Bei allen diesen Instrumenten gibt es aus Sicht des Exporteurs keinerlei Sicherheit bzgl. der Gegenleistung des Importeurs.

Durch dokumentäre Zahlungsinstrumente kann die Palette erweitert werden. Im Auslandszahlungsverkehr übernehmen außer den Zahlungsbedingungen die Dokumente eine besondere Funktion. Aus Sicht des Importeurs wäre als nächstes Instrument das Dokumenteninkasso. Das Dokumenteninkasso ist eine Form, die Zahlungsabwicklung und die Zahlungssicherung zu verbinden. Es handelt sich um ein Zug um Zug Geschäft, weil der Zahlungspflichtige (Importeur) gegen Vorlage von vereinbarten Dokumenten zu leisten hat. Es können zwei Arten unterschieden werden. Zum einen erfolgt die Zahlung gegen Vorlage der Papiere bzw. innerhalb einer Frist nach Vorlage (10 Tage). Diese Art des Inkassos heißt auch „documents against payment" (d/p-Inkasso). Eine Alternative dazu stellt die Zahlungsbedingung „Dokumente gegen Akzept" (documents against acceptance = d/a-Inkasso) dar. Aus Sicht des Importeurs ist die Bedingung „Zahlung gegen Akzept" zu bevorzugen, weil damit zunächst noch kein Liquiditätsabfluss verbunden ist. Sowohl für den Exporteur als auch für den Importeur ergeben sich Vor- und Nachteile beim Dokumenteninkasso. In jedem Fall verursacht die zusätzliche Sicherung der Zahlung Kosten, die das Grundgeschäft verteuern. Der Importeur kann bis zur Vorlage der Dokumente über die Annahme der Ware entscheiden bzw. muss erst bei Vorlage der Dokumente Zahlung leisten. Dagegen trägt er das Risiko, die Ware erst nach Zahlung prüfen zu können und kann die Bank für mögliche Fehler in den Dokumenten nicht haftbar machen. Der Exporteur kann sicher gehen, dass der Importeur über die Ware erst nach Zahlung verfügen kann. Allerdings trägt er das Risiko (Erfüllungsrisiko), dass der Importeur die Annahme verweigert bzw. zur Zahlung nicht bereit oder nicht fähig ist.

Das Akkreditiv ist das Zahlungsinstrument mit der höchsten Sicherheit für den Zahlungsempfänger (Exporteur). Die Akkreditiveröffnung stellt ein abstraktes Zahlungsversprechen gegenüber dem Begünstigten dar, das von der Importeursbank abgegeben wird und gegebenenfalls von der Exporteursbank bestätigt werden kann. Die Bestätigung ist ebenfalls ein Zahlungsversprechen und verstärkt damit die Sicherheit für den Exporteur. Die Grundarten des Akkreditivs können in Auszahlungsakkreditive und Wechselakkreditive abgegrenzt werden. Von Auszahlungsakkreditiven wird gesprochen, wenn sofortige Zahlung oder Zahlung mit Zahlungsziel vereinbart ist. Alternativ kann der Importeur durch Akzeptierung eines Wechsels seinen Verpflichtungen aus dem Grundgeschäft, dem Kaufvertrag, nachkommen. Die Beteiligten sind einerseits der Importeur und seine Hausbank, die eröffnende Bank, andererseits der Exporteur und sein Kreditinstitut, die avisierende Bank. Die Abwicklung wird ausgelöst durch den Importeur (Auftraggeber). Der Zahlungsempfänger ist der Begünstigte des Akkreditivs. Aus Sicht des Exporteurs bietet die Konstruktion hohe Sicherheit und einen schnellen Zahlungseingang, also Liquiditätszufluss. Für den Importeur besteht ähnlich wie beim Inkasso zwar die Sicherungsfunktion durch die Dokumente, aber die Prüfung der Ware ist erst nach Erhalt der Dokumente und damit nach Zahlung möglich. Ein Akkreditiv per Wechsel oder zumindest mit Zahlungsziel wäre wegen der Liquiditätsschonung wiederum vom Importeur zu bevorzugen. Aus Sicht des Exporteurs wäre stattdessen eine Anzahlung eine zusätzliche Besserstellung.

Bei einem Akkreditiv benötigt der Importeur eine Kreditlinie, aufgrund des bedingten, abstrakten Zahlungsversprechens seiner Bank an den Exporteur, so dass aus Importeurssicht die Kosten sehr hoch sind. Dagegen befriedigt das Akkreditiv beim Exporteur das erhöhte Sicherheitsbedürfnis bei internationalen Geschäften. Eine hohe Sicherung des Exporterus spielt bei erstmaligen oder einmaligen Geschäften eine wesentliche Rolle.

Siehe auch "Neue Bankbetriebslehre" S. 129 ff.

4.2 Finanzierungsbereich

4.2.1 Allgemeine Fragen zu Finanzierungsformen

Aufgaben zu Kapitel 4.2.1

■ **Teil A: Multiple Choice**

(163) Zum Finanzierungsgeschäft von Banken gehört

a) immer die Übernahme der Bereitstellung von Finanzierungsmitteln
b) die Vermittlungsfunktion von Kapitalanbietern und -nachfragern
c) Zinsen oder Dividenden
d) Rückzahlung und gegebenenfalls Informations- und Mitbestimmungsrechte

2 Punkte

(164) Die Bereitstellung von Finanzierungsmitteln

a) wird durch eine Erfolgsbeteiligung in Form von Zinsen entgolten
b) beinhaltet bei Fremdkapital immer eine Gläubigerstellung
c) kann durch Zinsen, Dividenden und Rechte entgolten werden
d) ist bei Eigenkapital immer mit Informations- und Mitbestimmungsrechten verbunden

2 Punkte

(165) Die Selbstfinanzierung bezeichnet

a) die Finanzierung aus Einlagen der Gesellschafter
b) die selbst aufgenommenen Kredite
c) die Finanzierung aus thesaurierten Gewinnen
d) eine Kapitalerhöhung

2 Punkte

(166) Zur Fremdfinanzierung von außen gehören

a) Nachrangdarlehen
b) Schuldscheindarlehen
c) Aktienanleihen
d) Rückstellungsfinanzierung

2 Punkte

(167) Welche der folgenden Behauptungen ist richtig?

a) Unter Finanzierung versteht man die Beschaffung von Eigenkapital
b) Finanzierung ist Kapitalbeschaffung jeder Art, Investition ist Kapitalverwendung
c) Als Finanzierung bezeichnet man die Beschaffung von Fremdkapital
d) Die Abschreibung einer Maschine muss kreditfinanziert werden

2 Punkte

(168) Welcher der folgenden Vorgänge führt nicht zu einer Zunahme der finanziellen Mittel?

a) Bildung von Rückstellungen
b) Kapitalerhöhung aus Gesellschaftsmitteln
c) Ordentliche Kapitalerhöhung
d) Emission einer Wandelanleihe

2 Punkte

(169) Welche der folgenden Finanzierungsarten zählen zur Außenfinanzierung?

a) Finanzierung aus Abschreibungen
b) Finanzierung aus Pensionsrückstellungen
c) Beteiligungsfinanzierung
d) Inkasso von Außenständen

2 Punkte

(170) Welche der folgenden Finanzierungsarten gehören zur Innenfinanzierung?

a) Finanzierung aus Abschreibungen
b) Kontokorrentkredit
c) Einlagenfinanzierung
d) Ausgabe einer Obligation

2 Punkte

(171) Wann befindet sich ein Betrieb im finanziellen Gleichgewicht?

a) Er verfügt über erhebliche Reserven an finanziellen Mitteln.
b) Der Zahlungsmittelbestand beträgt 75% der kurzfristigen Verbindlichkeiten.
c) Zahlungsmittel, Forderungen und Bestände an Halb- und Fertigfabrikaten decken die kurzfristigen Verbindlichkeiten.
d) Er kann seinen Zahlungsverpflichtungen jederzeit nachkommen

2 Punkte

(172) Bei welchen der folgenden Vorfälle handelt es sich um eine stille Selbstfinanzierung (stille Reserven)?

a) Aufnahme eines Nachrangdarlehens
b) Umwandlung von Gewinnen in Rücklagen
c) Unterbewertung einer Maschine durch Sonderabschreibung
d) Aufnahme eines stillen Gesellschafters

2 Punkte

(173) Welche Finanzierungsart zählt nicht zu den Refinanzierungsmöglichkeiten eines Kreditinstituts?

a) Übernachtkredit bei der EZB
b) Einlagenfazilität
c) Emission von Sparbriefen
d) Rediskontierung von Wechseln

2 Punkte

(174) Was bewirkt der Leverage-Effekt?

a) Erhöhung der Verzinsung des Fremdkapitals
b) Steigerung der Gesamtkapitalrentabilität, wenn der Fremdkapitalzins niedriger ist als die Eigenkapitalrentabilität
c) Eine Veränderung der Eigenkapitalrentabilität bei Erhöhung des Verschuldungsgrades
d) Zunahme der Eigenkapitalrentabilität durch Aufnahme weiteren Fremdkapitals, wenn die Gesamtkapitalrentabilität unter dem Fremdkapitalzins liegt

2 Punkte

(175) Das Wegerecht an einem anderen Grundstück steht

a) in der 1. Abteilung des Grundbuchs
b) im Bestandsverzeichnis
c) in der 2. Abteilung des Grundbuchs
d) nur im Grundbuch des dienenden Grundstücks

2 Punkte

(176) Welche Unterlagen verlangt die Bank nicht bei der Neubaufinanzierung?

a) Bauplan
b) Grundbuchauszug

c) Einheitswertbescheid
d) Kostenvoranschlag

2 Punkte

(177) Aus welchen Gründen wird eine Kapitalerhöhung aus Gesellschaftsmitteln durchgeführt?

a) Zuführung neuen Eigenkapitals
b) Erhöhung des Vermögens der Aktionäre durch Ausgabe von Gratisaktien
c) Vermeidung von Körperschaftsteuer
d) Minderung des Börsenkurses und Erhöhung der Effektivverzinsung der Aktien

2 Punkte

(178) Wodurch ist eine Mezzanine-Finanzierung gekennzeichnet?

a) Der Kapitalgeber ist Gläubiger der Unternehmung
b) Der Kapitalgeber ist Miteigentümer/Anteilseigner der Unternehmung
c) Es gelten Merkmale des Fremdkapitals als auch Merkmale des Eigenkapitals
d) Der Kapitalgeber ist ein Zwischenfinanzierer

2 Punkte

(179) Die Unternehmensfinanzierung in Deutschland ist relativ

a) stark kapitalmarktlastig
b) stark hausbankbezogen
c) wenig wettbewerbsintensiv gegenüber anderen Ländern
d) wenig von Basel II beeinflusst

2 Punkte

(180) Neben der klassischen Kreditfinanzierung gehört zum Finanzierungsgeschäft von Kreditinstituten

a) die so genannte Kreditersatzfinanzierung in Form von Lieferantenkrediten
b) die Kreditleihe in Form des Leasing
c) das Factoring
d) die Betriebsmittelfinanzierung

2 Punkte

■ **Teil B: Grundlagenwissen**

(30) Ordnen Sie folgende Finanzierungstatbestände in die Finanzierungsmatrix ein!

a) Ausgabe von Bezugsrechten

b) Der OHG-Gesellschafter gibt seinem Unternehmen einen Kredit

c) Das Unternehmen beantragt bei seiner Hausbank eine Erhöhung der Kontokorrentlinie

d) Ein Teil der Gewinne wird den Rücklagen zugeführt

e) Erwerb von Rohstoffen auf Rechnung mit 30 Tagen Zahlungsziel

6 Punkte

(31) Definieren Sie den Leverage-Effekt in max. 2 Sätzen und berechnen Sie den Zinsaufwand und die Eigenkapitalrentabilität für beide Alternativen der Kapitalbeschaffung (Finanzierung)! Ist der Leverage-Effekt in diesem Fall jeweils positiv oder negativ?

6 Punkte

Unternehmensdaten	in EUR bzw. %
Gesamtkapital	150.000,00 €
Eigenkapital	120.000,00 €
Fremdkapitalzins	5,00%
EBIT (Kapitalertrag)	9.000,00 €

Unternehmensdaten	in EUR bzw. %
Gesamtkapital	150.000,00 €
Fremdkapital	100.000,00 €
Fremdkapitalzins	5,00%
EBIT (Kapitalertrag)	9.000,00 €

■ **(Hinweis: Beachten Sie, dass bei der Betrachtung des Leverage-Effekts von einem gegebenen Gesamtkapitalbedarf ausgegangen wird!)**

Lösungen zu Kapitel 4.2.1

▨ Lösungsmuster zu Teil A: Multiple Choice

Lösungsmuster Teil A				
	a	b	c	d
164		x		
165			x	
166			x	
167		x		
168		x		
169		x		
170			x	
171	x			
172				x
173			x	
174		x		
175			x	
176		x		
177			x	
178				x
179			x	
180		x		
181			x	

■ **Lösungsmuster zu Teil B: Grundlagenwissen**

(30)

	Eigenkapital	Fremdkapital
Außenfinanzierung	a)	b); c)*; e)
Innenfinanzierung	d)	

* streng genommen stellt der Antrag noch keine Finanzierung dar

(31)

Der Leverage-Effekt beschreibt die Veränderung der Eigenkapitalrendite durch eine Veränderung des Verschuldungsgrades, also der Finanzierungsstruktur, bei gegebenem Kapitalbedarf und gegebener Gesamtkapitalrendite. Der Leverage-Effekt ist positiv, erhöht die Eigenkapitalrendite, wenn die Gesamtkapitalrendite über dem Fremdkapitalzins liegt und vice versa.

Unternehmensdaten	in EUR bzw. %
Gesamtkapital	150.000,00 €
Eigenkapital	120.000,00 €
Fremdkapitalzins	5,00%
EBIT (Kapitalertrag)	9.000,00 €

Gesamtkapital–Eigenkapital=Fremdkapital -> 150.000 EUR–120.000 EUR = 30.000 EUR

Zinsaufwand: 5,00% x 30.000 EUR = 1.500 EUR

Eigenkapitalrendite: $x/100\% = 7.500$ EUR/120.000 EUR -> $x = 6,25\%$

Unternehmensdaten	in EUR bzw. %
Gesamtkapital	150.000,00 €
Fremdkapital	100.000,00 €
Fremdkapitalzins	5,00%
EBIT (Kapitalertrag)	9.000,00 €

Gesamtkapital – Fremdkapital = Eigenkapital -> 150.000 EUR – 100.000 EUR = 50.000 EUR

Zinsaufwand: 5,00% x 100.000 EUR = 5.000 EUR

Eigenkapitalrendite: $x/100\% = 4.000$ EUR/50.000 EUR -> $x = 8,00\%$

Der Leverage-Effekt ist jeweils positiv.

4.2.2 Theoretische Grundlagen
Aufgaben zu Kapitel 4.2.2

■ **Teil A: Multiple Choice**

(181) Auf einem vollkommenen Markt

a) gibt es Transaktions- und Informationskosten
b) führt ungleich verteilte Information zu unterschiedlichen Erwartungen und Entscheidungen
c) sind Informationsunterschiede nicht vorhanden
d) übersteigt der Nutzen der Informationsbeschaffung die Kosten der Informationsbeschaffung

2 Punkte

(182) Auf einem unvollkommenen Markt

a) existieren keine Unvollkommenheiten des Austauschs
b) führt der Abbau von Informationsdefiziten zu Entscheidungen unter Sicherheit
c) erhöhen staatliche Regulierungen das Volumen des Handels am Finanzmarkt
d) sorgen Intermediäre für die Verkürzung und Vereinfachung der Verhandlungen

2 Punkte

(183) Welche Aussage zu Finanzierungskosten ist richtig?

a) Standardisierung und hohe Stückzahlen reduzieren die Finanzierungskosten
b) Transaktionskosten spiegeln sich nicht in den Konditionen der Finanzierung wider
c) Transaktionskosten sind um so höher, je individueller die Finanzierung und je größer der Betrag
d) Finanzierungskosten können durch nicht vertragsgemäße Abwicklung gesenkt werden

2 Punkte

(184)   Die Risiken der Finanzierung

a) sind gekennzeichnet durch die Gleichverteilung der Handlungsspielräume
b) sind abhängig von der Fähigkeit und Willigkeit des Kreditgebers zur Gegenleistungserbringung
c) kann der Kreditgeber durch Bonitätsprüfung genau antizipieren
d) sind so verteilt, dass der Kreditgeber ohne Gegenmaßnahmen das Totalverlustrisiko trägt

2 Punkte

(185)   Die Kredittheorie ist gekennzeichnet

a) durch das Auseinanderfallen der Vorleistung des Kreditnehmers und der Gegenleistung des Kreditgebers
b) durch eine Prinzipal-Agent-Beziehung, bei der der Kreditnehmer der Prinzipal ist
c) durch den Agenten, der eine Leistung erhalten hat und bei dem nun die Erbringung der Gegenleistung liegt
d) durch den Anreiz des Prinzipals, riskantere Handlungsalternativen mit hoher Gewinnchance zu wählen

2 Punkte

(186)   Welche Behauptung über das Verhältnis von Kreditnehmer und Kreditgeber ist richtig?

a) Der Kreditgeber ist der Prinzipal, der bezüglich der in der Zukunft liegenden Gegenleistung das Risiko durch Gegenmaßnahmen ausschließt
b) Der Kreditgeber kann auf die Ergebnisse des Handelns nicht oder nur sehr eingeschränkt einwirken
c) Die entstehenden Verhaltensanreize für Kreditgeber und Kreditnehmer sind nicht das Kernproblem am Kreditmarkt
d) Der Kreditnehmer hat keinen Anreiz, sichere Alternativen abzulehnen und riskantere Alternativen zu wählen

2 Punkte

(187) Das Risiko des Einzelgeschäfts wird

a) vermieden, indem der Kreditgeber die Kooperation ablehnt
b) ausgeschlossen durch eine entsprechende Höhe der Gegenleistung (Risikoabgeltung) für jedes erkennbare Risiko
c) nicht reduziert, wenn eine absolute Obergrenze für die Übernahme von Risiken festgelegt ist
d) nicht reduziert, wenn Preisgrenzen für die Risikoübernahme definiert sind

2 Punkte

(188) Die wirksame Risikoreduzierung kann erreicht werden,

a) wenn die Überschreitung der Risikoobergrenze nur in Ausnahmen möglich ist
b) wenn eine pauschale Risikoprämie berechnet wird
c) wenn Risiken quantifiziert und bewertet werden
d) wenn homogene Kreditnehmer in keine Risikoklasse eingeteilt werden

2 Punkte

(189) Zur Risikoreduzierung

a) erfolgt eine Risikoeinordnung, weil es die Bankenaufsicht so will
b) erfolgt eine Segmentierung der Kreditnehmer nach subjektiven Kriterien
c) wird versucht die Unterschiede zwischen den Kreditnehmern zu identifizieren
d) werden Kreditnehmer klassifiziert, den Prozess nennt man adverse Selektion

2 Punkte

(190) Die Finanzierungsleistung ist dadurch gekennzeichnet,

a) dass der Prinzipal bezüglich der in der Zukunft liegenden Gegenleistung ein Risiko eingeht
b) dass der Prinzipal durch die Vorleistung einen Anreiz zu riskantem Verhalten hat
c) dass der Agent einen Anreiz hat, sichere Handlungsalternativen zu wählen
d) dass die Kreditgeber homogene Kreditnehmer objektiv in eine Risikoklasse einordnen

2 Punkte

(191)   Die individuellen Finanzierungskonditionen (im Vgl. zu anderen Unternehmen bei der gleichen Bank zum gleichen Zeitpunkt) für ein Unternehmen werden nicht bestimmt durch

a) der erwarteten Verluste der Bank in der entsprechenden Ratingklasse
b) das Risikogewicht, das dem Kreditnehmer zugeordnet wird
c) die Sicherungsmaßnahmen, die vereinbart werden
d) das herrschende Zinsniveau

2 Punkte

(192)   Durch die Ratingbeurteilung nach Basel II ergibt sich voraussichtlich für die guten Unternehmen

a) keine Veränderung der Finanzierungskonditionen
b) eine Verschlechterung der Finanzierungskonditionen
c) eine Verbesserung der Finanzierungskonditionen
d) keine Notwendigkeit, mehr Unterlagen bei der Bank einzureichen

2 Punkte

(193)   Die Finanzierungsentscheidung eines Kreditgebers wird **vor allem** bestimmt

a) durch die Jahresabschlüsse des Unternehmens
b) durch die erwartete Kapitaldienstfähigkeit des Kreditnehmers
c) durch die Planungsunterlagen
d) durch die Qualität der Hausbankbeziehung

2 Punkte

(194)   Welche Aussage zur Zinsbildung am Markt ist richtig?

a) Die Konkurrenzsituation und die Marktposition des Einzelnen beeinflussen die Kalkulation auf unvollkommenen Märkten
b) Der Zins muss lediglich den Wertverlust des Geldes für den Zeitraum der Überlassung ersetzen
c) Die Unsicherheit über die wirtschaftliche Entwicklung kann nicht eingepreist werden
d) Die Markteffizienz bzw. die Kosten der Leistungserbringung des Kreditgebers reflektieren nicht die Transaktionskosten

2 Punkte

(195) Der Marktzins

a) widerspiegelt bei inverser Zinsstruktur die mit der Zeit steigende Unsicherheit über zukünftige Entwicklungen
b) widerspiegelt die wirtschaftliche Entwicklung des Kreditnehmers
c) enthält auch eine Risikoprämie
d) bringt für jeden Sparer den gleichen Nutzenentgang

2 Punkte

(196) Welche Maßnahme zur Risikoreduzierung im Einzelgeschäft ist nicht sinnvoll?

a) Ablehnung von Finanzierungsanträgen
b) Limitierung der Geschäfte
c) Besicherung
d) Begrenzung der bearbeiteten Kreditanträge

2 Punkte

(197) Welche Maßnahme zur Risikoreduzierung im Kreditportfolio ist nicht sinnvoll?

a) Die Gestaltung der Laufzeiten als ein Instrument der Risikobegrenzung
b) Die Verringerung von so genannten Klumpenrisiken
c) Eine Grenze, die sich nach der Einschätzung der (einzelnen) Vertragsbeziehung richtet
d) Konzentration auf kurze Laufzeiten zur Erhöhung der Prognosequalität

2 Punkte

(198) Welche Aussage zu risikomindernden Maßnahmen ist richtig?

a) Risikobegrenzung ist die Besicherung
b) Klauseln im Finanzierungsvertrag setzen Anreize für den Kreditnehmer
c) Kreditnehmer an einem Verlust zu beteiligen ist keine wirksame Maßnahme
d) Standardisierte Vertragsklauseln, so genannte Covenants, sind nur für klassische Kreditfinanzierungen geeignet

2 Punkte

(199)   Für die Gesamtheit der Finanzierungsgeschäfte gilt

a) Festlegung von Obergrenzen, auf Länder, Branchen oder Regionen sind geschäftsschädlich
b) wesentliches Instrument ist die Kreditüberwachung
c) Diversifikation beinhaltet eine möglichst hohe Zahl von Finanzierungsbeziehungen, deren Korrelation irrelevant ist
d) Der Risikoverkauf ist nur einzeln möglich

2 Punkte

(200)   Welche Aussage zum Finanzierungsgeschäft ist richtig?

a) Rechtsicherheit trägt nicht zur Reduzierung der Unsicherheit bei
b) Für kurze Laufzeiten erhöht sich die Prognosequalität bezüglich des Verlaufs der Geschäftsbeziehung
c) Mit der Laufzeit steigende Zinsen sind der Ausnahmefall
d) Die Vertragsfreiheit gilt aufgrund der zahlreichen Einschränkungen nicht

2 Punkte

(201)   Das Kreditwesengesetz definiert den Kreditbegriff

a) einheitlich in § 19 KWG und 21 KWG
b) einheitlich in § 19 KWG
c) je nach aufsichtsrechtlicher Bestimmung in den §§ 13-18 KWG
d) je nach aufsichtsrechtlicher Bestimmung in den §§ 19 und 21 KWG

2 Punkte

(202)   Nach § 18 KWG müssen sich die Kreditinstitute die wirtschaftlichen Verhältnisse nur offen legen lassen, wenn

a) es sich um einen Millionenkredit handelt
b) eine Kreditgewährung an öffentliche Haushalte ab einer Summe von 750 000 EUR erfolgt
c) ein Kunde einen oder mehrere Kredite im Betrage von je 500 000 EUR oder mehr in Anspruch genommen hat
d) die gestellten Sicherheiten dies nicht als unbegründet erscheinen lassen

2 Punkte

(203) Das Kreditwesengesetz verlangt die Offenlegung der wirtschaftlichen Verhältnisse

a) einheitlich bei allen Kreditnehmern nach § 18 KWG
b) durch die Auswertung des letzten Jahresabschlusses des Kreditnehmers
c) einmalig bei der Kreditgewährung
d) auch zur Überwachung von Kreditengagements

2 Punkte

(204) Kreditnehmereinheiten

a) sollen miteinander verbundene Ausfallrisiken auch als eine Risikoeinheit erfassen
b) werden nach den Vorschriften des § 19 I KWG gebildet
c) sollen nicht nach Einzelfallprüfung, sondern immer nach Standardregeln gebildet werden
d) sind regelmäßig nur bei Personenhandelsgesellschaften zu unterstellen

2 Punkte

(205) Ziel der Bankenaufsicht

a) ist u.a. die Erzeugung einer Mindestdiversifizierung des Kreditportfolios
b) ist es, durch die Offenlegung der zur Beurteilung der wirtschaftlichen Verhältnisse notwendigen Unterlagen die Kreditvergabe zu beeinflussen
c) in § 15 KWG ist die Verhinderung der Kreditvergabe an Unternehmensinsider
d) in § 19 KWG ist die einheitliche Begriffsdefinition von Adressenausfallrisiken

2 Punkte

(206) Welche Aussage zur Risikosteuerung ist richtig?

a) Zur Verringerung von so genannten Klumpenrisiken werden Kredite ausschließlich aufgrund gesetzlicher Vorschriften im Betrag begrenzt.
b) Die Risikoprämie fällt je länger die Laufzeit gewählt wird
c) Die Diversifizierung ist ein Instrument der Risikosteuerung bei Einzelkrediten
d) Vertragsklauseln dienen zur Reduzierung der Risikoneigung des Kreditnehmers

2 Punkte

(207)   Die Unvollkommenheit des Kreditmarktes

a) kann durch Informationsbeschaffung überwunden werden
b) beinhaltet ausschließlich die unvollständige und asymmetrische Information
c) wird z.B. durch Standardisierung reduziert
d) hat keinen Einfluss auf die Preisbildung

2 Punkte

(208)   Der Kreditnehmer hat für Darlehensverträge ein gesetzliches Kündigungsrecht folgender Art:

a) Der Kreditschuldner kann ein Darlehen mit einer Zinsbindung von 10 Jahren nach Ablauf von 10 Jahren seit der Auszahlung unter Einhaltung einer Kündigungsfrist von 6 Monaten kündigen.
b) Der Kreditschuldner kann ein Darlehen mit einer Zinsbindung von 5 Jahren nach Ablauf von 5 Jahren unter Einhaltung einer Kündigungsfrist von drei Monaten kündigen
c) Der Kreditschuldner kann ein Darlehen mit variablem Zinssatz nach einer Vorlaufzeit von 6 Monaten unter Einhaltung einer Kündigungsfrist von einem Monat kündigen
d) Die Kündigung des Kreditschuldners gilt als nicht erfolgt, wenn er den geschuldeten Betrag nicht innerhalb von zwei Monaten nach Wirksamwerden der Kündigung zurückzahlt.

2 Punkte

(209)   Das Kreditwesengesetz beinhaltet

a) als Grundlage für das Kreditgeschäft die Regelungen der §§ 13-19 KWG
b) generell die Übernahme eines Adressenausfallrisikos (Bonitätsrisiko) als Kredit
c) die Begrenzung bzw. die Beobachtung der eingegangenen Adressenausfallrisiken
d) keine Vorschriften zur Erzeugung einer Mindestdiversifizierung der Kredite

2 Punkte

(210)   Im KWG sind geregelt

a) in den (§§15-17 KWG) die Millionenkredite
b) in (§ 18 KWG) die Bildung der Kreditnehmereinheiten
c) die Großkredite (§ 13 KWG) und Millionenkredite (§ 14 KWG)
d) im § 19 die Organkredite

2 Punkte

(211) Die Anforderungen des § 18 KWG

a) verlangen die Offenlegung der wirtschaftlichen Verhältnisse jedes Kunden bei einer Kreditvergabe
b) bilden die Grundlage für die Einschätzung der Kapitaldienstfähigkeit
c) verlangen die Anforderung, Auswertung und Dokumentation der zur Beurteilung der wirtschaftlichen Verhältnisse notwendigen Unterlagen
d) verlangen eine zeitnahe Beurteilung, notfalls ohne aktuelle Informationen

2 Punkte

(212) Die Vorschriften zu Organkrediten

a) sollen Entscheidungsträgern in Kreditinstituten verbieten, Kredite an Personen oder Organe, die ihnen oder dem kreditgebenden Institut nahe stehen, zu vergeben
b) sollen eine Interessenkollision, die der Bank oder Sparkasse materiell schädlich werden kann, verhindern
c) beinhalten die Zustimmungspflicht aller Geschäftsführer als oberstem Entscheidungsgremium
d) begrenzt Kredite mit Vorzugskonditionen an Organe in der Höhe

2 Punkte

(213) Die Organkredite

a) dürfen keine Begünstigung bei Geschäften und/oder die Übernahme nicht vertretbarer Risiken darstellen
b) beziehen sich nur auf die personelle Verflechtung von Unternehmen
c) sind grundsätzlich verboten
d) beziehen sich nur auf die kapitalmäßige Verflechtung von Unternehmen

2 Punkte

(214) Die Vorschriften zu den Großkrediten

a) erfordern, dass Kredite ab einer Größenordnung von 10% des haftenden Eigenkapitals der Bankenaufsicht gemeldet werden müssen
b) beinhalten die Kontrolle aber nicht die Begrenzung von Einzelkrediten in Bezug zum verfügbaren haftenden Eigenkapital
c) regeln, dass einzelne Großkredite eine Höhe von 20% des haftenden Eigenkapitals nicht überschreiten dürfen
d) regeln, dass die Summe aller Großkredite einen Betrag des 10-fachen des haftenden Eigenkapitals nicht übersteigen dürfen

2 Punkte

(215)   Der Gesetzgeber will mit den Kreditvorschriften

a) einer Interessenkollision bei der Kreditvergabe bzw. Konditionsvereinbarung gegenüber mit der Bank verbundenen Personen oder Unternehmen entgegenwirken
b) einen Einblick in die wirtschaftlichen Verhältnisse von Kreditnehmern erhalten
c) die Klumpenrisiken bei Banken ausschließen
d) einen überhöhten Kreditbedarf einzelner Schuldner befriedigen

2 Punkte

(216)   Die Millionenkreditvorschriften

a) sind Meldepflichten des § 15 KWG
b) sollen den meldenden Instituten einen Einblick in einen überhöhten Kreditbedarf einzelner Schuldner ermöglichen
c) verlangen eine halbjährliche Meldung der Millionenkredite
d) gewähren den meldenden Instituten von der Meldestelle keine Rückmeldung

2 Punkte

(217)   Der effektive Jahreszins

a) ist einheitlicher Maßstab bei der Preisangabe aller Kredite
b) ist der Zins, der die meisten regelmäßigen Preisbestandteile eines Kreditvertrages beinhalten muss
c) muss für Kreditnehmer ohne entsprechende Fachkenntnisse angegeben werden
d) dient allen Kreditnehmern dazu, Kreditangebote zu vergleichen

2 Punkte

(218)   Kreditnehmereinheiten sind nicht regelmäßig zu unterstellen

a) bei Indizien für ein gleichgerichtetes wirtschaftliches Interesse von Eheleuten
b) bei Geschäftsführertätigkeit in mehreren kreditnehmenden Unternehmen
c) bei Personenhandelsgesellschaften und ihren Gesellschaftern
d) bei Mehrheitsbesitz

2 Punkte

(219)   Kreditnehmereinheiten sind nicht regelmäßig zu unterstellen

a) bei Personenhandelsgesellschaften und ihren Gesellschaftern
b) bei Mehrheitsbesitz
c) bei Gewinnabführungsverträgen bzw. Konzernzugehörigkeit
d) bei Eheleuten

2 Punkte

(220) Kreditnehmereinheiten

a) sollen miteinander verbundene Ausfallrisiken auch als eine Risikoeinheit erfassen
b) werden gebildet, um bei finanziellen Schwierigkeiten des einen Kreditnehmers den anderen Kreditnehmer in die Haftung zu nehmen
c) sollen im Sinne der §§ 10 und 18 KWG wie ein Kreditnehmer behandelt werden
d) haben als Entscheidungskriterium für eine Risikoeinheit ausschließlich bestehende Abhängigkeiten

2 Punkte

(221) Welche Aussage zu Kreditnehmereinheiten ist richtig?

a) eine Ehe wird als Zweck- und Wirtschaftsgemeinschaft behandelt
b) Kreditnehmereinheiten werden der BaFin gemeldet
c) Kreditnehmereinheiten werden nicht zurückgemeldet
d) Bei von bereits gemeldeten Einheiten abweichenden Kreditnehmereinheiten wird eine Bereinigung bzw. Begründung verlangt

2 Punkte

(222) Für die Kreditvergabe

a) an private Endverbraucher sind Vorschriften des Verbraucherkreditgesetzes zu beachten
b) sind im BGB und HGB Mindestanforderungen für Formvorschriften von Darlehensverträgen vorgesehen
c) sind keine Regelungen zu den Allgemeinen Geschäftsbedingungen im BGB zu beachten
d) sind Mindeststandards definiert, um eine normative Kontrolle der Verwender von AGB zu erreichen

2 Punkte

(223) Für Verbraucher gelten

a) die Vorschriften für Darlehen in den §§ 495 ff. BGB
b) bei Kreditverträgen mit Kreditgebern in Ausübung ihrer gewerblichen Tätigkeit besondere Regelungen
c) für den effektiven Jahreszins, dass Bearbeitungsgebühren nicht enthalten sein müssen
d) gesondert nur die Vorgaben der Preisangabenverordnung (PangV)

2 Punkte

■ **Teil B Grundlagenwissen:**

(32) Wie kann die Gläubiger-Schuldner-Beziehung zwischen Kreditnehmer und Kreditgeber noch **klassifiziert** werden? **Erläutern** Sie **kurz** die Besonderheiten, die sich aus der jeweiligen Position ergeben!

6 Punkte

(33) Beschreiben Sie **kurz**, wie ein Kreditinstitut mit Risiken (der Finanzierung) umgehen kann!

9 Punkte

(34) Erläutern Sie **drei** Maßnahmen zur Risikominimierung bei einzelnen Kreditengagements!

9 Punkte

(35) Erläutern Sie **drei** Maßnahmen zur Risikominimierung für die Gesamtbank!

9 Punkte

(36) Erläutern Sie **kurz drei** KWG-Vorschriften, die das Kreditgeschäft betreffen!

9 Punkte

(37) Stellen Sie die KWG-Vorschriften zu Großkrediten **dar** und **erläutern** Sie **kurz** die Zielsetzung der Regeln!

9 Punkte

(38) Stellen Sie die KWG-Vorschriften zu den Kreditnehmereinheiten dar! **Nennen** Sie **zwei Kriterien,** nach denen Kreditnehmereinheiten gebildet werden müssen!

6 Punkte

Lösungen zu Kapitel 4.2.2

■ Lösungsmuster zu Teil A: Multiple Choice

	a	b	c	d
182			x	
183	x			
184	x			
185				x
186			x	
187		x		
188	x			
189			x	
190			x	
191	x			
192				x
193			x	
194		x		
195	x			
196			x	
197				x
198			x	
199		x		
200		x		
201		x		
202				x

	a	b	c	d
203				x
204				x
205	x			
206	x			
207	x			
208			x	
209	x			
210		x		
211			x	
212			x	
213		x		
214	x			
215	x			
216	x			
217		x		
218			x	
219		x		
220				x
221	x			
222				x
223		x		
224		x		

■ Lösungsmuster zu Teil B: Grundlagenwissen

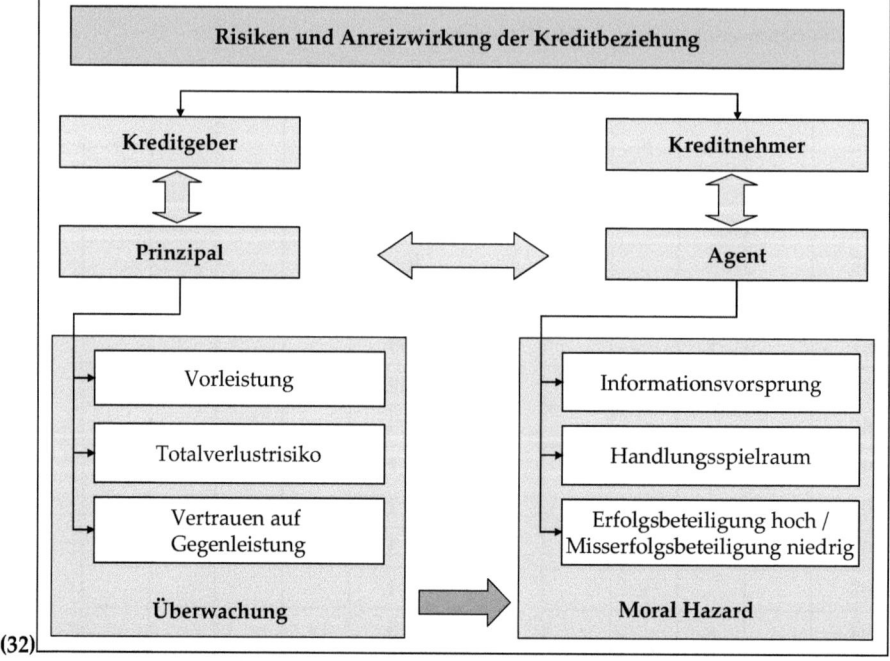

(32)

Die Vorleistung besteht in der Auszahlung des Finanzierungsbetrages und die erwartete Gegenleistung besteht aus Zins und Tilgung (Rückzahlung). Das zeitliche Auseinanderfallen der Vorleistung des Kreditgebers und der Gegenleistung des Kreditnehmers in Verbindung mit der asymmetrischen Unvollkommenheit am Finanzmarkt führt zum Entstehen einer **Prinzipal-Agent-Beziehung**. Der **Kreditgeber** ist der **Prinzipal**, der bezüglich der in der Zukunft liegenden Gegenleistung ein Risiko eingeht, welches er nicht mehr aktiv beeinflussen kann. Er kann auf die Handlungen des Kreditnehmers und die Ergebnisse dessen Handelns nicht oder nur sehr eingeschränkt einwirken. Der **Kreditnehmer** als **Agent**, der eine Leistung erhalten hat und bei dem nun die Erbringung der Gegenleistung liegt, kann aktiv gestalten. Diese Möglichkeit stellt für den Agenten eine moralische Verführung – „**Moral Hazard**" dar. Er hat einen Anreiz, riskantere Handlungsalternativen mit hoher Gewinnchance zu wählen, was aber nicht im Interesse seines Prinzipals liegt.

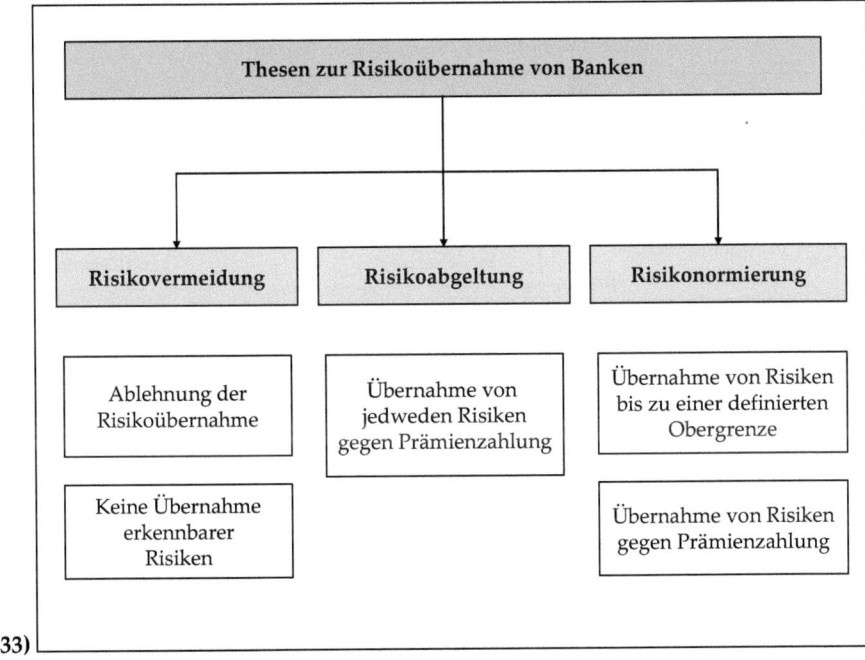

(33)

Generelle Voraussetzung für das Zustandekommen des Geschäfts ist, dass aus Gläubigersicht die Vorteile bei vollständiger Gegenleistung die Risiken der Gegenleistungserbringung überkompensieren. Ist dies nicht der Fall, so wird das **Risiko vermieden**, indem der Kreditgeber die Kooperation ablehnt. Dies kann pauschal, ohne Betrachtung des Einzelfalls erfolgen oder bei Vorliegen bzw. Erkennen bestimmter Risikoausprägungen (erkennbare Risiken).

Demgegenüber ist es theoretisch denkbar, gegen eine entsprechende Höhe der Gegenleistung (**Risikoabgeltung**) jedes erkennbare Risiko zu übernehmen. Dabei können für extrem hohe Risiken extrem hohe Risikoprämien entstehen, wenn sich für diese Preise noch ein Nachfrager findet. Rational ist es für Kreditgeber, **Risiken** derart zu **begrenzen**, dass eine absolute Obergrenze für die Übernahme von Risiken festgelegt wird und/oder gleichzeitig Preise für die Risikoübernahme definiert werden. Bei Überschreitung der Risikoobergrenze bzw. einer bestimmten Risikoprämie ergibt sich daraus die Notwendigkeit der **Risikovermeidung**.

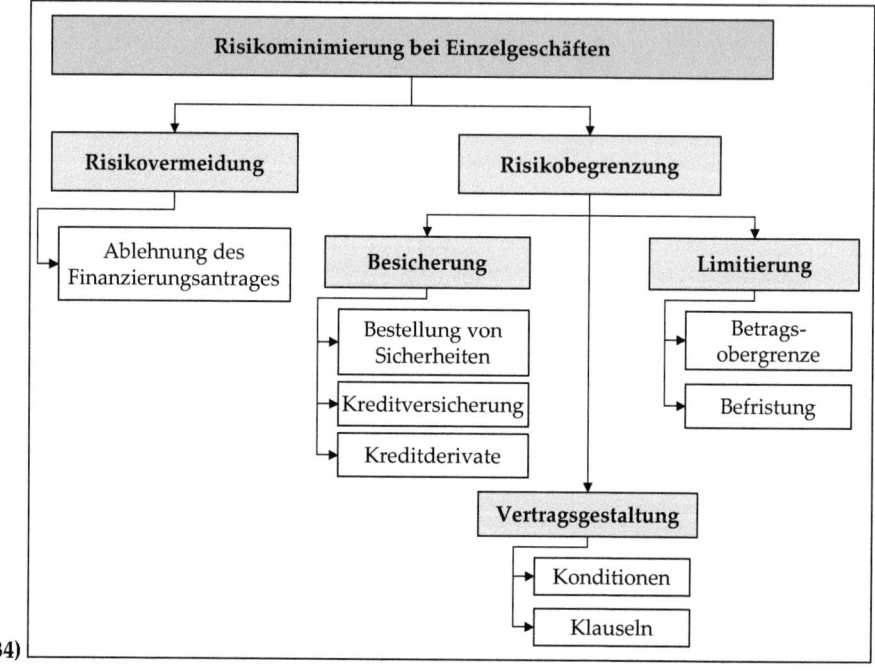

(34)

Die **Ablehnung** von Finanzierungsanträgen ist ein wichtiges Instrument, aber schließt gleichzeitig auch die Ertragsgewinnung aus Finanzierungsbeziehungen aus. Die **Begrenzung von Risiken** beinhaltet zum einen die **Limitierung** der Geschäfte und zum anderen die **Besicherung**. Zur Verringerung von sogenannten Klumpenrisiken, die entstehen, wenn eine große Kreditsumme ausfallbedroht ist, werden die Kredite im Betrag begrenzt. Neben den gesetzlichen Grenzen ziehen die Kreditgeber für jeden Kreditnehmer eine solche Grenze, die sich nach der Einschätzung der Vertragsbeziehung richtet. Außerdem ist die Gestaltung der Laufzeit ein Instrument der Risikobegrenzung. Kurze Laufzeiten erhöhen die Prognosequalität für die Finanzierungsbeziehung und senken so das Risiko. Als wichtigste Handlung zur Risikobegrenzung ist die Besicherung zu betrachten. Hier wird der Kreditnehmer an einem Verlust beteiligt, weil er für den Fall der Nichterbringung der Gegenleistung mit einem Vermögensgegenstand, der Sicherheit, haftet. Schließlich besteht für den Kreditgeber die Möglichkeit, sich gegen das Risiko zu versichern. Dabei wird das Risiko ganz oder teilweise durch Zahlung einer Prämie an den Versicherer übertragen. In der **Vertragsgestaltung** liegt eine weitere Möglichkeit, Risiken zu begrenzen. Einmal wird durch die Festlegung der Risikoprämie und anderer Entgelte die Kompensation der Risikoübernahme vereinbart, zum anderen kann durch Klauseln im Finanzierungsvertrag der Anreiz für den Kreditnehmer (Agenten) zur Erhöhung des Risikos beschränkt werden. Für diesen Zweck haben sich inzwischen standardisierte Vertragsklauseln, sogenannte Covenants, durchgesetzt.

124

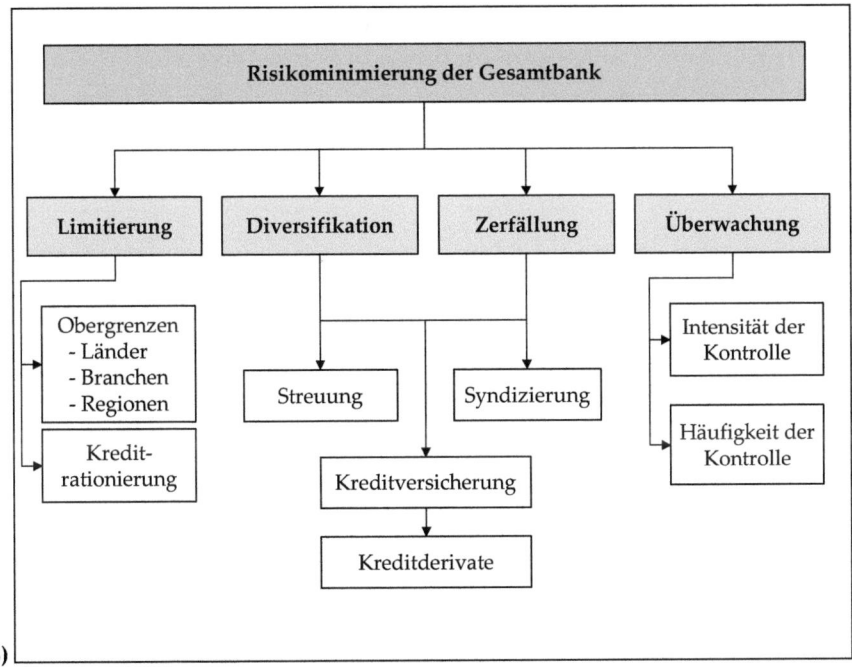

(35)

Von den folgenden Maßnahmen sind zur Beantwortung **drei** zu erläutern!

Für die Gesamtheit der Finanzierungsgeschäfte besteht zunächst wiederum die Notwendigkeit der **Risikolimitierung**. Hier ist ein genereller Stop für die Aufnahme von Finanzierungsgeschäften in Form einer **Kreditrationierung** als äußerstes Instrument denkbar. Die Rationierung kann, ebenso wie die Festlegung von **Obergrenzen**, auf Länder, Branchen oder Regionen bezogen sein. Ein weiteres wesentliches Instrument ist die **Kreditüberwachung**. Die Wahrscheinlichkeit der Erbringung der Gegenleistung und damit das Risiko muss stetig neu beurteilt werden. Dieser Prozess liegt im Eigeninteresse eines rational handelnden Kreditgebers, wird aber auch explizit durch das Gesetz (KWG) vorgeschrieben. Je nach Risikosituation kann die **Überwachung in engen/langen Zeitabständen** erfolgen und/oder die obligatorische/intensive Auswertung von aktuellen Unterlagen beinhalten bzw. ohne/mit Gesprächsführung verbunden sein. Weiterhin stehen dem Kreditgeber die Möglichkeiten der **Risikostreuung** und – verteilung zur Verfügung. Die **Diversifikation** beinhaltet eine möglichst hohe Zahl von Finanzierungsbeziehungen, deren Risiken nur wenig voneinander abhängen, also wenig korrelieren. Bei der **Syndizierung** wird durch die Einbeziehung weiterer Kreditgeber in eine Finanzierungsbeziehung das Risiko verteilt. Die **Versicherung** von Kreditportfolien sowie der Verkauf von Risiken an andere Marktteilnehmer stellen eine Mischung aus Diversifikation und **Zerfällung** dar, d.h. das Risiko wird hier sowohl gestreut als auch auf mehrere Risikonehmer verteilt.

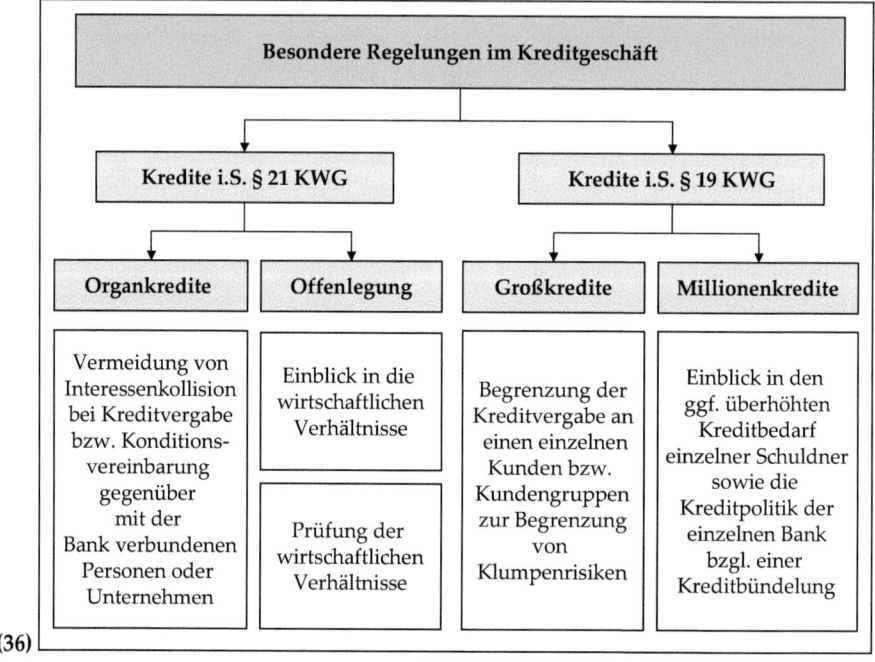

(36)

Von den folgenden Maßnahmen sind zur Beantwortung **drei** zu erläutern!

Um eine genaue Beurteilung bzw. eine Begrenzung des Risikos bereits im Vorfeld der Risikoübernahme zu gewährleisten, schreibt der Gesetzgeber nach **§ 18 KWG** eine **Offenlegungspflicht der wirtschaftlichen Verhältnisse** ab einer Betragsgröße von **750.000 €** fest. Dies ist zur Beurteilung der Kreditwürdigkeit notwendig und liefert die Grundlage für die Einschätzung der Kapitaldienstfähigkeit. Um hieraus entstehende Risiken zu vermeiden, verpflichtet das KWG die Kreditinstitute bei bestimmten Krediten und ab einem bestimmten Geschäftsvolumen zur Anforderung, Auswertung und Dokumentation der zur Beurteilung der wirtschaftlichen Verhältnisse notwendigen Unterlagen. Bei laufenden Geschäften ist eine mindestens **jährliche Überwachung** durch eine dokumentierte Auswertung der wirtschaftlichen Verhältnisse erforderlich.

Die Regelungen bezüglich einer **Organkreditvergabe (§§ 15;17 KWG)** sollen die Möglichkeit der Entscheidungsträger in Kreditinstituten einschränken bzw. unterbinden, Kredite an Personen oder Organe, die ihnen oder dem kreditgebenden Institut nahe stehen, zu vergeben. Hiermit soll eine **Interessenkollision**, die der Bank oder Sparkasse materiell schädlich werden kann, verhindert werden.

Zur Begrenzung der Bonitätsrisiken in der Höhe und um eine Risikostreuung zwischen verschiedenen Kreditnehmern zu erzeugen, schreibt der Gesetzgeber in **§ 13 KWG** eine Kontrolle und Begrenzung von Einzelkrediten in Bezug zum verfügbaren haftenden Eigenkapital (hEK) vor. Damit sollen sogenannte „Klumpenrisiken" aus der Vergabe von Großkrediten an einzelne Kunden begrenzt werden.

Für das Kreditgeschäft gelten noch die **Meldepflichten** des **§ 14 KWG**. Hiernach müssen **Millionenkredite** ab einer Größe von **1.500 000 €** der Bundesanstalt für Finanzdienstleistungsaufsicht gemeldet werden. Die Bankenaufsicht verspricht sich hierdurch eine transparente Risikoüberwachung von Großkreditnehmern und eine Begrenzung der Klumpenrisiken.

Durch den **§ 19 II KWG** soll für den Kreditbegriff des § 19 I KWG sichergestellt sein, dass miteinander verbundene Ausfallrisiken auch als eine **Risikoeinheit (Kreditnehmereinheit)** erfasst werden. Maßgebend für die Bildung von Risikoeinheiten soll eine hohe Wahrscheinlichkeit sein, dass finanzielle Schwierigkeiten des einen Zahlungsschwierigkeiten des anderen nach sich ziehen.

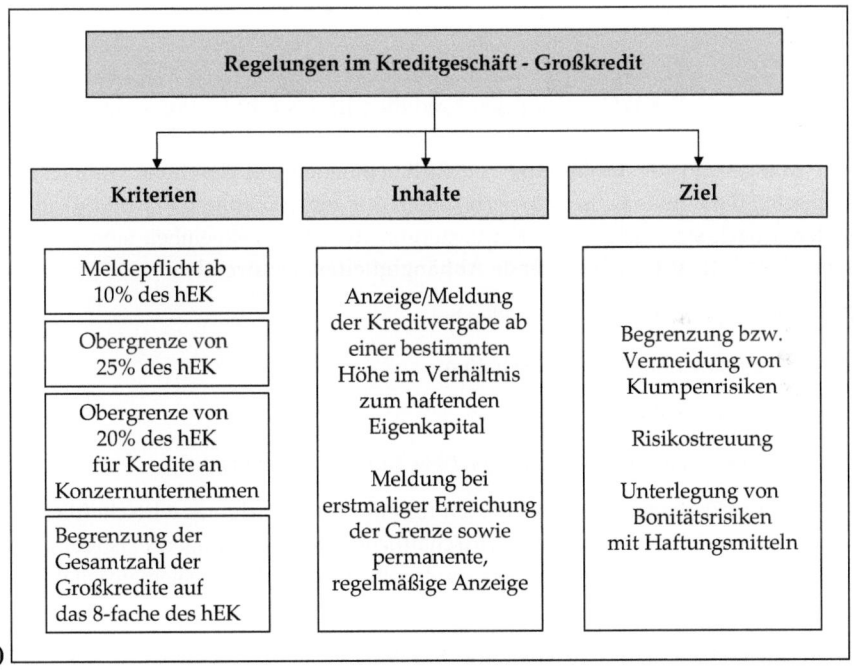

(37)

Zur **Begrenzung der Bonitätsrisiken** in der Höhe und um eine **Risikostreuung** zwischen verschiedenen Kreditnehmern zu erzeugen, schreibt der Gesetzgeber in § 13 KWG eine Kontrolle und Begrenzung von Einzelkrediten in Bezug zum verfügbaren haftenden Eigenkapital (hEK) vor. Damit sollen sogenannte „**Klumpenrisiken**" aus der Vergabe von Großkrediten an einzelne Kunden begrenzt werden. Kredite ab einer Größenordnung von 10% des hEK müssen daher der Bankenaufsicht gemeldet werden. Einzelne Großkredite dürfen eine Höhe von 25% des hEK nicht überschreiten. Kredite an verbundene Unternehmen sind sogar auf 20% des hEK begrenzt. Damit ist sichergestellt, dass der Totalausfall eines Großengagements nicht mehr als ein Viertel der Haftmasse verbrauchen kann. Durch die Meldepflicht ab einer deutlich niedrigen Schwelle wird in der Bandbreite von 10%-25% des hEK die Beobachtung von großen Krediten sichergestellt, ohne dass in die Geschäftspolitik der Banken eingegriffen wird. Zudem darf die Summe aller Großkredite einen Betrag des 8-fachen des hEK nicht übersteigen. Dies erzeugt den Zwang nicht nur großvolumige Kredite zu vergeben.

Das wichtigste Ziel ist die **Begrenzung** bzw. die Beobachtung der eingegangenen **Adressenausfallrisiken** und die Erzeugung einer **Mindestdiversifizierung** des Kreditportfolios. Speziell soll der existenzbedrohende Ausfall eines Großkreditnehmers durch die Limitierung der Kreditbeträge erreicht werden. Statt einer absoluten Obergrenze ist dieses Limit an die Haftmasse der Kreditinstitute gekoppelt. Auf diese Weise wird Marktversagen entgegen gewirkt, ohne direkt in den Markt einzugreifen.

(38)

Durch den **§ 19 II KWG** soll für den Kreditbegriff des § 19 I KWG sichergestellt sein, dass miteinander verbundene Ausfallrisiken auch als eine **Risikoeinheit** erfasst werden. Maßgebend für die Bildung von Risikoeinheiten soll eine hohe Wahrscheinlichkeit sein, dass finanzielle Schwierigkeiten des einen Zahlungsschwierigkeiten des anderen nach sich ziehen. Als Kernkriterium für eine Risikoeinheit sind ein **beherrschender Einfluss** bzw. bestehende **Abhängigkeiten** anzuwenden.

Diese sind regelmäßig zu unterstellen bei

- Personenhandelsgesellschaften,

- Mehrheitsbesitz,

- Gewinnabführungsverträgen bzw. Konzernzugehörigkeit.

- Bei Eheleuten müssen Indizien für ein gleichgerichtetes wirtschaftliches Interesse bzw. gemeinsame wirtschaftliche Unternehmungen existieren, um sie im Sinne des Paragraphen als Zweck- und Wirtschaftsgemeinschaft zusammen zu fassen.

Siehe auch „Neue Bankbetriebslehre" S. 159 ff.

4.2.3   Die Fremdmittelfinanzierung

Aufgaben zu Kapitel 4.2.3

▓ **Teil A: Multiple Choice**

(224)   Für die Fremdmittelfinanzierung gilt,

a) dass die Entstehung eines Gläubiger-Schuldner-Verhältnisses nur ausnahmsweise vermieden werden kann

b) dass es sich immer um einen individuellen Finanzierungsvertrag zwischen einem einzelnen Gläubiger (Kreditinstitut) und dem Schuldner handelt

c) dass der Kreditgeber durch Leistung des Nennbetrages (ggf. abzüglich eines Disagios) zum Gläubiger wird

d) dass der Schuldner einen Anspruch auf Rückzahlung (Tilgung) des Betrages und ein Entgelt (Zins) hat

2 Punkte

(225)   Ein Kredit ist ein Geschäft, bei dem

a) der Gläubiger eine Verbindlichkeit hat

b) die Risiken der Gegenleistungserbringung durch Sicherheiten ausgeschlossen werden

c) die Risiken der Gegenleistungserbringung durch die Vorteile der vollständigen Gegenleistung überkompensiert werden

d) der Schuldner über Zins und Tilgungsleistung sein Risiko vermindert

2 Punkte

(226)   Der Finanzierungshorizont

a) ist der Zeitraum, für den ein Kapitalnachfrager Geld aufnehmen möchte

b) ist der Zeitraum, für den ein Kapitalanbieter Geld anlegen möchte

c) ist die Laufzeit eines Wertpapiers

d) ist Ausdruck für das Risiko eines Kredits

2 Punkte

(227)   Bei den Krediten sind definiert

a) Geldleihgeschäfte, bei denen Bar- und Buchgeld zur Verfügung gestellt wird

b) Kreditleihgeschäfte, bei denen Buchgeld und Kreditwürdigkeit vergeben werden

129

c) Geldleihgeschäfte, bei denen bei planmäßigem Verlauf kein Liquiditätsabfluss erfolgt

d) Darlehen als befristete oder unbefristete Finanzierungen

2 Punkte

(228) Welche Aussage zu Kreditgeschäften ist richtig?

a) Geldleihgeschäfte umfassen alle Arten von Barkrediten und Avalen

b) Leasing, Factoring und Verbriefungen haben gemeinsam, dass sie liquide Mittel zur Deckung des Finanzierungsbedarfs erbringen

c) Verbriefung beinhaltet immer die Umwandlung von Forderungen/Krediten in handelbare Wertpapiere

d) Kreditkarten wirken als Geldsurrogate wie Kreditmittel

2 Punkte

(229) Welche Behauptung ist richtig?

a) Zu den kurzfristigen Krediten zählen die Kredite zur Liquiditätsbereitstellung

b) Eine Anleihe im Bankbestand ist definitorisch keine Fremdfinanzierung durch eine Bank

c) Kreditleihgeschäfte sind eher langfristige Finanzierungsinstrumente

d) Avale, also Bankbürgschaften oder Bankgarantien, sind grundsätzlich nicht unbefristet

2 Punkte

(230) Kurzfristige Finanzierungen sind

a) teilweise unbefristete Kredite und oft ungesichert

b) stets unbefristete Kredite, die in laufender Rechnung gewährt werden

c) ausschließlich Lieferantenkredite

d) niemals Kreditleihgeschäfte

2 Punkte

(231) Womit haftet eine Aktiengesellschaft ihren Gläubigern im Konkursfall?

a) mit den Aktien

b) mit dem Grundkapital

c) mit dem Reinvermögen

d) mit dem Bruttovermögen

2 Punkte

(232) Welche der folgenden Rechtsformen zählen zu den Kapitalgesellschaften?

a) Kommanditgesellschaft
b) GmbH & Co KG
c) AG
d) Genossenschaft
e) OHG

2 Punkte

(233) In welchen Rechtsformen steht die Leitungsbefugnis allen Gesellschaftern zu?

a) KG
b) Genossenschaft
c) AG
d) OHG
e) Stille Gesellschaft

2 Punkte

(234) Die Geschäftsführung einer AG erfolgt durch

a) den Aufsichtsrat
b) die Hauptversammlung
c) den Vorstand
d) die Mehrheitsaktionäre

2 Punkte

(235) Die Überwachung der Geschäftsführung einer AG erfolgt durch

a) den Aufsichtsrat
b) die Hauptversammlung
c) den Vorstand
d) die Mehrheitsaktionäre

2 Punkte

(236) Bei welchen Rechtsformen schreibt der Gesetzgeber ein Mindestnennkapital vor?

a) OHG
b) AG
c) Genossenschaft
d) KG

2 Punkte

131

(237)   Die GmbH & Co KG ist

a) eine Kapitalgesellschaft und fällt unter das GmbH-Gesetz
b) keine Kapitalgesellschaft, weil die GmbH der Kommanditist ist
c) eine Kapitalgesellschaft
d) keine der Antworten ist richtig

2 Punkte

(238)   Die GmbH & Co KG ist

a) eine Kapitalgesellschaft und fällt unter das GmbH-Gesetz
b) keine der Antworten ist richtig
c) eine Kapitalgesellschaft
d) eine quasi juristische Person des privaten Rechts

2 Punkte

(239)   Welche Aussage zu Kreditverträgen ist richtig?

a) Der Staat gewährt Kredite, u.a. wenn er Bürgschaften gewährt
b) Privatpersonen können untereinander keine rechtsgültigen Kreditverträge schließen
c) Die kurzfristige Kreditgewährung erfolgt nur durch Lieferanten
d) Kreditnehmer lassen sich nach rechtlichen Kriterien nur in natürliche Personen, und quasi-juristische Personen unterteilen

2 Punkte

(240)   Welche Kriterien sind bei der Kreditvergabe an Unternehmen nicht relevant?

a) Rechtsform
b) Haftungsverhältnisse
c) Geschäftsführung
d) Vertretungsbefugnisse
e) keine der Antworten ist richtig

2 Punkte

(241)   Welche Kriterien sind bei der Kreditvergabe an Private nicht relevant?

a) Einkommens- und Vermögensverhältnisse
b) Verbraucherschutzbestimmungen
c) Persönliche Zuverlässigkeit
d) Sonstige Zahlungsverpflichtungen
e) Ausbildung

2 Punkte

(242)   Die Eintragung der Gesellschaft

a) für Einzelunternehmungen ist grundsätzlich entbehrlich
b) erfolgt für juristische Personen des öffentlichen Rechts in Abteilung B
c) erfolgt für Kapitalgesellschaften in Abteilung B
d) erfolgt im Register beim Amtsgericht und genießt öffentlichen Glauben

2 Punkte

(243)   Der Konsortialkredit

a) gehört zum Kreditleihgeschäft
b) ist die gemeinsame Finanzierung eines Projektes/Objektes durch mehrere Fremdkapitalgeber
c) ist der Kredit einer Bank an ein Konsortium
d) keine der Antworten ist richtig

2 Punkte

(244)   Die Kreditvereinbarung

a) kann nicht aufgrund mündlicher Absprache zustande kommen
b) hat auch die AGB als Grundlage
c) muss die Art des Kredites definieren, aber nicht klären, ob der Kredit in laufender Rechnung gewährt wird
d) muss keinen Hinweis auf bestellte Sicherheiten enthalten, wenn ein separater Sicherungsvertrag besteht

2 Punkte

(245)   Bei einem Annuitätendarlehen

a) ist der Zins und die Tilgung konstant und in konstanten Raten zu leisten
b) wird mit jeder Rate der Tilgungsanteil kleiner und der Zinsanteil größer
c) ist der Kredit am Ende der Laufzeit durch die gleich bleibenden Zahlungen nicht vollständig zurückgeführt
d) kann es bei der ersten oder letzten Rate zu einer größeren oder kleineren Rate kommen, um eine vollständige Kreditrückführung zum Laufzeitende sicherzustellen

2 Punkte

(246)   Die Endfälligkeit einer Finanzierung

a) bedeutet, dass während der Laufzeit lediglich Zinszahlungen geleistet werden
b) beinhaltet, dass der Kreditbetrag und Zinsen in einer Summe am Ende der Laufzeit zurückgezahlt werden

133

c) besagt, dass zunächst eine geringe und konstante Tilgung gezahlt wird und der größere Teil am Ende der Laufzeit

d) beinhaltet einen gleich bleibenden, niedrigen Tilgungsbetrag und dafür die Zinszahlung am Ende der Laufzeit

2 Punkte

(247) Ein Kreditvertrag

a) im Privatkreditgeschäft erfordert keine Schriftform
b) kann auch aufgrund mündlicher Absprache zustande kommen
c) kann nicht durch schlüssige Handlung zustande kommen
d) erfordert generell die Schriftform

2 Punkte

(248) Im Kreditvertrag gehört nicht zu den Pflichtangaben:

a) Betrag
b) Sicherheiten
c) Art des Kredites
d) ob der Kredit in laufender Rechnung gewährt wird oder in einer Summe
e) Kreditgeber

2 Punkte

(249) Im Verbrauchergeschäft

a) müssen Kreditgewährungen nicht schriftlich bestätigt werden
b) gilt eine Kontoüberziehung und deren stillschweigende Duldung als gültiger Kreditvertrag
c) muss die Vergleichbarkeit von Kreditkonditionen gegeben sein
d) ist die Nominalzinsvereinbarung die Vergleichsbasis

2 Punkte

(250) Durch die Sammlung von Informationen über die Bonität

a) kann der Kreditgeber das Risiko der Kreditvergabe nicht klassifizieren
b) wird die Notwendigkeit von risikoreduzierenden Maßnahmen wie Vertragsklauseln und Sicherheiten deutlich
c) wird die zumutbare finanzielle Belastung ermittelt, die die Höchstgrenze für den zu leistenden Zinsdienst darstellt
d) erfüllen die Kreditinstitute ausschließlich gesetzliche Pflichten

2 Punkte

(251) Als Kriterien für die Bonität von privaten Kunden gelten

a) nicht die persönlichen Merkmale des Kunden
b) u.a. Zuverlässigkeit sowie die Nachhaltigkeit seiner Einkommenserzielung
c) nur Faktoren für die wirtschaftliche Leistungsfähigkeit des Kreditnehmers
d) als positiv bereits gewährte und noch nicht zurückgezahlte Kredite

2 Punkte

(252) Die Kreditwürdigkeit wird

a) bestimmt durch die Fähigkeit und den Willen des Schuldners die Gegenleistung zu erbringen
b) eindeutig bestimmt durch die wirtschaftliche Kreditwürdigkeit
c) durch die Gesetzgebung definiert
d) von den Bankmitarbeitern je nach Attraktivität des Geschäfts beurteilt

2 Punkte

(253) Bei der Abwicklung von Krediten

a) muss das Kreditinstitut immer den Kreditbetrag als Liquidität auszahlen
b) muss das Kreditinstitut den Betrag auf einem Konto bereitstellen
c) obliegt die Überwachung der Zahlungsströme dem Kreditnehmer
d) in laufender Rechnung ist nicht für die eventuelle Inanspruchnahme vorzusorgen

2 Punkte

(254) Bei der Kreditvergabe

a) wird bei dem Geldleihgeschäft nur Buchgeld zur Verfügung gestellt
b) sind Kreditleihen solche Geschäfte, bei denen Kreditwürdigkeit vergeben wird
c) im Rahmen von Kreditleihgeschäften ist keine Bonitätsprüfung erforderlich
d) sind Geldleihgeschäfte nur sinnvoll, wenn Kreditleihgeschäfte nicht möglich sind

2 Punkte

(255) Der Kredit in laufender Rechnung

a) dient einem konkreten, in der Höhe bekannten Finanzbedarf
b) wird wiederholt und in unterschiedlicher Höhe in Anspruch genommen
c) beinhaltet mit Vertragsabschluss determinierte Zahlungsflüsse, einschließlich Zins und Tilgung
d) wird in regelmäßigen Abständen durch Verrechnung der Salden bzw. der gegenseitigen Zahlungsansprüche abgerechnet

2 Punkte

135

(256) Beim Kredit in laufender Rechnung

a) werden in unregelmäßigen Zeitabschnitten durch Verrechnung des Überschusses die beiderseitigen Ansprüche festgestellt
b) wird das Geld auf dem dazugehörigen Darlehenskonto zur Verfügung gestellt
c) wird eine Kreditlinie eingeräumt, die die Obergrenze der Kreditmittel darstellt
d) werden Gutschriften als Kredittilgung behandelt

2 Punkte

(257) Bei den Krediten in laufender Rechnung

a) wird von Kontokorrent gesprochen werden, wenn der Kredit einem Verbraucher gewährt wird
b) wird auch von unbefristeten Krediten gesprochen
c) muss der Kreditnehmer während der Kreditlaufzeit nicht über jede Änderung des Zinssatzes unterrichtet werden
d) kann das Kreditlimit nicht jederzeit wieder neu ausgeschöpft werden

2 Punkte

■ **Teil B: Grundlagenwissen**

(39) Prüfen Sie, für welche Kreditarten die folgenden Kennzeichnungen zutreffen:

1) Kontokorrentkredit

2) Diskontkredit

3) Darlehen

    a)   Der Kreditbetrag wird in einer Summe als Bar- oder Buchgeld zur Verfügung gestellt

    b)   Die Rückzahlung erfolgt meist in festgelegten Teilbeträgen

    c)   Das Risiko ist für das KI relativ gering, da mehrere Verpflichtete als Gesamtschuldner haften

    d)   Der Kredit kann durch Verfügungen bis zur vereinbarten Kreditgrenze in Anspruch genommen werden

    e)   Der Kreditnehmer wandelt später fällige, verbriefte Forderungen in sofort verfügbares Kontoguthaben um

    f)   Zwischenzeitliche Rückführungen des Kredits durch Gutschriften gelten nicht als Tilgungen

6 Punkte

(40) Klassifizieren Sie die Fremdfinanzierung von Kreditinstituten in **drei** Arten und **nennen jeweils ein Beispiel!**

6 Punkte

(41) Nennen Sie die Möglichkeiten der Rückzahlungsvereinbarungen von Krediten und **erläutern** Sie **zwei** davon!

6 Punkte

(42) Erläutern Sie **drei** Möglichkeiten der Verzinsung von Krediten, die von einem konstanten Festzins abweichen!

6 Punkte

(43) Strukturieren Sie den Prozess der Kreditvergabe und **erläutern** Sie **kurz** wesentliche Teile dieses Prozesses!

9 Punkte

Lösungen zu Kapitel 4.2.3

■ Lösungsmuster zu Teil A: Multiple Choice

	a	b	c	d	e
225			x		
226			x		
227	x				
228	x				
229				x	
230	x				
231	x				
232				x	
233			x		
234				x	
235			x		
236	x				
237		x			
238				x	
239				x	
240	x				
241					x

	a	b	c	d	e
242					x
243			x		
244		x			
245		x			
246				x	
247	x				
248		x			
249		x			
250			x		
251		x			
252		x			
253	x				
254		x			
255		x			
256		x			
257			x		
258		x			

■ **Lösungsmuster zu Teil B: Grundlagenwissen**

(39)

1) Kontokorrentkredit=> d); f)

2) Diskontkredit => a); c); e)

3) Darlehen => b);

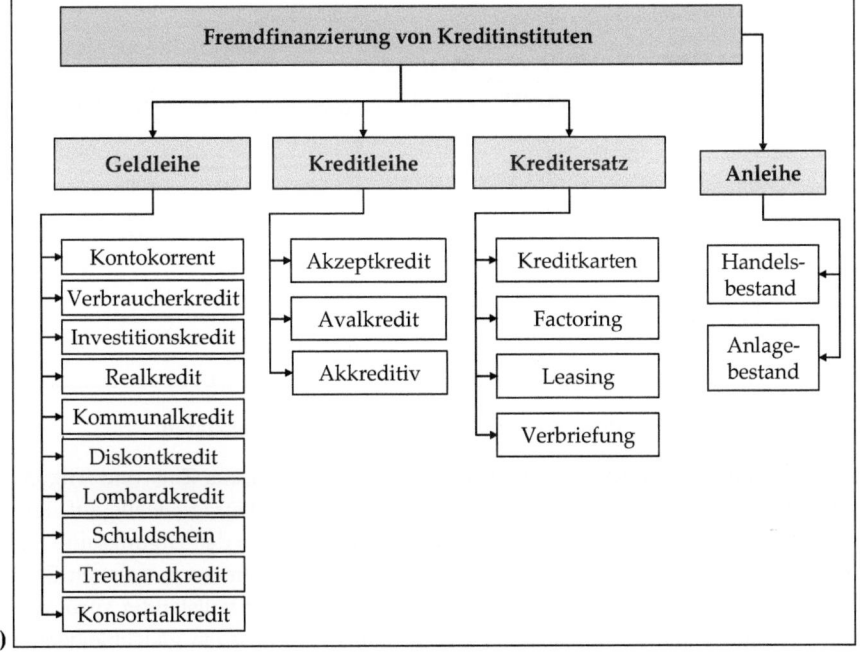

(40)

Bei der klassischen Kreditvergabe wird zwischen den **Geldleihgeschäften**, bei denen Bar- und Buchgeld zur Verfügung gestellt wird, und den **Kreditleihgeschäften**, bei denen Kreditwürdigkeit vergeben wird, unterschieden. Die Geldleihgeschäfte umfassen alle Arten von Barkrediten (z.B. **Kontokorrent, Konsumkredit, Investitionskredit** ...) sowie die Diskontkredite. Die Kreditleihgeschäfte, die für den Kreditgeber bei planmäßigem Verlauf keinen Liquiditätsabfluss bedeuten, sind **Akzeptkredite, Akkreditive** und **Avale (Bürgschaft, Garantie)**. Von **Kreditersatzgeschäften** sprechen Banken, wenn zwar der Finanzierungsbedarf eines Kapitalnachfragers gedeckt wird, dazu aber kein klassischer Kreditvertrag geschlossen wird. **Leasing, Factoring und Verbriefungen** haben gemeinsam, dass sie liquide Mittel zur Deckung des Finanzierungsbedarfs erbringen bzw. sparen, ohne dass dazu Kredite aufgenommen werden müssen.

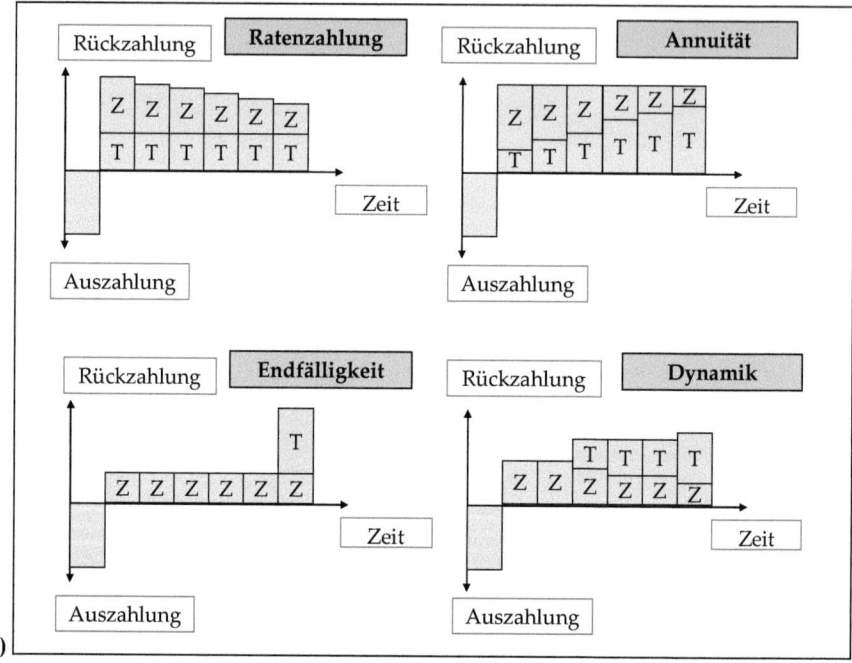

(41)

Es sind alle vier Varianten zu nennen und zwei davon zu erklären!

Bei der **Annuität** erfolgt die Kreditrückzahlung, die sich aus Zins und Tilgung zusammensetzt, in konstanten Raten. Da sich der Tilgungsbetrag jeweils auf die Restschuld bezieht, wird bei dieser Konstruktion mit jeder Rate der Tilgungsanteil größer und der Zinsanteil kleiner. Die Höhe der Raten wird so bemessen, dass am Ende der Laufzeit durch die gleichbleibenden Zahlungen der Kredit vollständig zurückgeführt ist. Alternativ kann die Rückzahlung so gestaltet sein, dass ein gleichbleibender Tilgungsbetrag vereinbart ist und die Zinszahlungen über die Laufzeit sinken, weil der Zinsbetrag sich jeweils auf die Restkreditsumme bezieht. Bei diesem Modell wird von **Ratenzahlung** gesprochen. Bei der **Endfälligkeit** werden während der Laufzeit lediglich Zinszahlungen geleistet und der Kreditbetrag wird in einer Summe am Ende der Laufzeit zurückgezahlt. Im Gegensatz dazu wird bei einer **dynamisierten Belastung** zunächst eine geringe Tilgung oder tilgungsfreie Zeit vereinbart. Die Tilgung setzt dann während der Laufzeit ein oder wird während der Laufzeit erhöht.

(42)

In der Verzinsung lassen sich viele Varianten abgrenzen. Durch Diskontierung (Abzinsung) kann das Entgelt vom (Brutto-) Kreditbetrag abgezogen werden. Dabei wird der Netto-Kreditbetrag ausgezahlt und der Brutto-Kreditbetrag zurückgezahlt. Die wesentlichste Unterscheidung der Fremdfinanzierungen erfolgt in **festverzinsliche** und **variabel verzinsliche** Finanzierungen. Die Festzinsvereinbarung kann bei einem

Kombi-Zins so variiert werden, dass Jahren ohne Zinszahlungen Jahre mit einem entsprechend höheren Zinssatz folgen. Bei der **Step-Up-Verzinsung** steigt der fest vereinbarte Zins zu bestimmten Zeitpunkten (bspw. nach 2 und 4 Jahren bei 6 Jahren Laufzeit).

Eine **variable Verzinsung** ist in der Regel derart an die Entwicklung eines Referenzzinses (z.B. EURIBOR) geknüpft, dass der Kreditnehmer je nach Bonität den **Referenzzins** + X zahlt. Die Anpassung erfolgt dabei zu vorher festgelegten Zeitpunkten (bspw. viertel- oder halbjährlich). Zusätzlich lassen sich Derivate mit dem Kredit verknüpfen, so dass die Zinszahlungen nach oben (Cap) oder unten (Floor) bzw. sowohl als auch (Collar) begrenzt sind. Der **Floor-Floater** garantiert einen Mindestzins der variablen Verzinsung. Entsprechend begrenzt der **Cap-Floater** den variablen Zins nach oben und der **Collared-Floater** gewährt eine variable Verzinsung innerhalb einer bestimmten Bandbreite. Der **Reverse-Floater** garantiert die Differenz zwischen einem vereinbarten Festsatz und einem Referenzzins (z.B. 15% - 3-Monats-EURIBOR). Alle Formen der variablen Verzinsung basieren auf unterschiedlichen Zinserwartungen der Marktteilnehmer bzw. der Absicht über eine stabile Zinskalkulation verfügen zu können.

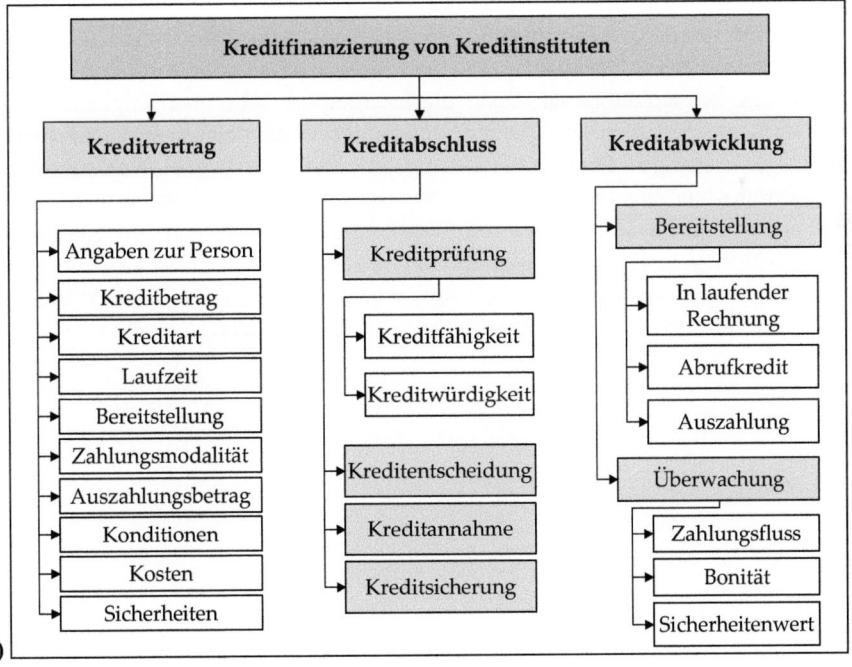

(43)

Der Prozess der Kreditvergabe kann unterteilt werden in die Gestaltung des **Kreditvertrags**, den **Kreditabschluss**, bei dem wiederum Kreditprüfung und Kreditentscheidung unterscheidbar sind, sowie in die **Kreditabwicklung**. Die Abwicklung kann in Bereitstellung und Überwachung differenziert werden.

Im **Kreditvertrag** sind alle **Modalitäten der Kreditgewährung** sowie der **Kreditgeber** und **Kreditnehmer** zu nennen. Zu den Modalitäten zählen der geliehene Betrag sowie die Laufzeit (kann auch unbefristet sein). Darüber hinaus ist die **Art des Kredites** zu definieren und zu klären, ob der Kredit in laufender Rechnung gewährt wird, in einer Summe oder in Teilzahlungssummen zur Verfügung gestellt. Kreditinstitute wählen üblicherweise generell die Schriftform bei einem Kreditvertrag. In gleicher Weise müssen die **Rückzahlungsmodalitäten**, das heißt die Fälligkeit von Zinsen und Tilgung, Bestandteil des Kreditvertrages sein. Vor allem muss vertraglich geregelt sein, welche Kosten dem Kreditnehmer entstehen und zu welchen Zinsen der Kredit gewährt wird.

Durch die Sammlung von Informationen über die **Bonität** (Kreditwürdigkeit) des Kreditnehmers kann der Kreditgeber das **Risiko der Kreditvergabe klassifizieren** und gegebenenfalls die Übernahme ablehnen. Nach der Kreditprüfung wird die **Kreditentscheidung** getroffen. Bei einer Kreditgenehmigung, gegebenenfalls auch unter **Auflagen**, muss der Kreditnehmer das Kreditangebot annehmen, damit es zum Kreditgeschäft kommt.

Je nach Vereinbarung muss das Kreditinstitut den Kreditbetrag als Liquidität auszahlen oder auf einem Konto bereitstellen. Bei der Bereitstellung muss der Kreditgeber die Liquidität in Reserve halten. Für den Kreditgeber ist nach der **Auszahlung** bzw. Bereitstellung des Kreditbetrages zwar die Leistung erbracht, aber aufgrund der noch offenen Gegenleistung ergibt sich die Notwendigkeit, die **vertragsgemäße Erbringung der Gegenleistung zu überprüfen.** Dazu gehört einerseits die **Überwachung der Zahlungsströme** aus Zins und Tilgung, andererseits die Beobachtung, ob der Kreditnehmer auch zukünftig in der Lage sein wird, die Vertragspflichten zu erfüllen. Da die Sicherheiten ersatzweise herangezogen werden, um bei mangelnder Gegenleistung die Kreditforderung des Gläubigers befriedigen zu können, muss auch die **Wertentwicklung** und **Verfügbarkeit der Sicherheiten** kontrolliert werden.

4.2.3.1 Klassische Kreditgeschäfte

Aufgaben zu Kapitel 4.2.3.1

▓ **Teil A: Multiple Choice**

(258) Welche Aussage zu Kontokorrentkrediten ist nicht richtig?

a) Durch einen Kontokorrentkredit erhöht sich der Liquiditätsspielraum bei größeren Ausgaben bzw. gehäuften Zahlungsverpflichtungen
b) Verwendungszwecke können die Finanzierung von Betriebsmitteln und Anlagevermögen sein
c) Umsatzschwankungen können durch eine unbefristete Kreditlinie kurzfristig ausgeglichen werden
d) Kontokorrentkredite können Saisonkredite oder Zwischenkredite zur Vorfinanzierung langfristiger Darlehen sein

2 Punkte

(259) Welches Kontokorrentangebot nehmen Sie an, wenn Sie die Linie zu 50% nutzen wollen?

	Nettozins p.a.	Provision p.a. auf das Limit	Provision p.a. auf nicht in Anspruch genommene Linie	Provision auf höchste Inanspruchnahme
	a)	**b)**	**c)**	**d)**
Sollzins	8,00%	5,00%	5,00%	5,00%
Provision	0,00%	2,00%	2,00%	3,00%
Abrechnung	quartalsweise	jährlich	jährlich	jährlich

a)
b)
c)
d)

2 Punkte

(260) Der Kontokorrentkredit

a) fällt z.T. unter das Verbraucherkreditgesetz
b) ist im HGB geregelt
c) ist im BGB geregelt
d) ist gesetzlich nicht explizit geregelt

2 Punkte

(261)   Ein Kredit in laufender Rechnung

a) unterliegt den gleichen Rechtsgrundlagen wie ein Darlehen.
b) kann wiederholt aber immer in gleicher Höhe in Anspruch genommen werden
c) wird wegen des zu hohen Aufwandes der Besicherung immer blanko gewährt
d) ermöglicht die Berechnung von Zinseszinsen

2 Punkte

(262)   Herr T möchte eine Heimkino-Anlage mit 7.500 € finanziert haben. Er verdient 1.900 € und nach Abzug seiner durchschnittlichen Ausgaben verbleiben 200 €. (Bearbeitungsgebühr 2%, monatlicher Zins 0,45%) Welche Aussage trifft zu?

a) Herr T. kann den Kredit in 7 Jahren nicht zurückzahlen
b) Der Kreditbetrag ist für eine Konsumfinanzierung bei 200 € Kapitaldienst zu hoch
c) Herr T. hätte eine monatliche Belastung von 160 € bei einer Laufzeit von 4 Jahren
d) Eine Kreditlaufzeit von 5 Jahren wäre angemessen

2 Punkte

(263)   Darlehen

a) werden grundsätzlich nicht ungesichert vergeben
b) sind selten am Finanzierungszweck orientiert
c) mit den längsten Laufzeiten werden bei Unternehmen für Maschinen gewährt, weil die Unternehmen im Normalfall unbegrenzt existieren
d) können keine variable Verzinsung haben

2 Punkte

(264)   Welche Aussage zu Darlehen ist richtig?

a) Kosten, die für Bearbeitung und Kreditabwicklung entstehen, werden immer durch eine Bearbeitungsgebühr abgedeckt
b) Kreditzinsen für Darlehen orientieren sich ausschließlich an den Kapitalmarktzinsen
c) Ein Bonitätsaufschlag wird zu Beginn der Laufzeit festgelegt und kann sich nicht ändern
d) Je länger die Kreditlaufzeit ist, desto höher wird der Kreditzins

2 Punkte

(265)   Die Unternehmensfinanzierung in Deutschland ist

a) stark von kurzfristigen Bankdarlehen geprägt
b) durch eine expansive Kreditvergabe der Banken gekennzeichnet

c) von hohen Gewinnmargen der Banken begleitet
d) zukünftig wahrscheinlich stärker kapitalmarktorientiert

2 Punkte

(266)   Bei Verbraucherdarlehen gilt:

a) Die Kreditprüfung bei Privatdarlehen erfolgt standardisiert nach einem sogenannten Ratingverfahren
b) Informationen werden nur entweder durch Selbstauskünfte oder durch Bankaus-
   künfte gesammelt
c) Die materielle Kreditwürdigkeit von Privatpersonen definiert sich durch den Beruf,
   die Zuverlässigkeit des Einkommens und die Sicherheit der Arbeit
d) Die materielle Kreditwürdigkeitsprüfung beinhaltet das bisherige Kontoverhalten

2 Punkte

(267)   Bei Darlehen an Unternehmen

a) sind Zins und Tilgung den Erträgen aus der Nutzung des Wirtschaftsgutes anzu-
   lehnen
b) steht die Analyse der zukünftigen Ertragsfähigkeit des zu finanzierenden Unternehmens im Mittelpunkt der Kreditprüfung
c) spielen die rechtsformabhängigen Haftungsverhältnisse keine Rolle
d) werden das Informationsverhalten und das Kontoverhalten kaum berücksichtigt

2 Punkte

(268)   Bei der Ratingbeurteilung sind Controlling und Finanzplanung des Kredit-
           nehmers

a) bei den quantitativen Kriterien einzuordnen
b) wichtige qualitative Kriterien
c) von den Vergangenheitsdaten unabhängig
d) aufsichtsrechtlich notwendige Unterlagen für die Bank

2 Punkte

(269)   Zu den qualitativen Kriterien der Kreditprüfung gehören nicht:

a) Qualifikation und die Führungsqualitäten des Managements
b) Unternehmenshierarchie und Organisationsstruktur
c) Qualität der Unternehmensplanung
d) Kontendaten der Vergangenheit

2 Punkte

145

(270)   Bei der Bonitätsprüfung

a) verwendete Kennzahlen sollen ausschließlich finanzielle Aspekte der Unternehmung abbilden
b) gehören regelmäßig Cash Flow und Rentabilitätskennzahlen zu den Liquiditätskennzahlen
c) wird die Kapitalstruktur u.a. durch den statischen Verschuldungsgrad abgebildet
d) fällt die Aussagekraft in Relation zu den Zahlen der Konkurrenz und zur gesamtwirtschaftlichen Entwicklung

2 Punkte

(271)   Die Finanzierungsentscheidung eines Kreditgebers wird **vor allem** mitbestimmt

a) durch die Laufzeit
b) durch die erwarteten Cash Flows
c) die Planungsunterlagen
d) die Qualität der Hausbankbeziehung

2 Punkte

(272)   Welche Aussage für dieses Beispiel ist richtig?

Beispiel Lieferantenkredit vs Kontokorrent			
Ausgangsdaten			Lösung
Forderungssumme:	100.000,00 EUR		
Kreditsumme	98.000,00 EUR		
Skonto:	2,00%	Skontobetrag	
Zahlungsziel in Tagen:	60	Jahreszins Lieferantenkredit	
Skontofrist in Tagen:	7	Differenz	
Zinstage:	360	**Gesamtzahlung**	
KK-Sollzins:	12,00%	Zinsbetrag	
KK-Überziehungszins:	14,00%	Zinsbetrag bei 100% Überziehung	

a) Der Lieferantenkredit ist günstiger als der Kontokorrentkredit
b) Der Kontokorrentkredit ist günstiger als der Lieferantenkredit
c) Der Kontokorrentkredit ist auch bei 100% Überziehung noch günstiger
d) Der Lieferantenkredit hat einen effektiven Jahreszins von weniger als 12%

2 Punkte

(273) Finanzierungsgegenstand bei Baukrediten sind nicht

a) Kauf oder Bau einer Gewerbeimmobilie
b) Wesentliche Bestandteile eines Grundstückes
c) Modernisierung eines Wohnhauses
d) Eigentumswohnungen
e) Wohnungsmieten

2 Punkte

(274) Grundbücher

a) werden beim Amtsgericht (Grundbuchamt) geführt
b) werden im Kataster beim Katasteramt geführt
c) genießen ausnahmslos öffentlichen Glauben
d) kann nicht jeder, der ein berechtigtes Interesse nachweist, einsehen

2 Punkte

(275) Das Grundbuch enthält

a) im Bestandsverzeichnis Wege- und Überbauungsrechte anderer Grundstücke
b) in Abteilung I die Eigentümer und die Veränderung der Eigentumsverhältnisse
c) in Abteilung II die Grundpfandrechte
d) in Abteilung III die Lasten und Beschränkungen

2 Punkte

(276) Zur Bewertung von Immobilien

a) wird beim Substanzwertverfahren versucht, eine Wertermittlung auf der Basis der zu erwartenden Mieteinnahmen der Immobilie durchzuführen
b) über das Ertragswertverfahren wird als zentrale Wertgröße der Bodenwert und der Bauwert zugrunde gelegt
c) wird der Verkehrswert aus dem nachhaltig zu erzielenden Ertrag ermittelt
d) darf die zugrunde gelegte Beleihungsgrenze nur dauernde Eigenschaften der Immobilie berücksichtigen und den Verkehrswert nicht übersteigen

2 Punkte

(277)   Bei Baudarlehen

a) sind die Ausstattung und das sozio-demographische Umfeld der Immobilie Element der Bewertung

b) gehören Grunderwerbsteuer, aber nicht Provisionen und Eintragungsgebühren zu den zu berücksichtigenden Nebenkosten

c) ist die notarielle Beurkundung des Kaufvertrags unter Verwandten 1. Grades entbehrlich

d) spielt die Verkehrsanbindung der Immobilie bei der Objektbeurteilung keine Rolle

2 Punkte

(278)   Als Kommunalkredit

a) werden alle Kredite an die öffentliche Hand bezeichnet

b) werden die mit der Wirtschaftskraft der Steuerzahler besicherten Kredite bezeichnet

c) werden oft Kredite zur Finanzierung von Infrastrukturmaßnahmen bezeichnet

d) werden kurzfristige Kredite an Gebietskörperschaften bezeichnet, die auch Kassenkredite genannt werden

2 Punkte

(279)   Sonderformen von Darlehen

a) können Förderdarlehen sein, die nicht direkt an die Kreditnehmer gewährt werden, sondern über die Hausbanken der Kreditnehmer

b) sind z.B. Durchleitungskredite, bei denen die Banken kein Risiko für den Kredit übernehmen

c) sind auch Treuhandkredite, für die die Hausbanken die Haftung übernehmen

d) sind Förderkredite, bei denen die kreditgebende Bank für die Durchleitung keine Zinsspanne erhält

2 Punkte

(280)   Konsortien

a) vergeben häufig Kredite an mehrere Kreditnehmer gleichzeitig

b) sind wirtschaftliche Zweckgemeinschaften, um einen speziellen Finanzierungsbedarf zu decken

c) werden grundsätzlich nach einheitlichen Vertragsgestaltungen gebildet

d) dienen bei kleinen Finanzierungsbeträgen der Verteilung des Kreditrisikos

2 Punkte

(281) Bei Projektfinanzierungen

a) wird das Kreditrisiko selten auf verschiedene Kreditgeber verteilt
b) tritt bei einem Innenkonsortium das gesamte Konsortium in vertragliche Beziehungen mit dem Kreditnehmer
c) sind als Beteiligte weiterhin Sponsoren als Eigenkapitalgeber, Versicherungen, Zulieferer und Abnehmer sowie gegebenenfalls Berater involviert
d) wird bei der Risikobeurteilung auf den Cash Flow und die Bonität der Sponsoren abgestellt

2 Punkte

(282) Welche Aussage zu Projektfinanzierungen ist richtig?

a) Projektfinanzierungen haben oft nationale Bedeutung und werden deshalb national finanziert
b) Der Cash Flow des Projekts muss ausschließlich für den Kapitaldienst verwendet werden
c) Hohe Cash Flows werden von der Projektgesellschaft (aufgrund vertraglicher Verpflichtungen) zunächst als Sicherheit für mögliche schwächere Ertragsjahre zurückbehalten
d) Die Bonität der Projektgesellschaft ist für das Projekt ausschlaggebend

2 Punkte

(283) Welche Aussage zu Schuldscheindarlehen ist richtig?

a) Schuldscheine sind Wertpapiere
b) Die Übertragung von Schuldscheinen erfolgt durch Abtretung (Zession)
c) Schuldscheine haben eine gute Bonität, aber keine Sicherheitsausstattung
d) Als Kreditgeber bzw. Anleger treten vornehmlich private Kapitalgeber auf

2 Punkte

(284) Welche Aussage ist richtig?

a) Der Schuldschein hat den Charakter einer Beweisurkunde und ist ein Wertpapier
b) Schuldscheindarlehen sind nur interessant für Kreditnehmer, die auch für den Kapitalmarkt groß genug sind
c) Als Kreditgeber bzw. Anleger treten vornehmlich institutionelle Kapitalgeber auf, so genannte Kapitalsammelstellen
d) Schuldscheindarlehen sind standardisiert und nicht individuell vereinbar

2 Punkte

(285)   Welche Aussage zu strukturierten Darlehen ist richtig?

a) Strukturierte Darlehen sind ungeeignet, wenn Kreditnehmer eigene Markterwartungen haben

b) Durch die Kombination eines klassischen Kredits mit einem Derivat entsteht eine so genannte strukturierte Finanzierung

c) Ein variabel verzinstes Darlehen mit einer festgelegten Zinsobergrenze zählt nicht zu strukturierten Finanzierungen

d) Ein Cap-Darlehen bietet die Chance, seine variable Finanzierung gegen steigende Zinsen abzusichern, zählt aber nicht zu den strukturierten Darlehen

2 Punkte

(286)   Welche Aussage zu Diskontdarlehen ist richtig?

a) Der Kreditgeber stellt die Kreditgewährung auf die Bonität des Wechselbegünstigten ab

b) Eine Besicherung des Kredites entfällt, da der Wechsel selbst als Sicherheit dient

c) Der Kreditgeber hat keine Forderung gegenüber dem Bezogenen des Wechsels

d) Der Wechselverkäufer erhält Bonität gegen den Wechsel

2 Punkte

(287)   Welche Aussage zu Lombardkrediten ist richtig?

a) Es sind Kredite gegen Faustpfänder, die marktgängige bewegliche Sachen oder Rechte sind

b) Der Kreditnehmer behält die Verfügungsgewalt über das Sicherungsgut

c) Die Beleihungsgrenze ist für alle Pfandgüter gleich

d) Der Forderungslombard ist die Verpfändung von Wertpapieren

2 Punkte

(288)   Der Akzeptkredit

a) gehört zu den Kreditleihgeschäften

b) gehört zu den Geldleihgeschäften

c) bietet dem Kunden mit dem Akzept ein gesetzlich anerkanntes Zahlungsmittel

d) von einer Bank ist qualitativ genauso wie ein eigener Wechsel

2 Punkte

(289)   Der Avalkredit

a) gehört zum Kreditleihgeschäft

b) ist der Ankauf von Wechseln

c) ist eine auf den Kunden abgegebene Bürgschaft

d) keine der Antworten ist richtig

2 Punkte

(290)   Der Avalkredit

a) ist die Bestellung einer Bürgschaft oder Garantie eines beliebigen Dritten zur Sicherung eines Bankdarlehens

b) wird in der Regel als ein einmaliges und in der Höhe fixiertes Geschäft geschlossen

c) ist ein bedingtes Zahlungsversprechen eines Kreditinstituts

d) stellt für den avalbegünstigten Dritten eine Forderung gegenüber dem Avalkreditgeber dar

2 Punkte

(291)   Welche Aussage zu Avalkrediten ist richtig?

a) Der Avalkreditnehmer ist der Schuldner der Hauptforderung gegenüber dem Dritten, aber nicht der Schuldner des Avals

b) Die Bürgschaft ist im BGB eindeutig geregelt

c) Der Avalkredit ist ein unbedingtes Zahlungsversprechen

d) Der Avalkredit wird i. d. R. als eine Rahmenvereinbarung revolvierend geschlossen

2 Punkte

(292)   Die Bankbürgschaft

a) ist nicht gebräuchlich zur Besicherung von Vorfinanzierungen oder Zwischenfinanzierungen

b) wird bei Versteigerungen von Immobilien als Sicherheitsleistung nicht anerkannt

c) erfordert vom Begünstigten der Bürgschaft sofortige Liquidität bereitzustellen

d) ermöglicht die Stundung von Zöllen und Steuern, wenn sie selbstschuldnerisch ist

2 Punkte

(293)   Die Garantie

a) ist im BGB eindeutig geregelt

b) wird als Bietungsgarantie bezeichnet, wenn Auftraggeber gegen Schäden aus einer nicht vertragsgemäßen Lieferung und Leistung des Leistungsschuldners geschützt werden sollen

c) ist ein abstraktes Zahlungsversprechen, das nicht das Bestehen einer Verbindlichkeit voraussetzt

d) ist international nicht gebräuchlich

2 Punkte

151

■ **Teil B: Grundlagenwissen**

(44) Welche Schritte gehören zu einer **Kreditwürdigkeitsprüfung** im Rahmen einer privaten Konsumfinanzierung?

6 Punkte

(45) Welche Schritte gehören zu einer **Kreditwürdigkeitsprüfung** im Rahmen einer Unternehmensfinanzierung?

6 Punkte

(46) Was verstehen Sie unter quantitativen Faktoren im Rahmen der Kreditwürdigkeitsprüfung bzw. des Ratings bei Unternehmenskunden? (Hinweis: **Definition** in **max. zwei** Sätzen) **Nennen** Sie **vier** mögliche quantitative Faktoren!

4 Punkte

(47) Grenzen Sie den Konsumkredit, Investitionskredit und den Baukredit voneinander **ab**!

9 Punkte

(48) Nennen Sie **Merkmale** eines Darlehens und **grenzen** es **eindeutig** von einem Kontokorrentkredit **ab**!

9 Punkte

(49) Nennen Sie **vier kurzfristige** Finanzierungsinstrumente und **erläutern** Sie **kurz zwei** davon!

6 Punkte

■ Teil C: Anwendungswissen

(17)

Der Unternehmer Ingo Innovator benötigt für die nächsten 18 Monate eine erhöhte Liquidität aufgrund von Investitionen und der Umstellung des Leistungsangebots. Das Unternehmen ist ein Einzelunternehmen. Es handelt sich um einen langjährigen Kunden mit guter Bonität. Sie sind sicher, dass er mit seiner Umstrukturierung mal wieder die Nase vorn haben wird.

Seit kurzem ist aber auffällig, dass der Kontokorrentrahmen nahezu ausgeschöpft ist und kaum noch zurückgeführt wird. Darüber hinaus wissen Sie, dass der Unternehmer seinen guten Kunden großzügige Zahlungsziele einräumt. Dies möchte er nicht ändern, weil das Firmenpolitik ist. Bei diesen Forderungen sind bisher praktisch keine Ausfälle zu verzeichnen.

Der Kunde hat bei Ihnen auch seine private Bankverbindung. Sein Privatgrundstück und seine Villa haben Sie finanziert. Das Anwesen ist mit der Hälfte des Beleihungswertes belastet. Die Tilgung und Zinszahlung der Baufinanzierung wurde immer pünktlich geleistet. Der Kredit hat eine Restlaufzeit von 30 Monaten. Sie sehen aus der Kontoführung, dass die privaten Entnahmen ihres Kunden aus dem Unternehmen (Unternehmereinkommen) in den letzten drei Monaten niedriger waren als zuvor. Das private Konto wird seitdem durchschnittlich Soll=Haben geführt mit einem Durchschnittsguthaben von 1.500 EUR. Außerdem führen Sie ein Depot des Kunden in beachtlicher Höhe, in dem sich Rentenpapiere und deutsche Blue Chips befinden.

a) Welche Finanzierungsmöglichkeiten würden Sie ihm vorschlagen? Erläutern Sie kurz zwei (zweckmäßige) Alternativen und begründen Ihre Empfehlung!
b) Nach welchen Kriterien wählen Sie allgemein und im speziellen Fall Kreditsicherheiten aus?

15 Punkte

(18)

Herr Brauser ist begnadeter Internetexperte und ein guter Kunde Ihres Hauses. Er ist als freier Informatikexperte tätig und ständig unterwegs. Er hat seit dem vorzeitigen Studienabschluss vor drei Jahren stets ein hohes, aber unregelmäßiges Einkommen erwirtschaftet. Nach eigener Aussage kann er sein System nur "booten", wenn er dabei die Aussicht auf anschließendes Snowboarden oder Surfen hat und nimmt daher nur attraktive Aufträge entgegen, die ihn nach der Arbeit an die besten Pisten bzw. Strände bringen. Sein Verständnis in Geldangelegenheiten ist unterentwickelt, weil auch seine Speicherkapazität begrenzt ist. Sie kennen den

Kunden gut und wissen, dass er trotz seiner chaotischen Einkommensverwendung und seines exzessiven Lebenswandels Ihren Rat in Geldfragen gern annimmt.

Sein gegenwärtig im Soll geführtes Girokonto wird überwiegend im Haben geführt. Gelegentlich schöpft Herr Brauser seinen Dispo bis zu 6.000 EUR aus, hat ihn bisher aber stets schnell zurückgeführt. In den letzten Monaten hat er für seine Verhältnisse eher wenig verdient und eher mehr ausgegeben. Wenn Herr Brauser mal zu Hause ist, wohnt er in seiner Eigentumswohnung, die er auf Ihre Empfehlung erworben hat und, die sie finanziert haben. Sie ist zu ca. 2/3 fremdfinanziert (von Ihrer Bank) und wurde vor 6 Monaten gekauft. Die Baufinanzierung ist entsprechend grundpfandrechtlich gesichert. In seiner Wohnung stört ihn die mangelnde "Hardware"-Ausstattung, weshalb er sich ein Multimedia-Wohnzimmer für ca. 10.000 oder 20.000 EUR einrichten will. Da er noch nicht weiß, wann er dazu kommt und in seinem "Betriebssystem" nicht noch einen Kredit "installieren" will, bittet er Sie, den Dispo um 15.000 EUR zu erhöhen. Er meint, dass er das locker wieder reinholt. Sein "abgestürztes" Depot möchte er nicht antasten, nachdem Sie ihm mit viel Mühe erklärt haben, warum er dafür vor einigen Monaten noch rund 50.000 EUR bekommen hätte, jetzt aber nicht mehr. Im weiteren Gespräch erfahren Sie, dass Sie für Lebenshaltung die durchschnittlichen Beträge ansetzen können, weil die hohen Ausgaben von Herrn Brauser auf seine Hobbys zurückzuführen sind. Über sein Konto bei uns werden alle seine Zahlungen abgewickelt, in den Umsätzen sind also seine Kreditraten als auch die Ausgaben für seine Hobbys enthalten.

Auszug Preisverzeichnis	
Nominalzinssatz Konsumkredit	0,55% p.m.
Bearbeitungsgebühr	2%
Disposatz	11,5 % p.a.

(bezogen auf den Bruttokreditbetrag)

Aus der bisherigen Kundenbeziehung entnehmen Sie folgende Informationen:

Girokonto	in EUR
Kontostand:	-1.240
Habenumsätze der letzten drei Monate	34.532
Sollumsätze der letzten drei Monate	37.201
Dispo	12.000

Vermögen	in EUR
Depot	
Verkaufswert per 31.12.2006	25.444
Eigentumswohnung	
Betrag per 31.12.2006	450.000

a) Schlagen Sie Herrn Brauser als Alternative einen standardisierten Privatkredit vor! Geben Sie ihm dabei eine angemessene Kreditsumme und Laufzeit vor und errechnen dafür seine monatliche Belastung und den Rückzahlungsbetrag (Kreditsumme, Kosten und Zinsen)! Zeigen Sie Herrn Brauser kalkulatorisch, was eine erhöhte Dispoausnutzung (Hinweis: eine realistische Kalkulation bedeutet eine deutlich kürzere Laufzeit gegenüber dem Privatkredit) für höhere Kosten erbringt bzw. wo Vorteile liegen!

b) Entscheiden Sie sich für den Privatkredit, die Dispoerhöhung oder eine Ablehnung des Kreditwunsches und begründen Sie dies!

c) Herr Brauser sagt Ihnen, dass er eine 100% kompatible Maus gefunden hat, die er demnächst heiraten will und die dann Ordnung in seine Geldangelegenheiten bringt (gemeinsame Kontoführung). Sie ist Kundin bei Ihnen mit einem regelmäßigen Einkommen. Eine Liquiditätsrechnung ergibt für sie eine monatliche Belastbarkeit von ca. 600 EUR. Beeinflusst dies Ihre Kreditentscheidung bezüglich Herrn Brauser? Begründen Sie!

d) Nennen Sie zwei Dinge auf die Sie Herrn Brauser aufgrund gesetzlicher Vorschriften hinweisen müssen!

(19)

Der mittelständische Unternehmer Pit Platsch, für Freunde P, hat mit seiner Cousine Kathrinchen Schnatter, kurz S, nach der Wende (1991) eine inzwischen gut gehende Spielzeugfabrik im Erzgebirge gegründet, die Märchenwald KGaA, deren Komplementäre und Geschäftsführer die beiden sind. Die Unternehmung ist spezialisiert auf Märchenfiguren. Die Aktionäre sind die einheimischen Angestellten und Freunde von P. und S., von denen ist St. Ruppi mit 75% der Hauptaktionär. Die Figuren der Fabrik sind sehr beliebt. In den ersten Jahren nach der Gründung war die Nachfrage nach den Figuren eher schwach ausgeprägt. Seit Ende der 90er hat das Unternehmen ein jährliches Umsatzwachstum von 10%. Insbesondere Herr Luchs und Frau L. Star sind die Verkaufsschlager. Der Renditebringer ist aber der „Kiesmann", der seit Jahren die Kinder ins Bett bringt. Neben dem Firmengelände gibt es die „Märchenwald-Erlebnispark GmbH", an der „P" doppelt so viele Anteile hält wie „S". Geschäftsführer und Minderheitsgesellschafter mit 10% ist Meister Nadel Ohr. P. und S. haben außerdem eine Filmproduktionsfirma, weil ihre Figuren auch regelmäßig im Fernsehen auftreten. Die Redakteure des Fernsehsenders sind die (Minderheits-)Kommanditisten der GmbH & Co KG, die eine 100% Tochter der „Märchenwald-Erlebnispark GmbH" ist. In der Buchstadt Leipzig betreiben P. und S. gemeinsam einen Kinderbuchladen in der City. Außerdem hat P (50%) gerade mit seinem russischen Schulfreund Mischka (50%) eine GmbH für die Herstellung und den Vertrieb russischer Märchenpuppen gegründet, die noch nicht eingetragen ist. Leider laufen in diesem Jahr die Fördermittel aus und ein Darlehensgeber verlangt sofortige Tilgung, weil die Eigenkapitalquote unter die schriftlich vereinbarten 20% gesunken ist. Als Hausbank wissen wir, dass dies an hohen fremdfinanzierten Investitionen liegt, deren Rückflüsse verstärkt erst ab 2007 zu erwarten sind. Daher trifft unsere Kunden diese Nachricht zu einem ungünstigen Zeitpunkt. Der Großvater von P. und S. will seinen Enkeln gern helfen. Er hat ein unbelastetes Grundstück in Potsdam-Babelsberg, direkt neben einem Herrn Gunter J., den er eigentlich nur aus dem Fernsehen kennt. Außerdem haben P. und S. in den letzten Jahren immer die hohen Gewinne an die Aktionäre ausgeschüttet, weil sie sich bei ihren Freunden dankbar zeigen wollten. Dadurch ist das Eigenkapital nicht mit den Schulden gestiegen. Selbst haben die zwei vor lauter Freude an der Arbeit den Großteil ihrer bescheidenen Einkünfte gespart und in Bankschuldverschreibungen bei uns investiert. Die Fabrik hat nun einerseits einen Liquiditätsengpass, wodurch auch die KK-Linie zur Zeit fast ausgeschöpft ist und andererseits fehlt langfristiges Kapital, wegen des gekündigten Darlehens.

Die KK-Linie der KGaA liegt bei 200.000 EUR und ist gegenwärtig mit 150.000 EUR genutzt. Außerdem haben wir der KGaA Hausbankdarlehen in einer Höhe von 1.500.000 EUR eingeräumt. Der Erlebnispark steht bei uns mit einem KKK von 50.000 EUR und einem Betriebsmittelkredit in Höhe von 150.000 EUR in den Büchern. Der gekündigte Kredit für die Fabrik beträgt noch 350.000 EUR. Die Bankschuldverschreibungen von P. und S. haben einen Wert von jeweils 25.000 EUR. Die GmbH von P und M hat einen bewilligten Kreditantrag von 20.000 EUR.

Der Kundenbetreuer von P. und S. hat auf die Vorlage geschrieben, dass wir selbst bei einer Vollfinanzierung im Haus weit weniger als 2% unseres Eigenkapitals an P.

und S. ausgeliehen hätten und deshalb kein Klumpenrisiko zu erkennen ist. Außerdem hat er am Rand notiert, dass einer unserer Vorstände im Kontrollgremium der KGaA sitzt.

a) Bilden Sie Kreditnehmereinheiten und ordnen Sie die Verbindlichkeiten zu! Achten Sie auf aufsichtsrechtliche Konsequenzen! (9 P)

b) Unterbreiten Sie sinnvolle Vorschläge zur Lösung der finanziellen Probleme von P. und S. Erläutern Sie dabei ausführlich die Vor- und Nachteile Ihrer Vorschläge! (9 P)

c) Hat der Kollege aus dem Marktbereich mit seiner Bemerkung bzgl. des Klumpenrisikos Recht? (2 P)

d) Wie hoch wäre der gewichtete Kapitalkostensatz, wenn nach Ihren Vorschlägen 25% EK mit einer Rendite von 20% und FK mit einer Zinsbelastung von 10% zur Finanzierung verwendet würden? (2 P)

25 Punkte

(20)

P. und S. beziehen außerdem seit kurzem von Ihren Partnern in Tschechien die Figur „Rübezahl". Sie können den „Rübezahl" jeweils innerhalb von 10 Tagen unter Abzug von 2% Skonto an den Geschäftspartner R. Hotzenplotz zahlen oder innerhalb von 90 Tagen nach Rechnungseingang. Für ein Festgeld erhalten Sie für 90 Tage einen Guthabenzins von 3,5% p.a., für eine Inanspruchnahme des Kontokorrents müssten Sie 9,5% p.a. Zinsen bezahlen.

Was empfehlen Sie Ihren Kunden bzgl. der Alternativen, wenn Sie liquide sind bzw. wenn Sie den Kontokorrent in Anspruch nehmen müssten, um die Rechnung zu bezahlen. **Begründen** Sie **kurz**!

8 Punkte

(21)

Sie müssen in einer Vorlage für ein Unternehmensforum der IHK kurz und präzise erläutern, welche kurzfristigen Formen der Finanzierung für ein mittelständisches Unternehmen in Frage kommen. Dabei sollen Sie Vor- und Nachteile der Finanzierungen gegeneinander abwägen! Sie müssen erläutern, von welchen Bedingungen die Entscheidung für eine Form abhängt!

Entwerfen Sie kurz die Vorlage und **strukturieren** Sie dabei die einzelnen Punkte!

20 Punkte

Lösungen zu Kapitel 4.2.3.1

■ Lösungsmuster zu Teil A: Multiple Choice

	a	b	c	d	e
259		x			
260			x		
261				x	
262				x	
263				x	
264	x				
265				x	
266				x	
267				x	
268		x			
269		x			
270				x	
271			x		
272		x			
273		x			
274					x
275	x				
276		x			

	a	b	c	d	e
277				x	
278	x				
279			x		
280	x				
281		x			
282			x		
283			x		
284		x			
285			x		
286		x			
287	x				
288	x				
289	x				
290	x				
291			x		
292				x	
293				x	
294			x		

■ **Lösungsmuster zu Teil B: Grundlagenwissen**

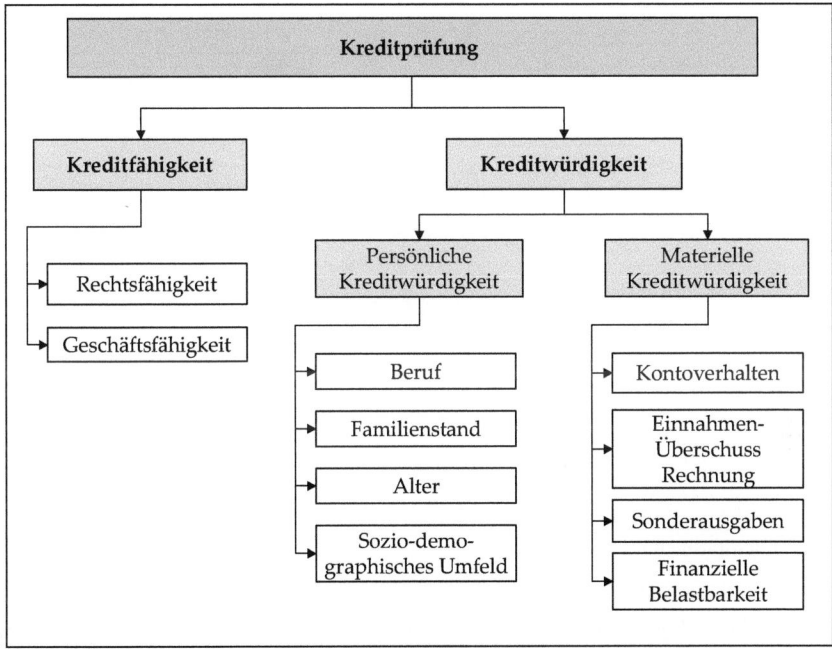

(44)

Die **Kreditprüfung** bei Privatdarlehen erfolgt standardisiert nach einem sogenannten **Scoringverfahren**. Zu den Standardabläufen zählt in der Konsumfinanzierung die **Schufa-Auskunft**. Die **persönliche Kreditwürdigkeit** von Privatpersonen definiert sich durch den Beruf, die Zuverlässigkeit des Einkommens und die Sicherheit der Arbeit. Darüber hinaus wird in die Betrachtung der persönlichen Kreditwürdigkeit das Ausgabeverhalten und die Lebenssituation einbezogen. Die **materielle Kredit würdigkeitsprüfung** wird aufgrund wirtschaftlicher Fakten beurteilt. Dazu müssen die Einkünfte, die regelmäßig erzielt werden, den entsprechenden Ausgaben gegen übergestellt werden. Bei dieser Gegenüberstellung müssen auch periodische Ausgaben oder außergewöhnliche Belastungen beachtet werden, die eine Zins- und Tilgungszah lung für den Kredit gefährden könnten. Ein wichtiges Instrument bei der wirtschaftli chen Analyse ist das bisherige Kontoverhalten, respektive bisherige Kreditzahlungen. Im Ergebnis ist die Kreditgewährung davon abhängig, ob die verbleibende finanzielle Belastbarkeit größer ist als die ermittelten Rückzahlungsraten.

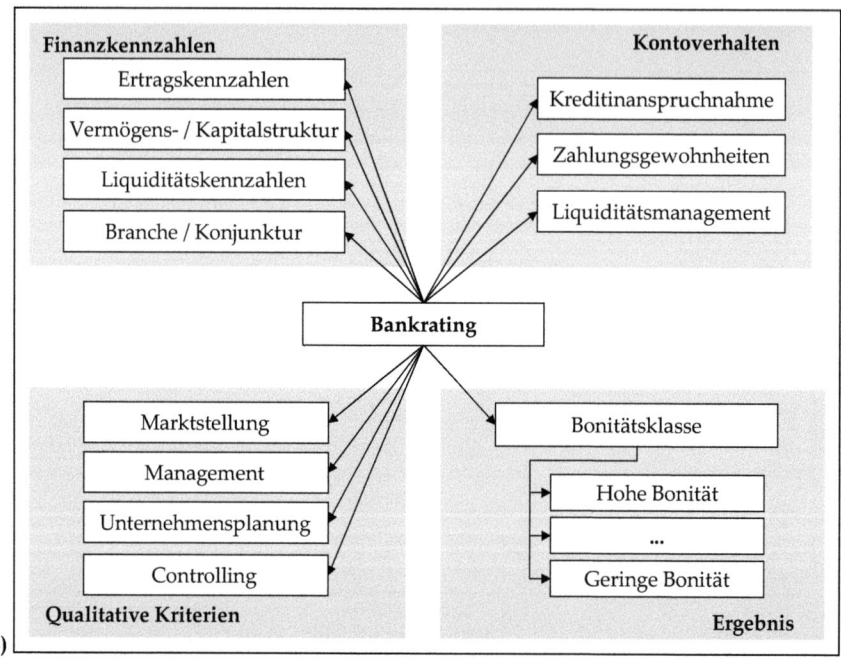

(45)

Die Kreditwürdigkeitsprüfung der Unternehmen wird inzwischen grundsätzlich durch ein **Rating** abgeschlossen. Die **Kreditwürdigkeit** (Bonität) von Unternehmen ist wesentlich geprägt von der **wirtschaftlichen Entwicklung der Unternehmung**. Der Unternehmenserfolg kann in erster Linie an den **Vergangenheitsdaten** beurteilt werden, also durch die Analyse von Jahresabschlüssen, unterjährigen Unternehmensergebnissen (Betriebswirtschaftliche Auswertungen, Quartalsberichte) sowie den Ergebnissen im Vergleich zur Branche bzw. zur Gesamtwirtschaft. Diese Informationen haben aber nur eine sehr eingeschränkte Aussagekraft bezüglich der **zukünftigen Unternehmensentwicklung** und damit für die **Beurteilung der Kapitaldienstfähigkeit**. Die Eignung der vergangenheitsbezogenen Unternehmenskennzahlen wird verbessert durch mathematisch-statistische Verfahren, deren Anwendung bestimmte Warnsignale im Hinblick auf die weitere Unternehmensentwicklung liefern. Von zunehmender Bedeutung sind jedoch zukunftsbezogene Informationen. Dazu wird die Ertragskraft der Unternehmen prognostiziert und eine Unternehmensplanung beurteilt. In diese **Prognose** wird die Beurteilung der Managementqualität, der Marktposition und der Unternehmensstrategie einbezogen. Außerdem hat sich gezeigt, dass die Bankbeziehung in der Vergangenheit ein entscheidender Faktor der Kreditwürdigkeit ist. Deshalb wird das **Informationsverhalten und das Kontoverhalten** stark berücksichtigt.

(46)

Ein **Bankrating** besteht immer aus sogenannten **quantitativen Kriterien**, die durch verschiedene Finanzkennzahlen abgebildet werden. Die verwendeten Kennzahlen sollen unterschiedliche Aspekte der Unternehmung, wie Ertrag, Liquidität, Kapitalstruktur und Vermögenslage abbilden.

Zu den **Ertragskennzahlen** gehören regelmäßig **Cash Flow** und **Rentabilitätskennzahlen**. Als **Vermögenskennzahl** findet das Verhältnis von Anlage- zu Umlaufvermögen Verwendung. Die **Kapitalstruktur** wird durch die Eigenkapitalquote oder den dynamischen Verschuldungsgrad analysiert. Zur **Liquiditätsbeurteilung** können verschiedene Abgrenzungen der Barmittel und kurzfristigen Forderungen im Verhältnis zu den kurzfristigen Verbindlichkeiten herangezogen werden.

(47)

Darlehen sind Kredite für die **mittel- und langfristige Finanzierung** von Konsumgütern bzw. Investitionen, darunter fallen Konsumkredite, Investitionskredite und Baukredite. Die **Laufzeit** von Konsumkrediten ist im Vergleich zum Investitionskredit kürzer. Die längsten Laufzeiten haben üblicherweise Baufinanzierungen. Die **Rechtsgrundlagen** sind für alle drei Kreditformen die Regelungen zum Darlehen § 488 ff. BGB, jedoch sind beim Konsumkredit darüber hinaus die Verbraucherschutzvorschriften des BGB und bei Baukrediten ggf. das Hypothekenbankgesetz bzw. Pfandbriefgesetz zu beachten. **Kreditnehmer** von Konsumkrediten sind ausschließlich Privatkunden, Kreditnehmer von Investitionskrediten sind Unternehmen und Kreditnehmer von Baukrediten sind sowohl Privat- als auch Geschäfts- bzw. Firmenkunden. Die **Kreditprüfung** für Privatkunden (Konsumkredite) erfolgt über Scoringverfahren, für Unternehmenskunden (Investitionskredite) über Ratingverfahren und bei Baukrediten je nach Kreditnehmer. In jedem Fall kommt bei der Baufinanzierungsprüfung noch eine Objektbeurteilung für die Immobilie dazu. Die **Verzinsung** von Konsumkrediten ist üblicherweise über die gesamte Laufzeit fix. Bei Investitionskrediten kann sie auch variabel sein oder nur eine Zinsbindungsfrist beinhalten. Bei Baukrediten ist wegen der langen Laufzeiten eine Zinsbindung von 5, 10 Jahren oder mehr vereinbart, aber selten ein Zins über die Gesamtlaufzeit fixiert. Die **Rückzahlung** bei Konsum- und Baukrediten erfolgt oft als Annuität, bei Investitionskrediten bietet es sich jedoch regelmäßig an, die Rückzahlung an die Cash Flows aus dem finanzierten Investitionsgut anzupassen (z.B. tilgungsfreie Zeit).

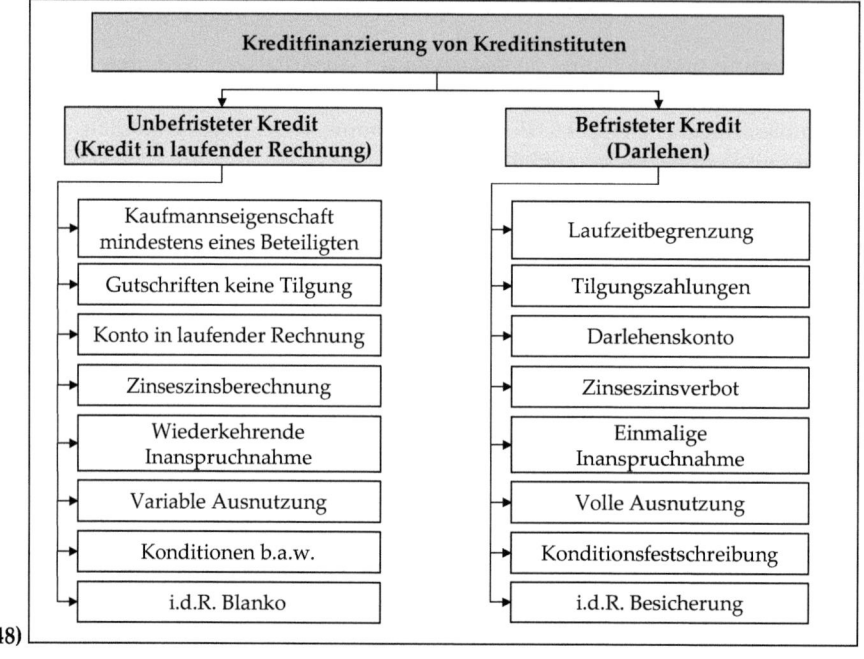

(48)

Darlehen sind im Gegensatz zu unbefristeten Krediten in der **Laufzeit begrenzt**, sie sind eher **mittel- bis langfristig**, sie werden durch **vereinbarte Tilgungen** zurückgezahlt, sie müssen über ein **eigenes Darlehenskonto** abgewickelt werden, es dürfen **keine Zinseszinsen** berechnet werden, sie werden **nicht wiederholt in Anspruch** genommen. Darüber hinaus werden sie **im Regelfall voll ausgenutzt**, mit einer **festen Zinsvereinbarung** über die Laufzeit ausgestattet und sind **üblicherweise besichert**.

(49)

- Kontokorrent

- Lieferantenkredit

- Akzeptkredit

- Diskontkredit

- Lombardkredit

- Avalkredit

- Factoring

Bei den Krediten in laufender Rechnung (unbefristeter Kredit) kann aufgrund der gesetzlichen Vorgaben vom **Kontokorrent** gesprochen werden, wenn der Kredit keinem Verbraucher gewährt wird. Das Girokonto dient der Abwicklung. Der unbefristete Kredit gibt dem Kontoinhaber die Möglichkeit, auch bei kurzfristigen Liquiditätsengpässen anstehende Zahlungsverpflichtungen ohne Aufschub begleichen zu können. Während der Kreditlaufzeit muss der Kreditnehmer über jede **Änderung des Zinssatzes** unterrichtet werden.

Der **Diskont- oder Wechselkredit** ist eine kurzfristige Finanzierung in Form eines Darlehens. Die Bank, also der Kreditgeber, hat eine Forderung aus dem Wechsel gegenüber dem Bezogenen des Wechsels bzw. gegebenenfalls gesamtschuldnerisch gegenüber den weiteren Wechselverpflichteten. Weiterhin hat er gegenüber dem Kreditnehmer (Wechseleinreicher) eine Forderung, wenn der Wechsel ausfällt. Der Wechselverkäufer erhält Liquidität gegen den Wechsel. Der Diskontsatz, den der Kreditnehmer als Preis für den Diskontkredit entrichtet, orientiert sich am Leitzins.

Der **Lombardkredit** ist ein meist kurzfristiges, auf einen festen Betrag lautendes Darlehen, das durch Verpfändung marktgängiger beweglicher Sachen oder Rechte abgesichert ist. Die Arten des Lombardkredites werden nach den verpfändeten Sachen oder Rechten, also den Pfandobjekten, unterschieden. Für die verschiedenen Pfandobjekte gelten unterschiedliche Beleihungsgrenzen, die sich nach der Werthaltigkeit und Verwertbarkeit der Pfänder richten. Die **Verzinsung** des Lombarddarlehens ist vergleichsweise hoch, liegt aber unter dem Zins für Kredite in laufender Rechnung.

Der **Akzept- und Avalkredit** zählen zu den Kreditleihgeschäften. Im Gegensatz zur Geldleihe wird bei der Kreditleihe nicht Liquidität bereitgestellt, sondern Bonität, also **Kreditwürdigkeit**. Der **Kreditgeber verpflichtet sich einem Dritten** gegenüber, unter bestimmten Voraussetzungen für den Kreditnehmer einzustehen. Kommt der Kreditnehmer seinen Verpflichtungen nicht nach, leistet der Kreditgeber in vereinbarter Höhe. Der **Akzeptkredit** gehört zu den Kreditleihgeschäften, weil das Kreditinstitut als Kreditgeber zunächst seine Bonität in wechselrechtlicher Form zur Verfügung stellt. Der Avalkredit ist die Übernahme einer **Bürgschaft** oder **Garantie** durch ein Kreditinstitut für die Rechnung eines ihrer Kunden. Beim Avalkredit gibt das Kreditinstitut ein bedingtes Zahlungsversprechen.

Das sogenannte **Factoring** beinhaltet die Liquiditätsbeschaffung durch den Verkauf von Forderungen aus dem Bestand. Bei den Forderungen muss es sich um kurzfristige Forderungen (bis 90 Tage) aus Lieferungen und Leistungen aufgrund von Waren- bzw. Dienstleistungsgeschäften handeln. Durch einen Abtretungsvertrag (Factoringvertrag) übernimmt der Factor die Forderung und wird damit zum neuen Gläubiger der Forderung. Die Finanzierungsfunktion ist das zentrale Element des Factoring. Ergänzend ist allerdings auch die Dienstleistungsfunktion einzukalkulieren, die die Übernahme des gesamten Debitorenmanagements, z.B. Inkasso und Mahnwesen, beinhaltet.

■ **Lösungsmuster zu Teil C: Anwendungswissen**

(17)

Der Unternehmer I.I. ist nach der Kurzbeschreibung ein sehr guter Kunde, dessen Finanzierungswunsch auf jeden Fall entsprochen werden sollte.

a)   Hauptproblem: Liquiditätsproblem für ca. 18 Monate

Lösungsmöglichkeiten:

- Erhöhung des Kontokorrentkredits

- Factoring, aufgrund der guten Forderungen

- Lombardkredit mit Verpfändung des Depots

- ggf. auch Bankbürgschaft um Liquidität u.a. bei Ausschreibungen zu schonen

- Langfristiges Darlehen

Die geeigneten Varianten sind kurzfristige Finanzierungsmöglichkeiten, weil es sich um Liquiditätsschwierigkeiten handelt. Aufgrund der Auslastung der gegenwärtigen Kontokorrent-Linie ist eine Erhöhung der Linie nahe liegend. (Ggf. könnte die Erhöhung mit dem Depot besichert werden.) Eine zweite geeignete Finanzierungsform wäre das Factoring. Der Unternehmer hat kurzfristige Forderungen bester Bonität. Da er aus geschäftspolitischen Gründen die Zahlungsfristen nicht verkürzen will, wäre eine Umwandlung der Forderungen in Liquidität nahe liegend. Nach den Informationen im Text wäre ebenfalls noch ein (echter) Lombardkredit eine Alternative. Das Depot sollte werthaltig sein und ist gut verwertbar. Aufgrund der guten Bonität des Kunden und der oft liquiditätsschonenden Wirkung einer Bankbürgschaft wäre als Ausweichvariante auch eine Bankbürgschaft denkbar, aber sicher nicht die beste Alternative. Eventuell könnte nach einer Analyse des mittel- bis langfristigen Kapitalbedarfs auch ein Investitionskredit stehen, der noch für andere, längere unternehmerische Maßnahmen dient. In dem Fall würden damit gleichzeitig die Liquiditätsprobleme gelöst werden.

b)

Allgemeine Kriterien sind: Rechtswirksamkeit, Werthaltigkeit und Verwertbarkeit der Sicherheiten.

Rechtswirksamkeit ist wesentlich, weil die Rechte aus den Sicherheiten nur wertvoll sind, wenn sie rechtlich auch durchsetzbar sind. Dementsprechend müssen alle gesetzlichen Regelungen und vor allem die Rechtsprechung beachtet werden. Die **Werthaltigkeit** der Sicherheiten ist wesentlich, weil der Ausfall von Forderungen i.d.R. nicht sofort bzw. kurz nach Kreditgewährung eintritt. Der Wert der bestellten Sicherheiten muss die Forderung decken, wenn es zum Verwertungsfall kommt. Die Wertschwankungen bzw. der Wertverfall der Sicherheiten über die Zeit sollen möglichst gering sein oder gar nicht eintreten. Die **Verwertbarkeit** ist wesentlich, weil der Verwertungsprozess noch einmal Kosten hervorruft und zeitintensiv ist. Sicherheiten, auf die schnell und komplikationslos Zugriff besteht, sind daher von Vorteil. Schließlich ist die Verknüpfung mit dem Kreditvertrag zu beachten.

Der Unternehmer haftet zwar für seine Gesellschaft auch mit dem Privatvermögen, aber um direkten Zugriff auf das Vermögen zu haben, müssen die Vermögensgegenstände auch direkt mit unseren Forderungen verknüpft sein. Des weiteren ist im speziellen Fall zu beachten, welche Sicherheiten geeignet und zweckmäßig sind. Je nach Finanzierungsinstrument in a) sind Forderungsabtretung, Verpfändung des Depots oder Grundschulderhöhung für das Privathaus als Alternativen aus dem Text zu entnehmen. Die Grundschuld sollte hier aufgrund der hohen Kosten und der wahrscheinlich kurzen Finanzierungszeit ungeeignet erscheinen. Wird dagegen ein Investitionskredit über einen längeren Zeitraum gewährt, dann wäre auch die Grundschuld in Erwägung zu ziehen.

(18)

a)

Ein Konsumentenkredit von 24 Monaten bis 60 Monaten wäre hier ein grundsätzlich denkbarer Bereich. Angesichts des Betrags von 15.000 EUR und der wirtschaftlichen Situation sollte allerdings eine Laufzeit von 48 Monaten nicht unterschritten werden. Bei einer Bearbeitungsgebühr von 2% fallen für die Bearbeitung 300,- EUR Kosten an. Laut Preisaushang beträgt der monatliche Nominalzins 0,55%. Die Zinskosten belaufen sich auf 0,55%x48x15.000,- EUR=3.960,- EUR

Kreditbetrag:	15.000,- EUR
Zinskosten:	3.960,- EUR
Bearbeitungsgebühr:	300,- EUR

19.260,- EUR:48=401,25 EUR (1 x 460,- EUR; 47 x 400,- EUR)

Die Alternative eines Konsumkredits hätte die Vorteile eines niedrigeren effektiven Jahreszinses, einer konstanter Ratenzahlung, die eine planmäßige Tilgung beinhaltet und eine über vier Jahre verteilte Belastung. Der Dispositionskredit bietet Herrn Brauser hohe Flexibilität, weil er bei entsprechend hohen Einkünften, die Linie sofort zurückführen kann. Bei einer schnellen Rückführung wären auch die Gesamtkosten für den Dispo niedriger als für den Konsumkredit (bspw. 15.000,- EUR x 1 x 11,5% = 1.750,- EUR bei einem Jahr Vollausnutzung der 15.000,- EUR). Allerdings müsste Herr Brauser einen deutlich höheren Zinssatz zahlen und hätte die gesamte Belastung innerhalb eines Jahres. Im ersten Jahr stünden den 16.750,- EUR des Dispos nur 12 x 401,25 EUR=4.815,- EUR Belastung aus der Annuität für den Konsumkredit gegenüber.

b)

Es wäre die persönliche und materielle Kreditwürdigkeit zu prüfen (Kreditfähigkeit ist hier zu unterstellen). Persönlich stehen einem grundsätzlich hohen Einkommen und der Zuverlässigkeit von Herrn Brauser die Unstetigkeit des Einkommens, seine Unerfahrenheit im persönlichen Finanzmanagement und sein Ausgabeverhalten gegenüber. Im materiellen Bereich zählen zugunsten von Herrn Brauser sein bisheriges Kontoverhalten und das grundsätzliche finanzielle Potential. Die materielle Kreditwürdigkeit beinhaltet die Einnahmen-Überschuss-Rechnung. Mit den gegebenen Daten ist dies nur mit den Kontoumsätzen der letzten drei Monate möglich. Bei normalem Ausgabeverhalten wären die Habenumsätze ausreichend, um eine weitere monatliche Belastung von 400,- EUR zu tragen. Aufgrund der hohen Sollumsätze wäre unter den gegebenen Umständen eine Kreditgewährung nur unter Auflagen (und natürlich Besicherung) bzgl. des Ausgabeverhaltens denkbar.

Unter den gegenwärtigen Umständen wird der Kredit eher nicht gewährt. Für einen Konsumkredit fehlt gegenwärtig die finanzielle Belastbarkeit für regelmäßige Zins- und Tilgungszahlungen. Die Erhöhung des Dispos wäre grundsätzlich denkbar, das Depot könnte als Sicherheit herangezogen werden. Jedoch scheint die finanzielle Situation gerade angespannt. Eine Verbesserung der Kontoführung und Stabilisierung des Einkommens sollten Voraussetzung für eine positive Finanzierungsentscheidung sein.

c)

Im Fall einer Eheschließung und gemeinsamer Kontoführung würde es die Finanzierungsentscheidung beeinflussen. Gegenwärtig wäre jedoch denkbar, dass die „Maus" den Kredit, und zwar als Konsumdarlehen, aufnehmen kann. Aus Sicht der kreditgebenden Bank ist die Kreditwürdigkeit bei ihr gegeben. Besser als die Ablehnung wäre also, ihr den Kredit zu verkaufen.

d)

Herr Brauser muss über den effektiven Jahreszins und sein Widerrufsrecht informiert werden.

(19)

a) Die Kreditnehmereinheiten sind:

I : P+KGaA+Buchladen+GmbH+GmbH & Co KG+GmbH i.G.

II: S+KGaA+Buchladen

III: M+GmbH i.G.

Es handelt sich um einen Organkredit. Wegen der Überschreitung von 750.000,- EUR Kreditvolumen sind die wirtschaftlichen Verhältnisse offen zu legen. Darüber hinaus ist § 14 KWG der Millionenkredit zu beachten.

b)

Die Finanzierung sollte grundsätzlich erfolgen. Das Unternehmen ist am Markt erfolgreich, hat eine hohe Investitionstätigkeit, deren Erfolge in Form von Cash Flow unmittelbar zu erwarten sind. Demzufolge wäre kurzfristig eine Aufstockung des Kontokorrent für die KGaA denkbar und langfristig die Aufstockung des Darlehens. Ein steigender Cash Flow ist laut Informationen zu erwarten. Die Besicherung bzw. Nachbesicherung ist gut möglich (Großvater bzw. Haus des Großvaters, Bankschuldverschreibungen von P und S,). Auf keinen Fall ist der Verkauf des Hauses des Großvaters zu empfehlen. Zur Stärkung des Eigenkapitals ist außerdem die Ausgabe neuer Aktien zu empfehlen. Die KGaA hat in der Vergangenheit hohe Ausschüttungen vorgenommen. Dies ist eine gute Basis für neue Aktien. Sollte eine Neuemission am Markt nicht gut zu platzieren sein, wäre die Thesaurierung der Überschüsse eine wichtige Maßnahme zur Eigenkapitalstärkung. Es ist zu prüfen, ob ggf. neue Fördermittel für weitere Maßnahmen zu beantragen wären. Eventuell könnte die Finanzierungslücke auch durch ein nachrangiges Darlehen geschlossen werden. Dies dient als wirtschaftliches Eigenkapital. Das Nachrangdarlehen wäre zwar teurer als ein Darlehen, aber unbesichert und eigenkapitalähnlich. Die bisher gute Ertragslage und die zu erwartenden Cash Flows sollten den Kapitaldienst ohne Probleme möglich machen. Eventuell könnte sogar noch eine anfängliche Tilgungsfreiheit eingebaut werden, um die Liquidität zunächst zu schonen.

c)

Ein Klumpenrisiko ist der Ausfall einer größeren Forderung, die die Ertragssituation des Kreditgebers nachhaltig stört. Der Kollege hat insofern Recht, als dass die Meldegrenze für Großkredite von 10% des hEK nicht erreicht ist. Großkredite stellen nach allgemeiner Auffassung Klumpenrisiken dar. Dennoch kann der Totalausfall eines Kredits in der Höhe von 2% des hEK ein Klumpenrisiko darstellen. Es ist also eine Definitionsfrage.

d)

Der gewichtete Kapitalkostensatz ergibt sich aus dem Eigenkapitalanteil von 0,25 bzw. 25% des Gesamtkapitals multipliziert mit dem Preis für EK und dem Fremdkapitalanteil von 0,75 bzw. 75% des Gesamtkapitals multipliziert mit dem Preis für FK.

$$r_{GK} = \frac{EK}{GK} * r_{EK} + \frac{FK}{GK} * r_{FK} = 0,25 * 20\% + 0,75 * 10\% = 12,5\%$$

(20)

Bei 360 Zinstagen im Jahr entspricht der Verzicht auf 2% Skonto einem Zinssatz von 2%x100x360 Tage/(98x80 Tage)=9,18% p.a.. Da der Kontokorrentkredit 9,5% kostet, sollte bei nicht vorhandener Liquidität der Lieferantenkredit in Anspruch genommen werden. Wenn dagegen Liquidität vorhanden ist, sollte unter Abzug von Skonto am 10. Tag bezahlt werden.

(21)

Strukturierungsbeispiel:

1 Einführung kurzfristige Finanzierung

2 Beschreibung der verschiedenen Finanzierungsalternativen

3 Darstellung Vor- und Nachteile anhand geeigneter Kriterien

4 Beispiele für kurzfristige Finanzierungssituationen

zu 1)

Als kurzfristige Finanzierung gelten Finanzierungen mit einer Laufzeit von bis zu einem Jahr. Sie dienen als Vor-, Zwischenfinanzierungen und vor allem zur Deckung des Liquiditätsbedarfs oder eines vorübergehend erhöhten Liquiditätsbedarfs. Es gibt Finanzierungen, die zusätzliche Liquidität bereitstellen (Geldleihe), die Bonität zur Verfügung stellen (Kreditleihe) bzw. Forderungen in Liquidität wandeln (Factoring).

zu 2)

- Kontokorrent

- Lieferantenkredit

- Akzeptkredit

- Diskontkredit

- Lombardkredit

- Avalkredit

- Factoring

168

zur Beschreibung siehe Seite Lösung Aufgabe (49) Teil B Kapitel 4.3.2.1 in diesem Buch.

zu 3)

	Vorteil	**Nachteil**
Kontokorrent	Flexibilität, Wiederausnutzbarkeit	hohe Kosten, Bonitätsnachteil bei andauernder Ausnutzung
Lieferantenkredit	Bequemlichkeit, Liquiditätsschonung	hohe Kosten
Akzeptkredit	geborgte Bonität	keine Liquidität
Diskontkredit	günstige Liquididtätsbeschaffung bei Einsatz von Wechseln als Absatzinstrument	Wechsel als Voraussetzung
Lombardkredit	preisgünstig	Verpfändung von Vermögenswerten
Avalkredit	preisgünstig	keine Liquidität
Factoring	Auslagern der Debitorenbuchhaltung, Aktivtausch	Abschläge (Diskont) auf den Forderungsbetrag

zu 4)

Der typische Fall ist die Abwägung zwischen Kontokorrentkredit und Lieferantenkredit. Dabei sind der effektive Jahreszins gegenüberzustellen und ggf. die Bonitätswirkung einer Inanspruchnahme des Kontokorrent zu beachten. Zur Liquiditätsbeschaffung kann auch die Verpfändung von Wertpapieren der Liquiditätsreserve in Erwägung gezogen werden, wenn die Papiere nicht kurzfristig verkauft werden sollen oder nicht ohne Abschläge zu verkaufen sind. Überall dort wo die Liquidität des Unternehmens geschont werden kann, sind die Alternativen einer Bankbürgschaft/-garantie zu überdenken.

4.2.3.2 Alternativen der „klassischen" Kreditfinanzierung

Aufgaben zu Kapitel 4.2.3.2

■ **Teil A: Multiple Choice**

(294) Welche Aussage zu Leasing ist richtig?

a) Leasing ist die unbefristete Überlassung von mobilen oder immobilen Wirtschaftsgütern
b) Rechtlich ist das Leasing eine Vermietung
c) Leasing erspart die Anschaffungsinvestition eines Wirtschaftsgutes und schont
   zunächst die Liquidität
d) Leasingverträge sind standardisierte Verträge, die wenig Gestaltungsspielraum
   lassen

2 Punkte

(295) Zu modernen Fremdfinanzierungsinstrumenten

a) zählt die Vermietung von Wirtschaftsgütern in Form von Leasing
b) zählt der Verkauf von Forderungen in Form von Leasing
c) zählen Möglichkeiten, den Bedarf an liquiden Mitteln ohne die bilanzwirksame
   Aufnahme von Fremdkapital zu decken
d) zählt die so genannte Securitisation, bei der Anleihen in unverbriefte Forderungen
   gewandelt werden

2 Punkte

(296) Leasing

a) wird auch als Mietkauf bezeichnet
b) ist die Überlassung von Wirtschaftsgütern, die am Ende in den Kauf des Gutes
   mündet
c) ist gesetzlich im BGB geregelt
d) von Immobilien ist wegen der Besonderheiten der Grundbuchumschreibung ausgeschlossen

2 Punkte

(297) Beim Leasing

a) wird vom direkten Leasing gesprochen, wenn der Hersteller das Wirtschaftsgut an eine Leasinggesellschaft verkauft
b) ist das Operate Leasing durch eine kurze Überlassungsdauer im Leasingvertrag gekennzeichnet
c) spricht man von Net-Leasing, wenn der Leasinggeber alle Serviceleistungen übernimmt
d) kann der Leasinggegenstand nicht auf die speziellen Bedürfnisse des Leasingnehmers zugeschnitten sein, weil er mehrmals nutzbar sein muss

2 Punkte

(298) Das Leasing

a) kann bezüglich der Stellung der Vertragsparteien als direktes Leasing oder indirektes Leasing unterschieden werden
b) wird auch als Herstellerleasing bezeichnet, wenn es indirekt ist
c) beinhaltet immer einen Kaufvertrag zwischen Hersteller und Leasinggesellschaft
d) hat für den Leasingnehmer den Vorteil, dass er das Leasinggut bilanzieren muss

2 Punkte

(299) Welche Aussage zum Leasing ist falsch?

a) Das Prinzip des Sale and Lease Back ist eine oft genutzte Form des Spezialleasing
b) Die Summe der Leasingraten übersteigt die Summe der Kreditraten im direkten Vergleich von kreditfinanziertem Kauf bzw. Leasing eines Gutes
c) Die Konditionen eines Leasingvertrages sind wesentlich dominiert durch die getroffenen Vertragsvereinbarungen
d) Die Vertragsvereinbarungen sind entscheidend davon geprägt, welche Interessen der Leasinggeber verfolgt

2 Punkte

(300) Bei der Gestaltung von Leasingverträgen

a) ist die wirtschaftliche Zurechnung des Leasinggutes von untergeordneter Bedeutung
b) sind der steuerlichen Attraktivität durch die Leasingerlasse enge Grenzen gesetzt
c) muss der Kaufpreis bei Vereinbarung einer Kaufoption unter dem Restbuchwert liegen
d) wird generell vereinbart, dass der Leasinggeber alle anfallenden Wartungen und Reparaturen sowie Versicherungen für das Wirtschaftsgut übernimmt

2 Punkte

(301) Für Leasingverträge gilt:

a) Bei einem operativen Leasing kann Teil- oder Vollamortisation vorgesehen sein
b) Bei der Teilamortisation werden kurze Leasingzeiten ohne Kündigungsrecht vereinbart
c) Typischerweise handelt es sich um Teilamortisation, wenn eine Mehrfachnutzung vorgesehen ist
d) Die Vollamortisation ist bei einem Finanzierungsleasing die Ausnahme

2 Punkte

(302) Für das Sale and Lease Back gilt, dass

a) die Herstellungskosten durch die Liquiditätszufuhr beim Verkauf nicht gedeckt werden können
b) , je höher der Kaufpreis des Objekts ist, desto mehr Liquidität dem Hersteller zufließen wird
c) Leasingraten vom Kaufpreis unabhängig sind
d) das Leasinggut vom Hersteller nicht genutzt werden kann

2 Punkte

(303) Factoring

a) beinhaltet die Finanzierung von Warenkäufen durch die Abtretung von Forderungen aus dem Bestand
b) verlangt Forderungen bester Bonität mit längeren Laufzeiten
c) hat zur Voraussetzung, dass es sich um eine hinreichend große Zahl von Forderungen handelt
d) ist eine kurzfristige Finanzierungsalternative, die den Verkauf von Forderungen darstellt

2 Punkte

(304) Welche Aussage zum Factoring ist falsch?

a) Es werden oft Forderungen aus einer bestimmten Kundenbeziehung oder mehreren Kundenbeziehungen gebündelt
b) Zunehmend etablieren sich auch Factoring-Gesellschaften für mittelständische Unternehmen, die für niedrigere Forderungsvolumina das Factoring anbieten
c) Inkasso und Mahnwesen sind Dienstleistungen, die zum Factoring gehören
d) Der Forderungsverkauf muss dem Schuldner der Forderung grundsätzlich mitgeteilt werden

2 Punkte

(305) Verbriefung

a) beinhaltet immer den Verkauf eines Forderungsbestandes an eine Zweckgesellschaft
b) ermöglicht die Umwandlung illiquider Forderungen bzw. Kredite in handelbare Wertpapiere
c) ermöglicht als klassische Variante die Übertragung des Ausfallrisikos ohne Forderungsverkauf
d) wird als synthetisch bezeichnet, wenn es sich um „True Sales" handelt

2 Punkte

(306) Welche Aussage zu Verbriefung ist richtig?

a) Asset Backed Securities heißen in Deutschland Pfandbriefe
b) Bei der synthetischen Verbriefung wird durch Kreditderivate nur das Ausfallrisiko transferiert
c) Das Bonitätsrisiko der ABS bestimmt sich durch die Qualität der Forderungen, da keine weitere Besicherung erfolgt
d) Der Forderungsverkäufer kann die Funktion des Service-Agents nicht übernehmen

2 Punkte

(307) Bei einer ABS-Transaktion

a) wird der Forderungsverkäufer als Sponsor bezeichnet
b) wird der Forderungskäufer als Investor bezeichnet
c) wird der Forderungskäufer als Zweckgesellschaft bezeichnet
d) wird der Forderungsverkäufer als Zweckgesellschaft bezeichnet

2 Punkte

(308) Der Prozess der Securitisation bezeichnet

a) unter anderem die Besicherung von Krediten mit Wertpapieren.
b) unter anderem die Versicherung einzelner Kreditforderungen bei Rückversicherern
c) unter anderem die Emission von Wertpapieren als Alternative zum Kredit
d) unter anderem die Verknüpfung von Kreditrisiken mit Wertpapieren

2 Punkte

(309) Für Asset Backed Securities gilt:

a) Bei einer ABS-Transaktion wird der Forderungsverkäufer als Auktionator bezeichnet.
b) Die Zweckgesellschaft, an die die Forderungen übertragen werden, existiert zum Zweck des Forderungserwerbs und der Rückversicherung der Forderungen

173

c) Die emittierten Kapitalmarktpapiere der Zweckgesellschaft (SPV) sind durch die Forderungen, also Vermögenswerte, gesichert.

d) Die Wertpapiere werden an Investoren veräußert, wobei das Bonitätsrisiko der Forderungen beim Originator verbleibt.

2 Punkte

(310)   Zur klassischen ABS-Transaktion

a) gehört nicht die Refinanzierung der verkauften Forderungen durch die Emission von Wertpapieren am Kapitalmarkt

b) gehört der Verzicht auf ein Rating der emittierten Wertpapiere

c) gehören als Zielgruppen für die Wertpapiere institutionelle Investoren wie Kapitalanlagegesellschaften und Versicherungen.

d) gehört als Aufgabe des Arrangeurs, die Zahlungsströme zwischen den Forderungsschuldnern (Kreditnehmern) und der Zweckgesellschaft zu koordinieren.

2 Punkte

(311)   Zur Sicherung der ABS-Konstruktion

a) obliegt es dem Treuhänder, die Interessen des Forderungsverkäufers zu vertreten.

b) werden zusätzliche Besicherungsmaßnahmen getroffen.

c) fungiert der Originator als Kontrollorgan

d) übernimmt die Zweckgesellschaft oft den sogenannten ersten Verlust („First Loss Piece")

2 Punkte

(312)   Die Forderungen bei ABS-Transaktionen

a) haben immer eine ausgesuchte Qualität

b) sind die bonitätsstärksten Forderungen aus einem Pool von Forderungen

c) werden durch Garantien und Rückkaufzusagen in der Qualität verstärkt

d) werden in gleichrangige Tranchen gestückelt

2 Punkte

■ **Teil B: Grundlagenwissen**

(50) **Ordnen** Sie das Leasinggeschäft in die Finanzierungsinstrumente **ein** und **beschreiben** Sie Vor- und Nachteile!

6 Punkte

(51) **Nennen** Sie **vier** Möglichkeiten Leasing zu differenzieren und **erläutern kurz zwei** davon!

6 Punkte

(52) **Erläutern** Sie **kurz** die wesentlichen Merkmale des Factoring!

6 Punkte

(53) **Nennen** Sie die Beteiligten bei einer Verbriefung und **beschreiben** die Rollen von **zwei** Beteiligten!

6 Punkte

(54) **Beschreiben** Sie die Konstruktion einer klassischen Verbriefung!

9 Punkte

■ **Teil C: Anwendungswissen**

(22) Sie müssen in einer Vorlage für ein Unternehmensforum der IHK kurz und präzise erläutern, auf welche klassischen Grundformen der Finanzierung eine ABS-Transaktion (True Sale) zurückzuführen ist (Zerlegung der Konstrukti on) bzw. welche Elemente anderer Finanzierungen sich hier wieder finden! Sie müssen erläutern, unter welchen Bedingungen eine solche Konstruktion für alle Beteiligten rentabel sein kann!

Entwerfen Sie die Vorlage und **strukturieren** Sie dabei die einzelnen Punkte!

15 Punkte

Lösungen zu Kapitel 4.2.3.2

■ Lösungsmuster zu Teil A: Multiple Choice

	a	b	c	d	e
295			x		
296			x		
297	x				
298		x			
299	x				
300				x	
301		x			
302			x		
303		x			
304				x	
305				x	
306		x			
307		x			
308			x		
309				x	
310			x		
311			x		
312		x			
313			x		

■ **Lösungsmuster zu Teil B: Grundlagenwissen**

(55)

Das Leasing ist die befristete **Überlassung von** mobilen oder immobilen **Wirtschafts gütern** durch Finanzierungsinstitute (Leasing-Gesellschaften) oder durch die Herstel ler. Rechtlich ist das Leasing (to lease = vermieten) mit der Vermietung und Verpach tung vergleichbar. Es ersetzt die Notwendigkeit, insbesondere langlebige Wirtschaftsgüter zu kaufen und mit Eigen- oder Fremdkapital zu finanzieren.

Leasing wird auch als Kreditersatzfinanzierung bezeichnet, weil statt der Kreditfinan zierung des Anschaffungspreises, das Wirtschaftsgut durch den Eigentümer des Gutes gegen ein Nutzungsentgelt überlassen wird. Die Summe der Leasingraten übersteigt die Summe der Kreditraten im direkten Vergleich von kreditfinanziertem Kauf bzw. Leasing eines Gutes. Dies stellt ebenso einen Nachteil dar, wie die nur eingeschränkte Verfügungsgewalt über das Leasinggut und die hohe Liquiditätsbelastung während der Laufzeit. Die Beachtung der Rechtsvorschriften zur Ausgestaltung der Leasingver träge erfordert einen zusätzlichen Aufwand und Sachkenntnisse. Vorteile des Leasing liegen in der Schonung des Kapitals, in der Ausgestaltungsfreiheit bei den Serviceleis tungen, der Überlassungsdauer und eventueller Kaufoptionen.

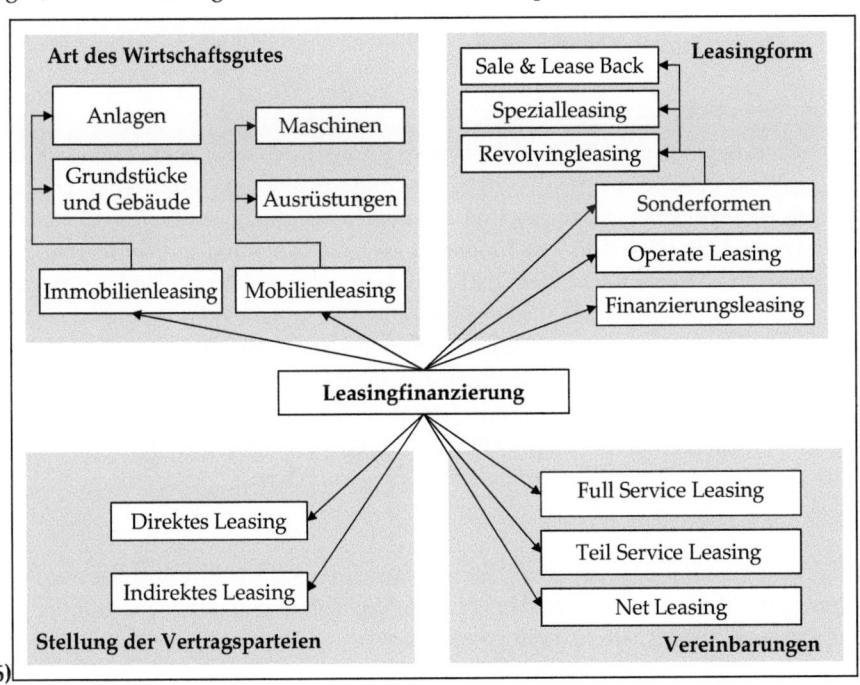

(56)

Leasingfinanzierungen werden vor allem für langlebige Investitionsgüter genutzt. Man kann dabei in das **Immobilienleasing** und das **Mobilienleasing** unterscheiden. Neben Grundstücken und Gebäuden zählen zu den nicht beweglichen (immobilen) Wirtschaftsgütern Spezialmaschinen, die an einen Standort gebunden sin. Bewegliche Leasinggüter werden als mobil bezeichnet. Das **Operate Leasing** ist im Vergleich zur möglichen Nutzungsdauer des Leasingobjektes, durch eine kurze Überlassungsdauer im Leasingvertrag gekennzeichnet und die Nutzung des Wirtschaftsgutes steht im Vordergrund. Beim **Finanzierungsleasing** (Finance Leasing) handelt es sich primär um eine Form, ein langfristig zu nutzendes Wirtschaftsgut zu finanzieren, insofern ist das Finanzierungsleasing die eigentliche Sonderform des Kredits. Ursprüngliche Form des Leasing ist das sogenannte **direkte Leasing** bzw. Herstellerleasing, das als Absatzinstrument eingesetzt wird. Inzwischen nimmt das **indirekte Leasing**, bei dem eine Leasing-Gesellschaft das Wirtschaftsgut kauft und dann den Leasingnehmern per Leasingvertrag überlässt, eine dominierende Rolle ein. Schließlich sind die Servicefunktionen ein wesentliches Gestaltungselement in Leasingverträgen. Die umfassendste Übernahme von Servicefunktionen durch den Leasinggeber erfolgt bei einem **Full-Service-Leasing**. Dabei leistet der Leasinggeber alle anfallenden Wartungen und Reparaturen sowie Versicherungen für das Wirtschaftsgut. Bei einem Teil-Service-Leasing werden die Serviceleistungen zwischen den Vertragspartnern aufgeteilt. Ein Net-Service-Leasing beinhaltet die Übernahme sämtlicher Servicefunktionen durch den Leasingnehmer.

(57)

Das Factoring beinhaltet die Liquiditätsbeschaffung durch den Verkauf von Forderungen aus dem Bestand. Bei den Forderungen muss es sich um **kurzfristige Forderungen** (bis 90 Tage) aus Lieferungen und Leistungen aufgrund von Waren- bzw. Dienstleistungsgeschäften handeln. Der Forderungsankauf setzt voraus, dass die Bonität der Forderungen von entsprechender Qualität ist, denn es handelt sich bei Factoring nicht um den Ankauf notleidender Forderungen. Die Abtretung von Forderungen bestimmter Volumina erfordert zudem eine gewisse Stetigkeit der Geschäftsbeziehung, so dass gegenwärtige und künftige Forderungen aus einer Geschäftsbeziehung oder aus mehreren Geschäftsbeziehungen gebündelt werden. Der Forderungskauf gegen Liquiditätsbereitstellung stellt eine Finanzierungsform dar, bei der wahlweise auch das Ausfallrisiko vom Forderungskäufer übernommen werden kann.

(58)

Originator (Forderungsverkäufer), Forderungskäufer (SPV), Investor, Service Agent, Arrangeure (Banken), Emissionskonsortium, Versicherungen, Treuhänder (Beratungs- und Prüfungsgesellschaften), Ratingagenturen

Dem Originator fließt durch den **Forderungsverkauf** unmittelbar Liquidität zu. Darin liegt ein wesentlicher Grund für die Attraktivität der Verbriefung. Der Forderungsverkäufer übernimmt in der Regel auch die Funktion des **Service-Agents**. Als solcher hat er die Aufgabe, die Zahlungsströme zwischen den Forderungsschuldnern (Kreditnehmern) und der Zweckgesellschaft zu koordinieren. Dazu gehören die Kreditüberwachung, das Mahnwesen, die Sicherheitenverwertung und die Durchleitung der Zinsen sowie Tilgungen. Eine wichtige Funktion fällt der **Zweckgesellschaft** in der Konstruktion zu. Sie ist rechtlich und wirtschaftlich vom Originator zu trennen. Als Eigentümer muss daher eine Gesellschaft (oft Stiftungen) agieren, die nicht zum Konzern des Originators zu rechnen ist. Vor dem Forderungsverkauf müssen der Originator und die Forderungen geprüft werden. Da die gesamte Transaktion sehr aufwendig ist, muss sie detailliert geplant und durchgeführt werden. Zudem sind alle Beteiligten in den Prozess zu integrieren. Für diese Funktionen steht ein **Arrangeur** – in der Regel eine Bank – zur Verfügung. Dem **Treuhänder** obliegt es, die Interessen der Investoren zu vertreten. Er fungiert als Kontrollorgan und übernimmt hierbei auch die Verwaltung der bestehenden Sicherheiten. Als Treuhänder tritt häufig eine Wirtschaftsprüfungsgesellschaft auf. Für die Platzierung der Wertpapiere am Kapitalmarkt wird ein **Emissionskonsortium** eingeschaltet. Das Konsortium unterstützt das SPV bei der Emission und findet Investoren. Die **Ratingagenturen** bewerten schließlich die Qualität des ausgelagerten Forderungsbündels. Das Rating für die ABS ist entscheidend für die Risikoprämie, die die Investoren verlangen.

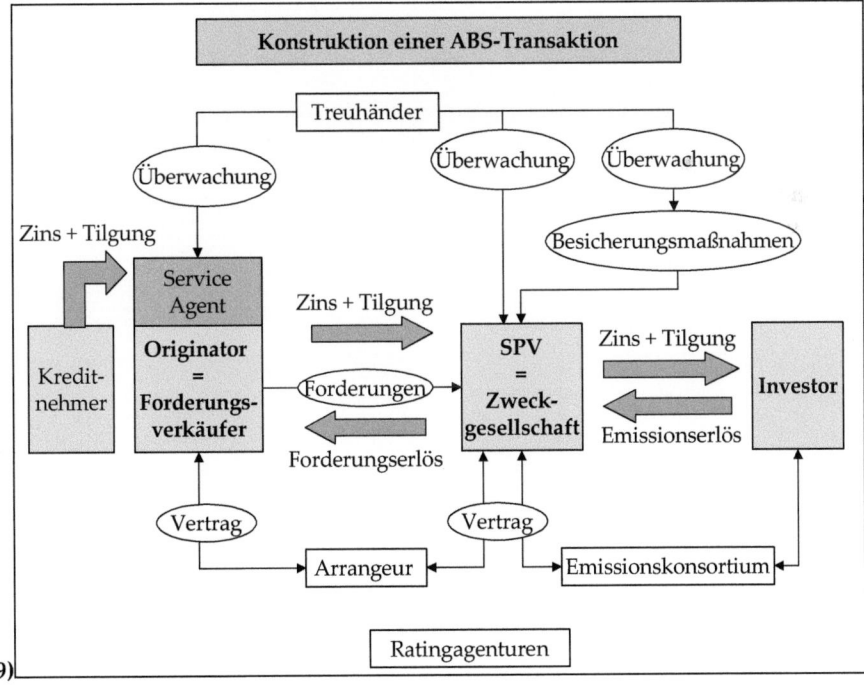

(59)

Die klassische Verbriefung umfasst den tatsächlichen Verkauf der Forderungen (**True Sale**) durch den Originator an eine nur zu diesem Zweck gegründete Gesellschaft. Diese Zweckgesellschaft übernimmt somit (Teile des) Forderungsportfolios des Originators, verbrieft diese und emittiert die Wertpapiere. Zu den einzelnen Beteiligten und ihren Aufgaben siehe Aufgabe (58).

■ **Lösungsmuster zu Teil C: Anwendungswissen**

Der Vortrag sollte gegliedert sein in: Die Beschreibung der Konstruktion und der Beteiligten (siehe dazu Löungsmuster zu Aufgaben 58 und 59), Die Vorstellung der in der Konstruktion enthaltenen Finanzinstrumente, Die Darstellung der Ähnlichkeiten und Unterschiede der ursprünglichen Finanzinstrumente zur ABS-Konstruktion, Die Vorteile der Konstruktion für die Beteiligten. Die ABS-Transaktion verbindet mehrere Finanzierungsinstrumente, die bereits am Finanzmarkt genutzt werden. Aus der Kombination des Forderungsverkaufs (Factoring) mit einer Wertpapieremission werden aus nicht handelbaren Forderungen durch Übertragung handelbare Forderungen. Gleichzeitig werden die emittierten Wertpapiere mit besonderen Sicherheitsmerkmalen ausgestattet.

Die klassische Verbriefung weist Ähnlichkeiten sowohl zum **Forderungsverkauf** (Factoring) als auch zur Emission von **Pfandbriefen** auf. Der Verkauf von Forderungen und die damit einhergehende Übertragung von Ausfallrisiken (Bonitätsrisiko) sind auch beim echten Factoring anzutreffen. Dort verbleibt das Bonitätsrisiko jedoch bei der Factoringgesellschaft und wird nicht an Investoren weitergegeben. Es existiert auch keine Zweckgesellschaft, die zur Refinanzierung Wertpapiere emittiert, und die angekauften Forderungen sind kurzfristig. Bei einer ABS-Transaktion können hingegen die Forderungen aus dem gesamten Laufzeitspektrum sein. Die Parallelen zu Pfandbriefen liegen dabei in der Emission von Wertpapieren, die durch Vermögenswerte gedeckt sind. Die Pfandbriefe dienen der Refinanzierung von grundpfandrechtlich gesicherten Krediten mit hohen Qualitätsstandards. Grundlegend für Pfandbriefe sind also mittel- bis langfristige Forderungen. Sowohl die Forderungen als auch die Wertpapiere verbleiben in der Bilanz des Kreditgebers, der hier gleichzeitig der Emittent der Wertpapiere ist.

Die **Liquidität** kann im Unternehmen zur Neugestaltung der Struktur der Aktiva verwendet werden. Bei einer Bilanzverkürzung durch Schuldentilgung besteht der positive Effekt der Verbesserung der Kapitalstruktur und der Senkung des Verschuldungsgrades. Darüber hinaus stellt die ABS-Transaktion den Verkauf von Ausfallrisiken dar und ist demzufolge auch eine Maßnahme zur Risikoreduktion.

Dem gegenüber stehen erhebliche **Kosten der Transaktion**, die aufgrund der komplexen Struktur und der Vielzahl von Beteiligten entstehen. Die Kosten der Kapitalmarktfinanzierung sind nur bei hohen Verbriefungsvolumina gerechtfertigt. Für Kreditinstitute steht der Aspekt des Portfolio- und Risikomanagements im Vordergrund. ABS-Transaktionen können Klumpenrisiken senken und Eigenkapitalentlastungen erbringen, wenn sie bestimmte Kriterien erfüllen, die zu einer tatsächlichen Senkung des Ausfallrisikos führen.

4.2.3.3   Risiken der Fremdmittelfinanzierung

Aufgaben zu Kapitel 4.2.3.3

■ Teil A: Multiple Choice

(313)   Die sogenannte Rechtssicherheit

a) erfordert die Verknüpfung der Forderung (des Kreditvertrages) mit der Sicherheit durch eine entsprechende Sicherungsabrede
b) beinhaltet nur die Durchsetzung der Rechte aus den Sicherheiten
c) beinhaltet nur die Beachtung der gesetzlichen Vorgaben
d) von Sicherheiten ist unabhängig von der Rechtsprechung

2 Punkte

(314)   Bei der Bestellung von Sicherheiten

a) ist die Werthaltigkeit das entscheidende Auswahlkriterium
b) erfolgt die Auswahl auch nach den Verwertungsmöglichkeiten
c) ist die Kontinuität der Sicherheitenwerte eher unwichtig.
d) spielt die Rechtsprechung keine Rolle

2 Punkte

(315)   Sicherheiten

a) können Personensicherheiten sein, bei denen Dritte ihre Bonität zur Verfügung stellen und sich ersatzweise für den Kreditnehmer zur Leistung verpflichten
b) können mit der zugrunde liegenden Forderung verknüpft sein, dann sind sie fiduziarisch
c) sind akzessorisch, wenn sie unabhängig von der zugrunde liegenden Forderung bestehen.
d) sind Vermögensgegenstände, die dem Kreditgeber vertraglich zur Befriedigung zur Verfügung gestellt werden und stellen somit regelmäßig die Gegenleistung dar.

2 Punkte

(316) Welche der folgenden Aussagen trifft auf akzessorische Sicherheiten zu?

a) Bei akzessorischen Sicherheiten übernimmt ein Dritter die Gewähr dafür, dass der Kreditnehmer seine Verpflichtungen aus dem Kreditvertrag erfüllt

b) Bei der akzessorischen Sicherheit ist die Besonderheit, dass der Sicherungsnehmer seine Rechte an dem Sicherungsgegenstand nur dann ausüben darf, wenn der Kreditnehmer seinen Verpflichtungen aus dem Kreditvertrag nicht nachkommt.

c) akzessorische Sicherheiten sind immer vom Bestehen einer Forderung abhängig

d) akzessorische Sicherheiten sind garantieähnliche Sicherheiten

2 Punkte

(317) Die Bestellung von Sicherheiten

a) unterliegt im Ausmaß keiner Begrenzung

b) muss in der Höhe in einem angemessenen Verhältnis zur Forderung stehen

c) erfordert die Berücksichtigung rechtlicher Grundsätze, damit sie unanfechtbar wird

d) ersetzt eine mangelnde Kreditwürdigkeit

2 Punkte

(318) Welche Aussage zu Personensicherheiten ist richtig?

a) Unter der Bürgschaft ist ein Rechtsgeschäft zu verstehen, durch das sich ein Bürge verpflichtet, dem Gläubiger für die Verbindlichkeit des Schuldners einzustehen.

b) Das Recht der Einrede der Vorausklage bedeutet, dass der Gläubiger sich bei Nichterfüllung sofort an den Bürgen wenden darf, ohne zunächst seinen Anspruch gegenüber dem Hauptschuldner durchzusetzen.

c) Die umfassende Rechtsprechung zu Bürgschaften kann in den Kreditverträgen nicht berücksichtigt werden.

d) Die Garantie ist nicht abstrakt und beinhaltet keine selbständige, von der Forderung unabhängige Verpflichtung des Garanten.

2 Punkte

(319) Die Verpfändung wird

a) in der Praxis gern als Sicherheit genommen, weil die Verpfändung still erfolgen kann

b) als akzessorische Sicherheit gern bestellt

c) genutzt, weil sie trotz Offenlegung mitunter praktikabel ist

d) so gestaltet, dass dem Sicherungsgeber das Eigentum am Sicherungsgut übertragen wird

2 Punkte

(320)   Die Sicherungsübereignung wird

a) in der Praxis gern als Sicherheit genommen, weil sie werthaltig und kostengünstig ist

b) als akzessorische Sicherheit eher selten bestellt

c) genutzt, weil die Verfügungsgewalt und das Eigentum beim Sicherungsgeber verbleiben

d) so gestaltet, dass dem Sicherungsnehmer das Eigentum am Sicherungsgut übertragen wird

2 Punkte

(321)   Die Bürgschaft ist

a) eine akzessorische Personensicherheit

b) eine fiduziarische Personensicherheit

c) eine Realsicherheit, weil eine reale Person sich verbürgt

d) eine Ballade von Johann Wolfgang von Goethe

2 Punkte

(322)   Welche der Forderungen sind nicht abtretbar?

a) Bezüge aus dem öffentlichen Dienst

b) Ansprüche auf Altenteilsleistungen

c) Forderungen aus Bausparguthaben

d) künftig entstehende Forderungen aus Warenlieferungen

2 Punkte

(323)   Welche der folgenden Aussagen über die Globalzession ist zutreffend?

a) Die Globalzession ist eine Sicherungsabtretung von Forderungen aus Warenlieferungen und Leistungen in Form einer Rahmenabtretung

b) Bei der Globalzession werden sämtliche Forderungen des Kreditnehmers bevorschusst

c) Globalzessionen kommen nur bei Factoring-Verträgen vor

d) Bei Globalzessionen können die Forderungen nur in offener Form abgetreten werden

2 Punkte

(324)   Eine Garantie

a) ist ein konkretes Zahlungsversprechen

b) ist unabhängig von der zugrunde liegenden Forderung

c) kann von Banken nicht selbst übernommen werden
d) besteht nur solange auch die Ursprungsforderung existiert

2 Punkte

(325)   Für eine Mantelzession gilt:

a) Abtretung einer bestimmten Forderungssumme
b) Abtretung von Forderungen bestimmter Kunden
c) sie ist immer eine offene Zession
d) eine Debitorenliste ist entbehrlich

2 Punkte

(326)   Welche Aussage zur Verpfändung ist richtig?

a) Das Pfandrecht ist akzessorisch, die Pfandsache muss aber nicht übergeben werden.
b) Das Pfandrecht ist fiduziarisch.
c) Die Verpfändung einer beweglichen Sache oder eines Rechts berechtigen einen Gläubiger, aus dem Vermögensgegenstand Befriedigung zu erlangen.
d) Die Verpfändung eines Rechts ist ausgeschlossen, weil Übergabe nicht möglich ist.

2 Punkte

(327)   Grundpfandrechte

a) stellen dingliche Rechte an Grundstücken dar
b) müssen bei der Bestellung notariell beglaubigt werden
c) werden nur ins Grundbuch eingetragen, wenn der Kreditgeber dies verlangt
d) gelten nur als wertbeständig, wenn die Immobilie neu gebaut wird

2 Punkte

(328)   Vertragsklauseln

a) sind im weitesten Sinne ebenfalls Sicherheiten zur Reduzierung des Ausfallrisikos
b) bewirken immer erst eine Sanktionierung des Schuldners, wenn er in Verzug gerät
c) verpflichten den Schuldner zu zusätzlichen Leistungen
d) verlangen immer die Einhaltung bestimmter finanzieller Kennzahlen

2 Punkte

(329) Kreditderivate

a) beinhalten die Zahlung einer Prämie vom Risikokäufer
b) haben den Zweck der Übertragung von Ausfallrisiken bzw. Marktpreisrisiken.
c) haben keinen Einfluss auf die Diversifikation des Kreditportfolios
d) sichern dem Risikoverkäufer nur eine Ausgleichszahlung bei Totalausfall

2 Punkte

(330) Vertragsklauseln

a) können keine Rangrücktrittsklauseln beinhalten
b) können sich nicht auf Bilanzkennzahlen beziehen
c) räumen dem Kreditgeber nur bei einer Bonitätsverschlechterung Handlungsspielräume ein
d) finden standardisiert in Anleihebedingungen Anwendung

2 Punkte

Teil B: Grundlagenwissen

(55) Erläutern Sie **drei** allgemeine Kriterien, nach denen Sicherheiten bei Finanzierungen ausgewählt werden!

6 Punkte

(56) Klassifizieren Sie Sicherheiten nach verschiedenen Kriterien und **nennen** Sie **jeweils ein** Beispiel!

9 Punkte

(57) Definieren Sie den Begriff Covenants und **nennen jeweils zwei Beispiele** für die unterschiedlichen Formen!

6 Punkte

Lösungen zu Kapitel 4.2.3.3

■ Lösungsmuster zu Teil A: Multiple Choice

	a	b	c	d	e
314	x				
315		x			
316	x				
317			x		
318		x			
319	x				
320			x		
321				x	
322	x				
323		x			
324	x				
325		x			
326	x				
327			x		
328	x				
329	x				
330		x			
331				x	

■ **Lösungsmuster zu Teil B: Grundlagenwissen**

(55)

Die Auswahl der Sicherheiten wird allgemein nach bestimmten Kriterien durchgeführt. Voraussetzung für die tatsächliche Durchsetzung der Rechte aus den Sicherheiten ist die **Rechtssicherheit**. Dazu ist die Beachtung der gesetzlichen Vorgaben und der sehr umfassenden Rechtsprechung zu den Kreditsicherheiten erforderlich, um die wirksame Bestellung der Sicherheiten zu erreichen.

Ein weiteres wesentliches Kriterium ist die **Werthaltigkeit** der Sicherheiten. Die zur Sicherung herangezogenen Vermögenswerte sollten eine stabile Wertentwicklung vorweisen. Wertverluste der Sicherheiten führen zu einer Erhöhung des Risikos des Kreditgebers und ggf. zur Notwendigkeit der Nachbesicherung. Die Kontinuität der Sicherheitenwerte ist daher wichtig. Dies gilt ebenfalls für die Bonität von Dritten, die als Sicherheit herangezogen wird, weshalb staatliche Garantien oder Bürgschaften besonders interessante Sicherungsinstrumente sind.

Da die Sicherheit im Bedarfsfall zur Befriedigung des Gläubigers herangezogen wird, sollte sie für diesen Fall leicht und schnell durchsetzbar sein. Sicherheiten werden also auch danach ausgewählt, ob sie im **Verwertungsfall** einen zeitnahen Liquiditätszufluss beim Gläubiger gewährleisten und möglichst geringe Wertabschläge bei der Realisierung hervorrufen. Letztlich muss beachtet werden, dass der Aufwand zur Bestellung der Sicherheit und die Art der Sicherheit in einem angemessenen Verhältnis zur Forderung stehen.

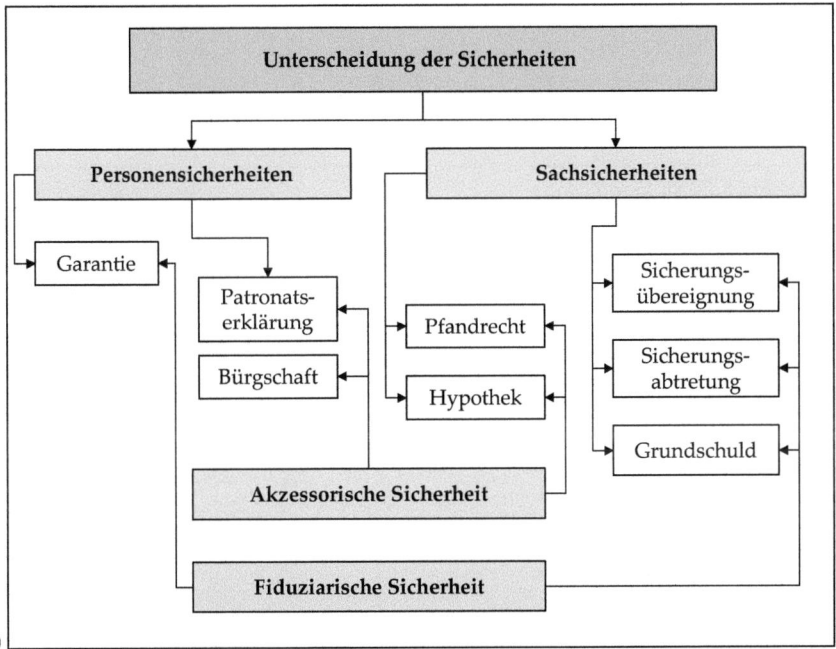

(56)

Bei den Arten von Sicherheiten kann in Personen- und Sachsicherheiten abgegrenzt werden. **Personensicherheiten** sind Sicherheiten, bei denen Dritte ihre Bonität zur Verfügung stellen und sich ersatzweise für den Kreditnehmer zur Leistung verpflichten. Die **Sachsicherheiten** sind Vermögensgegenstände, die dem Kreditgeber vertraglich zur Befriedigung zur Verfügung gestellt werden, wenn der Kreditnehmer (Sicherungsgeber) seine Leistungen aus dem Kreditvertrag nicht ordnungsgemäß erfüllen kann.

Das wichtigste Kriterium, nach dem die Sicherheiten abgegrenzt werden, ist das Kriterium der **Akzessorietät** bzw. Nicht-Akzessorietät (**Fiduziarität**). Sicherheiten können mit der zugrunde liegenden Forderung verknüpft sein, dann sind sie akzessorisch, oder sie bestehen unabhängig von der zugrundeliegenden Forderung, dann sind sie fiduziarisch (abstrakt).

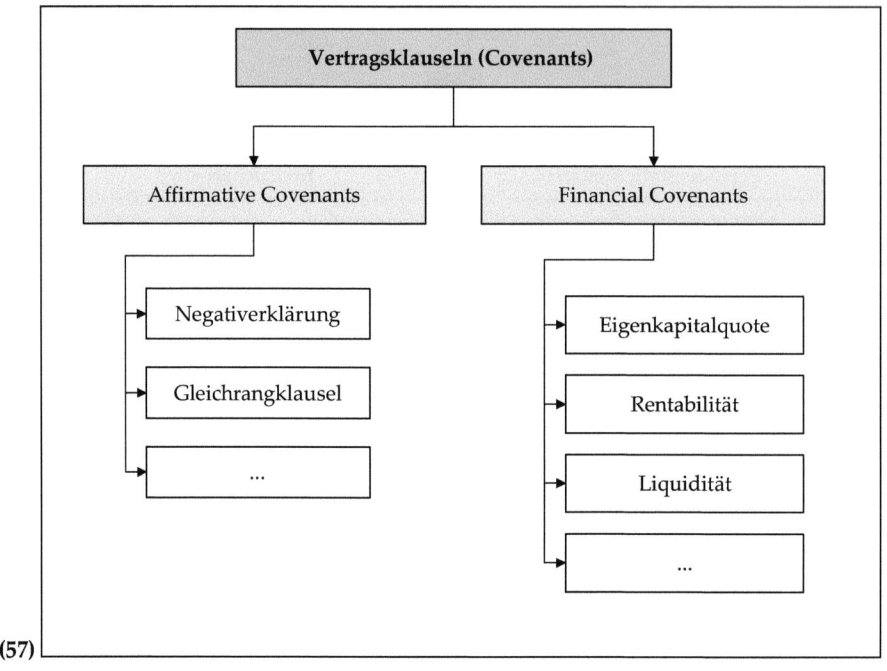

(57)

Vertragsklauseln sind im weitesten Sinne ebenfalls Sicherheiten zur Reduzierung des Ausfallrisikos für den Gläubiger. Sie setzen Anreize für den Schuldner, sich nicht gläubigerschädigend bzw. stattdessen im Gläubigerinteresse zu verhalten. Eine Verletzung der vertraglich vereinbarten Regeln bewirkt üblicherweise eine Sanktionierung des Schuldners. Zu unterscheiden sind sogenannte **„affirmative Covenants"**, mit denen der Kreditnehmer erklärt bestimmte Handlungen vorzunehmen bzw. zu unterlassen und **„financial covenants"**, die die Einhaltung bestimmter finanzieller Kennzahlen verlangen.

Affirmitive Covenants:

- Negativerklärung
- Positiverklärung
- Rangrücktrittserklärung
- Gleichrangklausel

Financial Covenants:

- Ratingkennzahl
- Ertragskennzahl (z.B. EKR)
- Liquiditätskennzahl (z.B. 1. Grades)
- Kapitalstrukturkennzahl (z.B. Verschuldungsgrad)

4.2.4 Die Mezzanine- und Eigenmittelfinanzierung

Aufgaben zu Kapitel 4.2.4

■ **Teil A: Multiple Choice**

(331) Mezzanine-Finanzierungen

a) sind eine spezielle Form der Fremdfinanzierung
b) können das Haftkapital der Unternehmen stärken, schränken aber immer den Unternehmer in der Entscheidungsgewalt ein.
c) sind meistens keine neuen Finanzinstrumente, sondern existieren schon lange.
d) ersetzen zukünftig die Fremdfinanzierung

2 Punkte

(332) Welche Aussage zu Mezzanine-Kapital ist richtig?

a) Die Nutzung von Nachrangdarlehen verbessert die bilanzielle Eigenkapitalquote von Unternehmen.
b) Mezzanine-Kapital sind Finanzinnovationen, die in den letzten Jahren neu entstanden sind.
c) Mezzanine-Finanzinstrumente sind keine sogenannten hybriden Finanzierungen.
d) Der eigenkapitalähnliche Charakter der Finanzierungsinstrumente führt zu einer Stärkung der Haftmasse.

2 Punkte

(333) Nachrangdarlehen

a) haben tendenziell Eigenkapitalcharakter
b) unterscheiden sich nur durch den Rangrücktritt von den Fremdfinanzierungen
c) haben nur einen geringen Zinsaufschlag gegenüber Darlehen, weil sie gut besichert sind
d) führen zu einer Gläubiger-Schuldner-Beziehung zwischen den Vertragsparteien

2 Punkte

(334) Stille Beteiligungen

a) haben tendenziell Fremdkapitalcharakter
b) haben typischerweise zusätzliche Eigenkapitalkomponenten in Form einer gewinnabhängigen Vergütung und unternehmerischer Mitsprache

c) können mit einem sogenannten Equity-Kicker ausgestattet werden, der eine Kaufoption am Grundkapital der Gesellschaft beinhaltet

d) stehen dem Unternehmen unbefristet zur Verfügung und müssen nicht zurückgezahlt werden

2 Punkte

(335) Welche Aussage zu Mezzanine-Finanzierungen ist falsch?

a) Die Gestaltung von Mezzanine-Kapital ist nicht standardisiert.

b) Einige Mezzanine-Instrumente stehen nicht allen Rechtsformen zur Verfügung.

c) Mezzanine-Kapital wird allgemein zum bilanziellen Eigenkapital gerechnet.

d) Mezzanine-Kapital wird allgemein zum wirtschaftlichen (ökonomischen) Eigenkapital gerechnet.

2 Punkte

(336) Welche Aussage zu stillen Beteiligungen ist richtig?

a) Stille Beteiligungen können in typisch und atypisch unterschieden werden.

b) Stille Beteiligungen haben keine fixe Ertragskomponente.

c) Stille Beteiligungsgeber haften bis zur Höhe ihrer Einlage.

d) Eine Verlustbeteiligung wird regelmäßig vertraglich eingeschlossen.

2 Punkte

(337) Welche der Finanzierungsinstrumente ist kein Mezzanine-Kapital?

a) Wandelanleihe

b) Genussschein

c) Stille Beteiligung

d) Vorzugsaktie

e) Nachrangdarlehen

2 Punkte

(338) Die Eigenmittelfinanzierung

a) wird auch als privates Eigenkapital bezeichnet, wenn sie nicht von staatlichen Kapitalgebern stammt

b) wird auch als öffentliches Eigenkapital bezeichnet, wenn das Kapital an der Börse notiert ist

c) ist mit dem gleich hohen Risiko verbunden wie die Fremdmittelfinanzierung

d) wird unabhängig vom Unternehmenserfolg mit einer Dividende entgolten

2 Punkte

(339) Welche Aussage zu Eigenkapital ist richtig?

a) Eine vernünftige Eigenmittelausstattung ist erreicht, wenn die gesetzlichen Eigenkapitalanforderungen erfüllt sind.
b) So genannte Finanzinvestoren („Heuschrecken") erwerben bei Beteiligungen/Akquisitionen an/von Unternehmen kein Eigenkapital.
c) Die Beteiligungsfinanzierung beinhaltet eine Haftungsübernahme und die Miteigentümereigenschaft.
d) KGaA können sich Eigenkapital nicht durch die Emission von Aktien am Kapitalmarkt beschaffen.

2 Punkte

(340) Die Beteiligungsfinanzierung

a) schließt in der Praxis Mezzanine-Instrumente aus
b) ist branchen- und unternehmensunabhängig als Finanzinstrument geeignet
c) bei innovativen bzw. dynamisch wachsenden Unternehmen verspricht die Aussicht auf eine Überrendite
d) ist in der Regel eine Mehrheitsbeteiligung, um das Unternehmen nachhaltig zu beeinflussen

2 Punkte

(341) Welche Aussage zur Beteiligungsfinanzierung ist richtig?

a) Nach erfolgreicher Unternehmensentwicklung ist der Ausstieg der Beteiligungsfinanzierer vorgesehen.
b) In der Expansionsphase einer Unternehmensfinanzierung sollten die Eigenmittel vor allem aus dem Kreis der Unternehmensgründer fließen.
c) Sogenannte Business Angels gehören nicht zu den Eigenkapitalgebern.
d) Die Finanzmittel, die Risikokapitalgesellschaften bereitstellen, werden auch als Venture Capital, aber nicht als Eigenkapital bezeichnet.

2 Punkte

(342) Für die Beteiligungsfinanzierung gilt:

a) Venture Capital kann nur durch zu diesem Finanzierungszweck aufgelegte Beteiligungsfonds bereitgestellt werden.
b) Aktienfinanzierung ist auch eine Form der Beteiligungsfinanzierung.
c) Als Ausstiegsmöglichkeit steht den Kapitalgebern nur der Börsengang oder der Verkauf an einen anderen Investor zur Verfügung.
d) Institutionelle Investoren bezahlen die Beteiligungen ohne Fremdkapital.

2 Punkte

(343)   Die Aktienfinanzierung

a) wird als Selbstemission bezeichnet, wenn der Emittent die Aktien selbst platziert
b) wird als Selbstemission bezeichnet, wenn die Kreditinstitute eine Vermittlerfunktion einnehmen
c) ist ein sehr kostengünstiges Finanzierungsinstrument
d) kann kein privates Eigenkapital (Private Equity) sein

2 Punkte

(344)   Welche Aussage zur Aktienfinanzierung ist richtig?

a) Aktienkapitalerhöhung kann nur als ordentliche Kapitalerhöhung stattfinden
b) Das Bezugsrecht, dient der Wahrung der Stimmrechtsanteile bzw. des Kapitalanteils der Altaktionäre am gesamten Aktienkapital.
c) Bei der genehmigten Kapitalerhöhung werden auf Beschluss der Hauptversammlung Wandel- oder Optionsanleihen emittiert werden.
d) Durch die bedingte Kapitalerhöhung wird der Vorstand bevollmächtigt, innerhalb von fünf Jahren eine Kapitalerhöhung durchzuführen.

2 Punkte

(345)   Die Kapitalerhöhung

a) aus Gesellschaftsmitteln ist eine effektive Kapitalerhöhung, aber keine Finanzierung
b) ist immer eine Eigenmittelfinanzierung, wenn sie effektiv ist
c) ist effektiv, wenn Rücklagen der Gesellschaft in Grundkapital gewandelt werden
d) ist nur nominal, wenn das Grundkapital unverändert bleibt

2 Punkte

(346)   Bei der Begebung bzw. Platzierung der Aktien

a) ist der Verkauf über die Börse die meist genutzte Form der Emission
b) kann die Emission nur einem ausgewählten Investorenkreis angeboten werden
c) im Bookbuildingverfahren zahlen die Anleger den ermittelten Buchwert der Aktien
d) ist das Auktionsverfahren ausgeschlossen

2 Punkte

■ **Teil B: Grundlagenwissen**

(58) Ordnen Sie das Instrument der **stillen Beteiligung** in die Finanzierungsformen **ein** und **begründen** Sie die Einordnung anhand ihrer Merkmale!

6 Punkte

(59) Definieren Sie den Begriff Mezzanine-Kapital und **erklären** Sie **kurz zwei** Beispiele!

6 Punkte

(60) Nennen Sie **vier** und **erklären** Sie **zwei** Ausstiegsmöglichkeiten für Beteiligungsfinanzierer!

6 Punkte

(61) Nennen Sie die Möglichkeiten der Kapitalerhöhung für eine Aktiengesellschaft und **erklären** Sie **kurz** die Unterschiede!

6 Punkte

■ **Teil C: Anwendungswissen**

(23) Erläutern Sie, nach welchen Kriterien eine Beteiligungsfinanzierung erfolgt und welche Rolle sie bei der Unternehmensfinanzierung spielt!

12 Punkte

Lösungen zu Kapitel 4.2.4

■ Lösungsmuster zu Teil A: Multiple Choice

	a	b	c	d	e
332			x		
333				x	
334				x	
335			x		
336			x		
337	x				
338				x	
339		x			
340			x		
341			x		
342	x				
343		x			
344	x				
345		x			
346		x			
347		x			

■ **Lösungsmuster zu Teil B: Grundlagenwissen**

	Nachrang-darlehen	Typische stille Beteiligung	Atypische stille Beteiligung	Genussscheine
Charakter	Gläubiger-stellung	Vertragliche Informations- und Kontrollrechte	Mitunter-nehmerstellung	i.d.R. Gläubiger-stellung
Ertrag	fix	fix + erfolgs-abhängig ggf. Equity-Kicker	fix + erfolgs-abhängig ggf. Equity-Kicker	fix + erfolgs-abhängig ggf. Equity-Kicker
Haftung	nachrangig	nachrangig	bis zur Höhe der Einlage	nachrangig
Wirtschaftliches Eigenkapital	ja	ja	ja	ja
Bilanzielles Eigenkapital	nein	gestaltungs-abhängig	ja	gestaltungs-abhängig

(58)

Stille Beteiligungen fallen unter den Begriff der **Mezzanine-Finanzierung**, weil sie weder der Fremdfinanzierung noch der Eigenmittelfinanzierung klar zuordenbar sind. Sie haben sowohl Merkmale von Fremdkapital als auch von Eigenkapital. Bei der **typischen stillen Beteiligung** erfolgt bzgl. der **Haftung** wie beim Nachrangdarlehen ein Rangrücktritt, aber keine Haftung in Höhe der Einlage wie beim Eigenkapital. Der **Ertrag** setzt sich aus einer fixen und einer erfolgsabhängigen Komponente zusammen. Die fixe Komponente ähnelt der Verzinsung beim Fremdkapital, die erfolgsabhängige Vergütung entspricht der Entgelt-Regelung bei Eigenkapital. Der stille Beteiligungsgeber nimmt **keine Gläubigerstellung** ein, hat aber regelmäßig Anspruch auf **Rückzahlung** des Kapitals. Wie alle Mezzanine-Instrumente werden stille Beteiligungen als **wirtschaftliches Eigenkapital** betrachtet. Allerdings sind stille Beteiligungen nur ausnahmsweise, bei entsprechender Ausgestaltung auch **bilanzielles Eigenkapital**.

(59)

Unter den Begriff der Mezzanine-Finanzierung fallen Finanzierungsinstrumente, die weder der Fremdfinanzierung noch der Eigenmittelfinanzierung klar zuordenbar sind und auch als sogenannte hybride Finanzierungen bezeichnet werden. Der Begriff

Mezzanine stammt aus dem Italienischen und bedeutet Zwischengeschoss. Dies symbolisiert die Zwischenstellung des Kapitals zwischen Eigen- und Fremdkapital im finanzierungsgeschäft.

Nachrangdarlehen haben tendenziell Fremdkapitalcharakter, unterscheiden sich aber durch den Rangrücktritt und den Verzicht auf eine Besicherung von den Fremdfinanzierungen. Daher werden sie bei einer Bonitätsbeurteilung dem Eigenkapital zugerechnet. Die Verzinsung der Nachrangdarlehen liegt aufgrund des höheren Risikos gegenüber der Fremdfinanzierung um das 1,5 bis 2-fache höher.

Bei der **typischen stillen Beteiligung** erfolgt wie beim Nachrangdarlehen ein Rangrücktritt. Darüber hinaus bestehen aber zusätzliche Eigenkapitalkomponenten in Form einer gewinnabhängigen Vergütung zusätzlich zur gewinnunabhängigen Vergütung sowie bestimmte Informations- und Kontrollrechte. Eine Verlustbeteiligung wird regelmäßig vertraglich ausgeschlossen.

Andere Beispiele wären: Atypische stille Beteiligungen, Genussscheine, Optionsanleihen, Wandelanleihen.

(60)

Ausstiegswege: - Börsengang, - Marktverkauf, - Buy Back, - MBI, - MBO, - Secondary Purchase

Als Königsweg des Ausstiegs aus der Beteiligungsfinanzierung gilt der **Börsengang** (**I**nitial **P**ublic **O**ffering). Durch Emission von Aktien über die Börse verkauft der bisherige Kapitalgeber seine Anteile und das Unternehmen erschließt sich gleichzeitig neue Finanzierungsmöglichkeiten. Der häufigste Ausstiegskanal für die Beteiligungsfinanzierung ist der **Marktverkauf (Trade Sale)** an Investoren. Die Akquisition des Unternehmens durch ein Großunternehmen oder durch einen Wettbewerber sind das wichtigste Instrument für die Beendigung der Beteiligung. Ein anzustrebendes Ziel des Ausstiegs ist der **Verkauf an den Unternehmensgründer** (**Buy Back**), der **Verkauf an ein Management**, das sich in das Unternehmen einkauft (**M**anagement **B**uy **I**n) oder der Verkauf an die bisherige Geschäftsführung, die damit zum Eigentümer wird (**M**anagement **B**uy **O**ut). Eine weitere Ausstiegsalternative stellt der **Weiterverkauf an andere Beteiligungsfinanzierer** dar (**Secondary Purchase**).

(61)

- Ordentliche Kapitalerhöhung

- Genehmigte Kapitalerhöhung

- Bedingte Kapitalerhöhung

- Kapitalerhöhung aus Gesellschaftsmitteln

Bei einer ordentlichen und einer genehmigten Kapitalerhöhung handelt es sich um eine effektive Kapitalerhöhung, weil dem Unternehmen neues Eigenkapital zugeführt wird. Eine ordentliche Kapitalerhöhung wird sofort durchgeführt, eine genehmigte muss innerhalb von fünf Jahren nach Beschlussfassung erfolgen. Bei beiden Varianten gibt es Bezugsrechte für die Altaktionäre. Im Gegensatz dazu ist zwar die bedingte Kapitalerhöhung eine effektive Kapitalerhöhung, aber die Höhe der Eigenkapitalerhöhung ist unbekannt, weil die Käufer der emittierten Options- bzw. Wandelanleihen entscheiden, ob sie Aktien erwerben bzw. in Aktien wandeln. Die Kapitalerhöhung aus Gesellschaftsmitteln ist nur eine nominale Kapitalerhöhung, bei der Rücklagen der Gesellschaft in Grundkapital gewandelt werden.

■ **Lösungsmuster zu Teil C: Anwendungswissen**

(23)

Eine Beteiligungsfinanzierung ist für den Kapitalgeber mit einem erhöhten Risiko verbunden, deshalb müssen diesem Risiko entsprechende Ertragschancen gegenüberstehen. Aus diesem Grund ist eine Beteiligungsfinanzierung nur für Unternehmen interessant, die diese besonderen Ertragsaussichten bieten. Beteiligungsfinanzierungen sind daher erstens für **stark wachsende Unternehmen** von Bedeutung. Ein schnelles Unternehmenswachstum erfordert einerseits entsprechendes Eigenkapital, verspricht andererseits durch das Wachstum schnell ansteigende Erträge. Zweitens sind Beteiligungsfinanzierungen für **innovative Unternehmen** von Bedeutung, weil die Entwicklung und Etablierung der innovativen Idee am Markt Kapitaleinsatz erfordert, gleichzeitig aber der technische Vorsprung bzw. die Einmaligkeit der Idee nach der Markteinführung eine hohe Gewinnspanne versprechen. Nach erfolgreicher Unternehmensentwicklung ist der **Ausstieg** der Beteiligungsfinanzierer vorgesehen. Es handelt sich in der Regel auch um **Minderheitsbeteiligungen**, die lediglich unterstützenden Charakter haben und nur eine begrenzte unternehmerische Mitspracheausübung beabsichtigen.

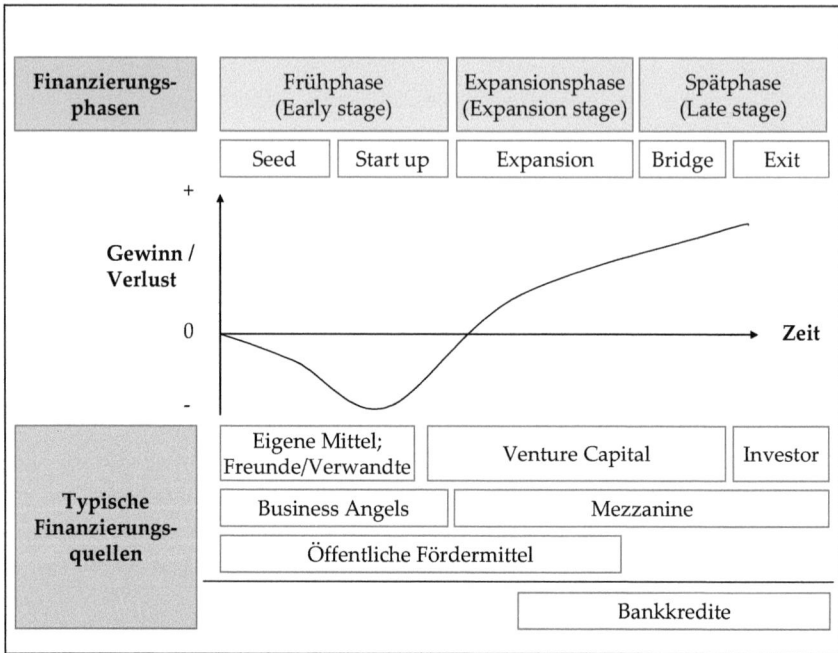

Neben diesen Kriterien wird geprüft, ob das **Konzept des Unternehmens** tragfähig ist und die angestrebten **Ertragsaussichten** bestehen. Dazu muss ein **Businessplan** vorliegen, der alle relevanten Bereiche der (geplanten) Unternehmensentwicklung detailliert darstellt.

Die verschiedenen Formen der Beteiligungsfinanzierung sind in den unterschiedlichen Phasen der Unternehmensentwicklung nicht gleichartig geeignet. In der Frühphase (Seed- und Start up-Phase) einer Unternehmensfinanzierung sollten die Eigenmittel aus dem Kreis der Unternehmensgründer fließen (Family & Friends). Diese **Haftungsübernahme des Gründers** ist unentbehrlich, um den Glauben an das eigene Unternehmen zu demonstrieren und damit überhaupt Zugang zu anderen Investoren zu finden. Personen, die dem Unternehmen gleichzeitig **unternehmerische Kompetenz und Kapital** zufließen lassen, sind in dieser Phase ebenfalls (ergänzend) von Bedeutung. Aus **wirtschaftspolitischen Gründen** beteiligt sich auch der Staat an innovativen Unternehmensgründungen, um einem eventuellen Marktversagen wegen des hohen Risikos entgegenzuwirken und um einen Anreiz für Investitionen zu geben. Insgesamt sind die verschiedenen Eigenkapitalgeber für junge, innovative Unternehmen wesentlich, weil der Cash Flow entweder noch nicht positiv ist und/oder dringend in das Unternehmen reinvestiert werden muss. Damit ist der Zugang zu Fremdkapital aber weitgehend verschlossen. Mit steigendem Cash Flow stehen dann auch andere Finanzierungsformen zur Verfügung und ergeben sich für die Beteiligungsgeber die Möglichkeiten zum Ausstieg.

4.3 Anlagebereich

4.3.1 Allgemeine Fragen zu Anlageformen

Aufgaben zu Kapitel 4.3.1

■ **Teil A: Multiple Choice**

(347) Die vorübergehende Anlage von liquiden Mitteln

a) bezeichnet Geld, das ohnehin zur Vermögensbildung verwendet wird
b) dient der Renditeerwirtschaftung
c) dient der eindeutigen Abgrenzung der Geldanlage (Liquiditätsreserve) von der Kapitalanlage (Ersparnis)
d) beinhaltet Depositen, aber keine Wertpapiere

2 Punkte

(348) Die Banken betreiben im Rahmen des Wertpapiergeschäfts

a) Emissionshandel nur, wenn sie Aktien auf eigene Rechnung kaufen und verkaufen
b) das Depotgeschäft nur, wenn sie effektive Stücke in Verwahrung nehmen
c) Emissionsgeschäft, wenn sie im eigenen Namen auf fremde Rechnung Wertpapiere kaufen und verkaufen
d) Depotverwaltung, wenn sie u.a. die Depotkunden über Zinstermine informieren

2 Punkte

(349) Die Kapitalanlage

a) ist eine Investition als Gegenstück zur Finanzierung
b) ist die Mittelbeschaffung, Finanzierung ist die Mittelverwendung
c) von Kunden ist immer gleichzeitig die Refinanzierung einer Bank
d) beinhaltet für den Investor (Anleger) unabhängig von der Anlageform die gleiche rechtliche Stellung

2 Punkte

(350) Welche Aussage zum Anlagebereich ist richtig?

a) Kapitalanlage ist eine Beschaffung von Geld bzw. Geldkapital über den Finanzmarkt.
b) Der Anlagebereich ist die Mittelverwendung, der Finanzierungsbereich ist die Mittelbeschaffung.
c) Produkte der Kapitalanlage sind Investitionen in Finanzvermögen, nicht in Sachvermögen.
d) Kreditinstitute vermitteln nur Kapitalanlageprodukte, sie sind nicht bilanzwirksam.

2 Punkte

(351) Für die Anlageentscheidung gilt:

a) Die Anlage (Investition) erfolgt nur nach den Kriterien Sicherheit, Rendite und Liquidität.
b) Bei der Priorität Sicherheit sind Bankprodukte eher ungeeignet.
c) Die Kriterien Rendite und Liquidität sind gleichzeitig maximierbar.
d) Höheres Risiko kann durch einen Renditezuschlag entgolten werden.

2 Punkte

(352) Das Entscheidungsproblem bei der Anlage

a) kann durch das „magische Dreieck" aus Sicherheit, Rentabilität und Steueroptimierung abgebildet werden
b) kann durch das „magische Dreieck" komplett erfasst werden
c) beinhaltet ein Spannungsverhältnis zwischen den Kriterien Rendite und Sicherheit
d) kann auch durch die Anlageberatung nicht strukturiert werden

2 Punkte

(353) Das sogenannte „Magische Dreieck"

a) stellt die Abwägung zwischen den wichtigen Kriterien Rendite, Sicherheit und Liquidität dar
b) stellt die Abwägung zwischen den wichtigen Kriterien Vermögensaufbau, Vermögenserhalt und Vermögensverwendung dar
c) erfasst die Maximierung der Rendite und der Liquidität bei Minimierung des Risikos
d) bildet die drei Entscheidungskriterien Einkommen, Alter und vorhandenes Vermögen ab

2 Punkte

(354) Die Wertentwicklung der Anlageformen

a) zeigt, dass über einen langen Zeitraum die Staatspapiere die höchste Rendite erbringen

b) zeigt in der kurzen Frist die Überlegenheit der Aktienanlage

c) zeigt, dass Anleihen praktisch keinem Kursrisiko unterliegen

d) zeigt, dass Banksparprodukte zwar eine stabile aber nicht sehr hohe Wertentwicklung aufweisen

2 Punkte

(355) Welche Aussage zu Rendite und Risiko ist richtig?

a) Rendite bezeichnet die Ausschüttung von Aktien bzw. Aktienfonds.

b) Eine Anlage ist nicht optimal, wenn es bei gleichem Risiko eine Alternative mit einer höheren Rendite gibt.

c) Das Risiko wird als positive Abweichung vom Erwartungswert bezeichnet

d) Eine Anlage ist optimal, wenn es bei gleicher Rendite eine Alternative mit geringerem Risiko gibt.

e) Die Volatilität ist ein Renditemaß nach dem amerikanischen Nobelpreisträger Roberto Volatil

2 Punkte

(356) Welche Aussage zu Anlageformen ist richtig?

a) Offene Investmentfonds haben üblicherweise ein höheres Risiko als einzelne Aktien

b) Aktienfonds sind langfristig relativ sicher und haben eine hohe Rendite

c) Anleihen von Kreditinstituten sind weniger sicher als Anleihen anderer Unternehmen

d) Nicht börsengehandelte festverzinsliche Wertpapiere sind sicher und hoch liquide

e) Edelmetalle gelten vor allem langfristig als vergleichsweise riskante Anlage

2 Punkte

(357) Der Kapitalanleger

a) wird zum Gläubiger der Bank, wenn er bei ihr eine Staatsanleihe kauft

b) wird zum Teilhaber, wenn er sich durch Aktienkauf an einem Kreditinstitut beteiligt

c) muss beim Kauf/Verkauf von Wertpapieren durch die Bank nicht beraten werden

d) nimmt als Käufer eines Investmentfonds eine Teilhaberstellung ein

2 Punkte

(358)   Welche Aussage zu Entscheidungskriterien der Kapitalanlage ist richtig?

a) Unter Liquiditätsaspekten ist die Ursprungslaufzeit entscheidend
b) Zur Berechnung des Risikos gibt es kein geeignetes Risikomaß
c) Für Aktien und Anleihen ist die Rückzahlbarkeit ausschlaggebend
d) Die Volatilität ist ein Maß zum Vergleich der Wertentwicklung von verschiedenen Kapitalanlagen
e) Die Liquidität einer Anlageform zeigt sich in der Verfügbarkeit während der Laufzeit

2 Punkte

4.3.2 Theoretische Grundlagen

Aufgaben zu Kapitel 4.3.2

■ Teil A: Multiple Choice

(359) Welche Aussage zum Wertpapierhandelsgesetz ist richtig?

a) Ziel des Gesetzes ist der Anlegerschutz und die Transparenz der Finanzmärkte
b) Beim Wertpapiergeschäft sind Banken- und Kundeninteresse gleichberechtigt
c) Interessenkonflikten zwischen Kunden und Bank kann das Gesetz nicht entgegenwirken
d) Für Termingeschäfte gelten keine besonderen Vorschriften
e) Empfehlungen von Banken für Wertpapierkäufe und –verkäufe gelten generell als Insiderinformationen und sind verboten

2 Punkte

(360) Welche Aussage zur Kapitalmarkttheorie ist richtig?

a) Informationsasymmetrien u.a. Merkmale eines unvollkommenen Kreditmarktes spielen am Kapitalmarkt keine Rolle.
b) Im Gegensatz zur Kreditfinanzierung existiert eine Vielzahl von Gläubigern eines Schuldners.
c) Die Risiken der Gegenleistung sind am Kapitalmarkt bei einem Kapitalgeber gebündelt, weil es sich um große Volumina handelt
d) Bezüglich der Risikominimierung für die Kapitalgeber gelten die genau gleichen Überlegungen wie in der Kredittheorie

2 Punkte

(361) Die Risikominimierung am Kapitalmarkt

a) erfolgt individuell für jeden Anleger.
b) wird standardisiert und entbindet den Kapitalgeber daher von eigenen Maßnahmen der Risikoreduktion
c) beinhaltet im Rahmen der Standardisierung Publizitätspflichten, Standardklauseln und Ratings
d) ist um so erfolgreicher, je weniger Informationen den Kapitalmarkt beeinflussen

2 Punkte

(362) Das Risiko der Kapitalanlage

a) kann durch die Investition in Bundeswertpapiere vermieden werden, da sie risikolos sind
b) kann mit dem theoretischen Konstrukt einer „risikolosen" Anlage für jede Anlageform als nicht vorhanden betrachtet werden
c) wird durch ein externes (öffentliches) Rating hinreichend zuverlässig geschätzt
d) kann durch Derivate nicht immunisiert werden

2 Punkte

(363) Die Risikominimierung

a) beinhaltet am Kapitalmarkt unter anderem gesetzliche Vorschriften zum Umgang mit Informationen
b) erfolgt am Kapitalmarkt nicht durch Limitierung
c) durch die Stückelung von Wertpapieren am Kapitalmarkt entspricht nicht der Limitierung durch Festsetzung von Kreditobergrenzen
d) spiegelt sich darin wider, dass alle Wertpapiere eines Emittenten gleichrangig sind

2 Punkte

(364) Das Rating

a) ist ein Instrument, um Insiderinformationen zu erhalten
b) wird von jedem börsennotierten Unternehmen verlangt
c) wird als extern bezeichnet, wenn Banken ihre internen Ratings offen legen
d) erhöht die Transparenz am Kapitalmarkt

2 Punkte

(365) Die Kapitalmarkttheorie

a) bezeichnet ein Portfolio als optimal, wenn zwei verschiedene Anlagen enthalten sind
b) spricht von Optimierung, wenn am Markt die höchst mögliche Rendite erzielt wird
c) bezeichnet eine Kombination von Kapitalanlagen als optimal, wenn bei gegebener Rendite keine andere Kombination von Kapitalanlagen ein geringeres Risiko hat
d) nutzt die Standardabweichung als einziges Risikomaß

2 Punkte

(366) Das WpHG

a) regelt die Veröffentlichung von Unternehmensinformationen, verbietet aber keine Art von Informationen
b) beinhaltet Regeln, die eine weitreichende Bedeutung für die Sicherung eines fairen Handels haben
c) unterstützt die Ausnutzung nicht öffentlich zugänglicher Informationsvorsprünge
d) enthält keine Regelungen zum Verhalten von Kapitalmarktteilnehmern

2 Punkte

(367) Die Publizitätspflichten

a) bestehen, weil Informationen für den Handel auf Kapitalmärkten erheblichen Einfluss auf die Preisbildung haben
b) schließen Stimmrechtsveränderungen aus, weil der Datenschutz der Käufer/Verkäufer von Wertpapieren vorgeht
c) haben zum Ziel die Eigentumsverhältnisse geheim und diskret zu behandeln
d) haben einen schädlichen Einfluss auf den Finanzplatz Deutschland

2 Punkte

(368) Die Insiderregeln

a) definieren Insider als unternehmensangehörige Personen, die Kenntnis von einer nicht öffentlich bekannten Tatsache erlangen
b) beziehen auch die Bewertung von Wertpapieren ein, wenn diese ausschließlich auf veröffentlichten Informationen beruht
c) beziehen sich auf an organisierten Märkten gehandelte Wertpapiere, Rechte an oder aus Wertpapieren und Kontrakte
d) werden durch die Ad-hoc-Publizität unterlaufen

2 Punkte

(369) Die Verhaltensregeln

a) verpflichten Kreditinstitute dazu, dem Kunden alle Informationen und Quellen zu verschaffen, die am Markt für seine Wertpapiergeschäfte verfügbar sind
b) betrachten Risikotragfähigkeit und Risikobereitschaft als entscheidungsrelevante Kriterien im Rahmen der Wertpapierberatung
c) betrachten eine Beratung als anlegergerecht, wenn der Kunde eine gute Kenntnis der gewählten Anlageform nachweist
d) schließen die Nutzung der Kenntnisse von Kundengeschäften für den Eigenhandel nicht aus

2 Punkte

207

■ **Teil B: Grundlagenwissen**

(62) Systematisieren Sie die Leistungen der Kreditinstitute im Bereich der Kapitalanlage und nennen Sie verschiedene Anlageformen!

6 Punkte

(63) Definieren Sie den Begriff „Magisches Dreieck" und **nennen** Sie **vier** weitere Entscheidungskriterien für die Kapitalanlage!

6 Punkte

(64) Nennen Sie **vier** wesentliche gesetzliche Regelungen zum Wertpapiergeschäft und **erklären** Sie **zwei** davon!

6 Punkte

(65) Erläutern Sie **kurz** die Begriffe Insider, Insiderpapiere und Insidertatsachen! **Nennen** Sie **mindestens drei** Personen, die Insider wären!

6 Punkte

Lösungen zu Kapitel 4.3.1 und Kapitel 4.3.2

■ **Lösungsmuster zu Teil A: Multiple Choice**

	a	b	c	d	e
348		x			
349				x	
350	x				
351		x			
352				x	
353			x		
354	x				
355				x	
356		x			
357		x			
358		x			
359					x

	a	b	c	d	e
360	x				
361		x			
362			x		
363			x		
364	x				
365				x	
366			x		
367		x			
368	x				
369			x		
370		x			

■ **Lösungsmuster zu Teil B: Grundlagenwissen**

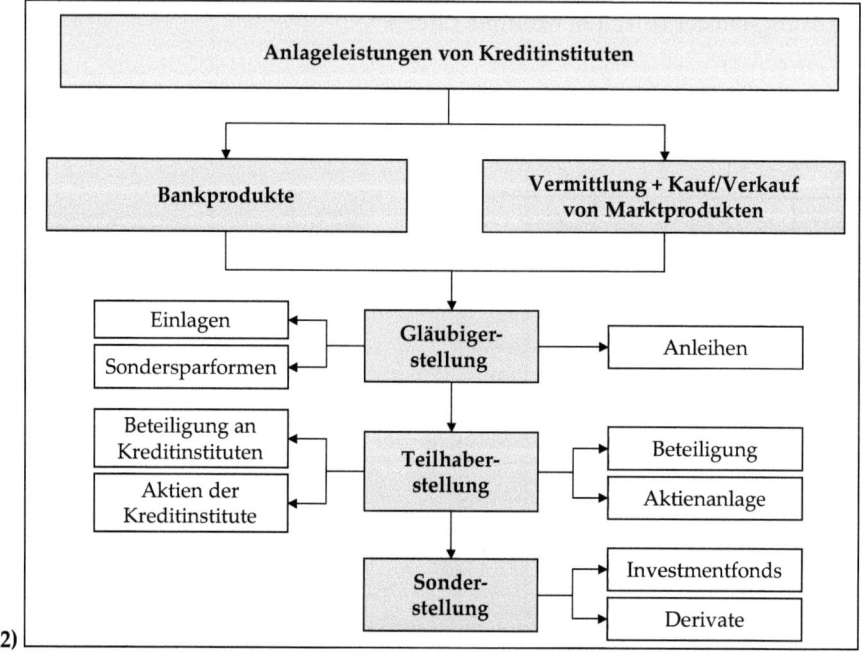

(62)

Die Investition ist als Gegenstück zur Finanzierung, also der Geldbeschaffung, die Anlage von Geld bzw. Geldkapital über den Finanzmarkt. Es ist dabei zu unterscheiden zwischen Anlageprodukten, die zur Anlage der Mittel bei den Geschäftsbanken dienen (**Bankprodukte**) und damit gleichzeitig die **Refinanzierung der Kreditinstitute** darstellen und Anlageprodukten, bei denen Geschäftsbanken lediglich die **Vermittlungsfunktion** zwischen Kapitalanbietern und -nachfragern inne haben. Daneben lassen sich die Anlageformen nach der **Stellung des Investors** trennen, die jeweils unterschiedliche Rechte und Pflichten begründet. Der Kapitalanleger nimmt bei Anleihen, Einlagen von Kreditinstituten oder Sondersparformen bei Kreditinstituten eine Gläubigerstellung ein. Dagegen wird er bei Erwerb von Beteiligungen bzw. einer Sonderform davon, der Aktienanlage, Teilhaber des erworbenen Unternehmens. Eine Sonderstellung bzw. Eigentümerstellung nimmt der Anleger ein, wenn er Rechte, Investmentfonds, Kunst, Immobilien oder andere Vermögenswerte erwirbt.

(63)

Das „Magische Dreieck" bildet das **Spannungsfeld** zwischen den drei Entscheidungs-kriterien der **Kapitalanlage: Rendite, Sicherheit und Liquidität**. Die Optimierung der Kapitalanlage hinsichtlich eines dieser Ziele bedeutet immer gleichzeitig Kompromis-se bei den beiden anderen Zielen. Die Liquidität steht für die Verfügbarkeit der Anlage während der Laufzeit und den Möglichkeiten die Anlageform jederzeit zu verkaufen. Die Rendite steht für die Wertentwicklung einer Anlage, die sich in Kursen, Zinsen, Dividenden und/oder anderen Erträgen ausdrückt. Das Risiko steht für die Wahr-scheinlichkeit und das Ausmaß einer negativen Abweichung vom erwarteten Wert der Kapitalanlage.

- Anlagehorizont

- Anlagevolumen

- Einkommenssituation

- Vermögenssituation

- Erfahrung in der Kapitalanlage

- Transaktionskosten

- (Risiko<u>neigung</u>)

- (Rendite<u>erwartungen</u>)

- (Verfügbarkeitswunsch)

(64)

Vier gesetzliche Regelungen wären die Regelungen zu Insiderüberwachung, Kurs- und Preismanipulationen, Publikationspflichten und Verhaltensregeln der Abschnitte 3-6 des WpHG. Die Erklärungen sind der Abbildung oben zu entnehmen.

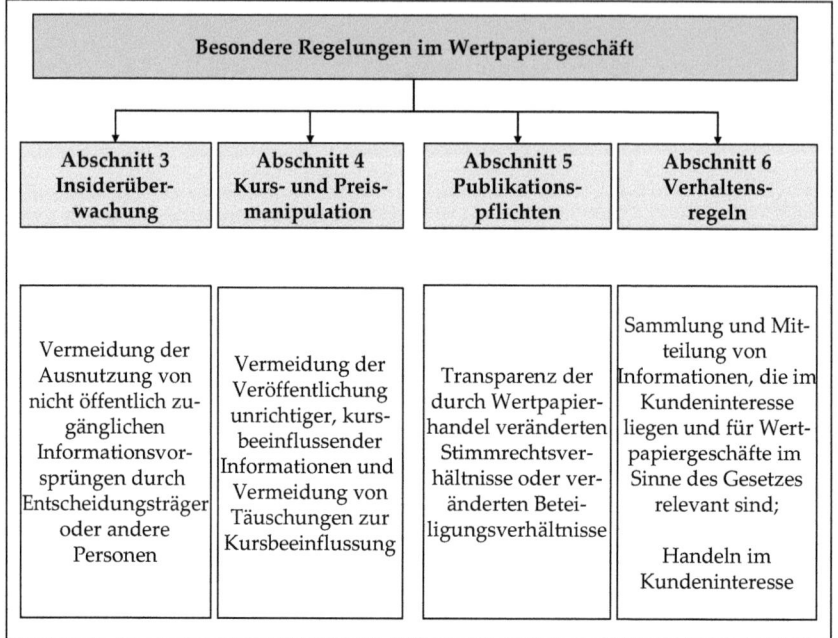

Richtig wären auch:

Beratungspflichten, die beinhalten, dass die für eine qualifizierte Anlageberatung notwendigen Kundenangaben erfragt werden müssen und die Banken (Wertpapierdienstleister) verpflichten, die Kunden über alle mit der Anlage verbundenen Risiken zu informieren. Die **Anforderungen an Handelsgeschäfte nach MaRisk** sollen Ausfall- und Marktpreisrisiken begrenzen bzw. deren Steuerung und Überwachung sicherstellen.

(65)

Als **Insider** sind alle Personen erfasst, die Kenntnis von einer nicht öffentlich bekannten Tatsache erlangen, die bei Veröffentlichung den Marktpreis eines gehandelten Wertpapiers beeinflussen kann. **Insiderpapiere** sind alle an organisierten Märkten gehandelte Wertpapiere, Rechte an oder aus Wertpapieren und Kontrakte. **Insidertatsachen** sind die Ausnutzung kursbeeinflussender Informationen, die nur einem begrenzten Personenkreis zugänglich bzw. bekannt sind, also noch nicht der Öffentlichkeit zur Verfügung stehen.

Personen, die Insider sind bzw. sein können sind: Personen der Geschäftsführung, der Aufsichtsorgane, Gesellschafter und Mitarbeiter,

Insider sind aber auch Personen, die von Insidern Insidertatsachen erfahren, wie z.B. Angehörige oder Freunde der genannten Personen.

212

4.3.3   Die Banksparprodukte

Aufgaben zu Kapitel 4.3.3

■ **Teil A: Multiple Choice**

(370)   Sichteinlagen sind u.a. durch folgendes Merkmal gekennzeichnet:

a) Es sind täglich fällige Gelder
b) Sie dürfen nicht zur Abwicklung des Zahlungsverkehrs verwendet werden
c) Sie werden nicht verzinst
d) Sie müssen dem Kreditinstitut mindestens für 30 Tage überlassen werden

2 Punkte

(371)   Termineinlagen sind

a) unbefristet
b) mit einem bestimmten Fälligkeitstermin verbunden
c) auch Tagesgeld
d) teilweise Kündigungsgeld

2 Punkte

(372)   Welche Aussage zu Termineinlagen ist richtig?

a) Die Änderung der Frist von Festgeldern ist nicht möglich.
b) Die Einleger müssen mindestens drei Monate auf Verfügungen verzichten.
c) Festgelder dürfen von Kreditinstituten nicht zur Kreditvergabe genutzt werden.
d) Kündigungsgelder müssen innerhalb einer bestimmten Frist gekündigt werden.
e) Festgelder müssen innerhalb einer bestimmten Frist gekündigt werden.

2 Punkte

(373)   Spareinlagen sind

a) eine zinsgünstige Refinanzierungsmöglichkeit für Banken
b) Forderungen von Banken gegenüber ihren Kunden
c) Verbindlichkeiten von Kunden gegenüber den Banken
d) für den Kunden Geldanlagen, über die er jederzeit frei verfügen kann

2 Punkte

(374) Welche Behauptung für Termingelder trifft zu:

a) Es sind täglich fällige Gelder
b) Es sind Guthaben, über die zu bestimmten Terminen Zahlungsaufträge abgewickelt werden
c) ihre Verzinsung ist nie höher als bei Spareinlagen
d) Verzinsung richtet sich nach Dauer der Anlage und Höhe der Einlage

2 Punkte

(375) Die Einlagensicherung

a) ist auf europäischer Ebene verbindlich für alle Kreditinstitute geregelt
b) ist immer auch Institutssicherung
c) ist bei den privaten Banken an das haftende Eigenkapital gekoppelt
d) ist verbindlich im KWG geregelt

2 Punkte

(376) Sparbriefe sind

a) eine zinsgünstige Refinanzierungsmöglichkeit für Banken
b) Verbriefte Forderungen von Banken gegenüber ihren Kunden
c) Verbindlichkeiten von Kunden gegenüber den Banken
d) für den Kunden mittelfristige, verzinste Geldanlagen

2 Punkte

(377) Welches Merkmal ist mit dem Bausparen verbunden?

a) Anspruch auf zinslose Bauspardarlehen
b) bei Prämienberechtigung eine attraktive Verzinsung des Bausparguthabens
c) die garantierte Zahlung einer Bausparprämie
d) das Fehlen der grundpfandrechtlichen Sicherung des Bausparkredits

2 Punkte

(378) Welche der Anforderungen ist für die Auszahlung des Bauspardarlehens nicht notwendig?

a) Mindestsparzeit
b) Grundstückskaufvertrag
c) Eintragung ins Grundbuch
d) Zuteilung
e) Verwendungsnachweis

2 Punkte

(379) Ein Sparbrief

a) ist abgezinst, wenn die Zinszahlungen jährlich im Voraus geleistet werden
b) wird zum Nennwert zurückgezahlt, wenn er aufgezinst ist
c) hat eine Laufzeit von 1-2 Jahren
d) ist für eine Bank ein bilanzwirksames Refinanzierungsprodukt

2 Punkte

(380) Zu den Banksparprodukten zählen nicht:

a) Sparbriefe
b) Sparschuldverschreibungen
c) Ratensparpläne
d) Indexsparen
e) Eigene Effekten

2 Punkte

(381) Welche der folgenden Anlageprodukte zählen zu den bilanzwirksamen Bankprodukten?

a) Kapitallebensversicherungen
b) Eigene Inhaberschuldverschreibungen
c) Investmentfonds
d) Zertifikate
e) Altersvorsorge-Sondervermögen

2 Punkte

(382) Zu den Sondersparformen

a) zählen Termingelder, wenn sie Festgelder sind
b) zählen Spareinlagen mit einem monatlichen Kündigungsfreibetrag
c) zählen längerfristige Einlagen, die mit zusätzlichen Zinszahlungen verbunden sind
d) zählen nur Kontensparformen

2 Punkte

(383) Welche Ausgestaltungsmöglichkeiten sind bei Sondersparformen unüblich?

a) Sparpläne
b) Bonifikationen
c) Zinsvariationen
d) Gewinnbeteiligungen
e) Zweckbindung

2 Punkte

■ **Teil B: Grundlagenwissen**

(66) Nennen Sie **vier** Möglichkeiten, klassische Spareinlagen so zu gestalten, dass die Rendite steigt! **Erklären** Sie **zwei** Möglichkeiten!

6 Punkte

(67) Grenzen Sie Sichteinlagen, Termineinlagen und Spareinlagen voneinander ab!

6 Punkte

(68) Erklären Sie **kurz** das Prinzip vermögenswirksamer Leistungen und **erklären** Sie zwei Anlageformen!

6 Punkte

(69) Erklären Sie den Ablauf und die Struktur des Bausparens!

9 Punkte

■ **Teil C: Anwendungswissen**

(24) Nennen und **begründen Sie kurz drei** Kriterien, welche die Verzinsung der Spareinlagen bei einer Geschäftsbank beeinflussen!

6 Punkte

Lösungen zu Kapitel 4.3.3

■ Lösungsmuster zu Teil A: Multiple Choice

	a	b	c	d	e
371	x				
372				x	
373				x	
374	x				
375				x	
376			x		
377				x	
378		x			
379			x		
380				x	
381					x
382		x			
383			x		
384				x	

■ **Lösungsmuster zu Teil B: Grundlagenwissen**

(66)

- Verlängerung der Kündigungsfristen

- Verzicht auf Verfügungsmöglichkeiten (Kündigungssperrfristen)

- Erhöhung der Anlagebeträge

- Staatliche Förderung

- Zweckbindung

Die **Verlängerung der Kündigungsfristen** bewirkt bei Banken eine längere Kalkulationsfrist. Es ist daher einfacher und kostengünstiger eine Anschlussfinanzierung zu sichern. Der **Verzicht auf Verfügungsmöglichkeiten** ermöglicht den Banken keine Liquiditätsreserve für eventuelle Verfügungen bereitzuhalten, demzufolge ist eine höhere Verzinsung bezahlbar. **Höhere Anlagebeträge** führen zu höheren Losgrößen und senken die Betriebskosten der Banken. Daher kann die Verzinsung attraktiver gestaltet werden. Zur Verbesserung der Vermögensbildung der Bevölkerung fördert der Staat das Sparen. Dies kann einerseits durch direkte Zahlungen in Form von **Sparzulagen** oder **Prämien** geschehen, andererseits durch die steuerliche Anerkennung von Vorsorgeaufwendungen oder die steuerliche Freistellung von Anlageformen bzw. deren Erträgen. Beim **Zwecksparen** wird ein konkreter Verwendungszweck (Existenzgründung, Studium) vereinbart, der die Anwartschaft auf ein zinsgünstiges Darlehen impliziert. Die Zinsgestaltung kann fest oder variabel sein und jährlich steigende Zinsen oder Zusatzzinsen bei Eintritt bestimmter Ereignisse beinhalten.

	Sichteinlagen	Kündigungs-geld	Festgeld	Spareinlagen
Verwendung	Zahlungsmittel Liquiditätsreserve	Liquiditätsreserve „Parkgeld"		Vermögensbildung Liquiditätsreserve
Fälligkeit	jederzeit	unbestimmt frühestens nach einem Monat	fest	unbestimmt / Kündigungsfrist
Rückzahlung	jederzeit uneingeschränkt	nach Kündigung	Termin bestimmt	Kündigung / vorzeitig
Urkunde	keine	keine	keine	Sparurkunde
Verzinsung	variabel / keine - niedrig	variabel / betragsabhängig	fest / betragsabhängig	variabel / niedrig
Staatliche Förderung	keine	keine	keine	keine / VL möglich

(67)

Gemeinsamkeiten liegen in der Eignung als **Liquiditätsreserve**. Die Primärverwendung liegt allerdings bei **Sichteinlagen** in der Nutzung zur **Bezahlung** von Gütern und Dienstleistungen, bei den **Spareinlagen** in der Verwendung zum **Vermögensaufbau** oder zur Vermögensanlage. Bei **Termingeldern** steht die **Disposition** der Gelder im Vordergrund. Die Spareinlagen unterscheiden sich von allen anderen Einlagen durch die zwingende Ausfertigung einer **Sparurkunde** sowie die Möglichkeit, dieses Produkt zur Anlage vermögenswirksamer Leistungen zu verwenden. Daraus geht ebenfalls der tendenzielle Charakter als Kapitalanlageform hervor. Die **Verfügbarkeit** (Fälligkeit bzw. Rückzahlung) ist bei Sichteinlagen jederzeit gegeben, was den Liquiditätscharakter begründet. Termingelder haben eine Mindestlaufzeit von einem Monat. Bei Festgeldern wird explizit ein fester Fälligkeitstermin vereinbart, üblicherweise monatlich, 3-monatlich, 6-monatlich oder jährlich. Bei Kündigungsgeldern wird dagegen die **Kündigungsfrist** bestimmt, nach der die Gelder bei erfolgter Kündigung fällig werden. Spareinlagen werden ebenfalls nach vereinbarter, mindestens 3-monatiger Kündigungsfrist fällig. Darüber hinaus kann über Spareinlagen bis zu einer Höhe von 2000,- EUR monatlich verfügt werden. Während eine vorzeitige Rückzahlung der Termingelder unüblich ist, kann über Spareinlagen unter bestimmten Bedingungen über die 2000,- EUR hinaus vorzeitig verfügt werden.

Die Einlagen werden üblicherweise verzinst. Sichteinlagen sind aufgrund ihrer Zahlungsverkehrseigenschaft teilweise auch nicht verzinst. Im Vergleich zu anderen Kapitalanlageformen zeichnen sich die Einlagen durch eine niedrige **Verzinsung** aus. Dies ist bedingt durch das geringe Risiko der Anlageform und die vergleichsweise gute Verfügbarkeit. Termineinlagen werden um so höher verzinst, je größer der Anlagebetrag ist. Die Verzinsung dieses Produktes orientiert sich am kurzfristigen Zins für Interbankengeschäfte. Termingelder weisen den höchsten Zins der Einlagenprodukte auf. Spareinlagen sind niedrig verzinst, liegen in der Verzinsung aber zwischen Sicht- und Termineinlagen. Bis auf die Festzinsvereinbarung über die Laufzeit bei Festgeldern können die Zinsen bei den Einlagen an Marktveränderungen angepasst werden. Sie gelten bis auf weiteres (b.a.w.) und sind so variabel.

(68)

Die wichtigste Form der staatlichen Sparförderung sind die **vermögenswirksamen Leistungen** (VL). Nach dem 5. Vermögensbildungsgesetz sind Anlagen in Sparverträgen für Wertpapiere oder Vermögensbeteiligungen, Kontensparverträgen, Bausparverträgen, Kapitallebensversicherungen und weiteren Vertragsarten mögliche Anlageformen für diese Leistungen des Arbeitgebers, des Arbeitnehmers oder beider. Die VL werden teilweise durch zusätzliche Zahlungen des Staates (Arbeitnehmersparzulage) gefördert. Für Anlagen in Wertpapieren bzw. Vermögensbeteiligungen sowie auf Bausparen gewährt der Staat eine zehnprozentige Arbeitnehmersparzulage für jährliche Einzahlungen bis zu einer Höhe von 480 EUR. Allerdings besteht der Anspruch nur bis zu einem zu versteuernden Einkommen von 17.900 EUR für Alleinstehende (35.800 EUR für Verheiratete) im Jahr der Sparleistung. Arbeitnehmer können auch zwei förderfähige Verträge über vermögenswirksame Leistungen abschließen.

Das **Kontensparen** wird im Rahmen der vermögenswirksamen Leistungen berücksichtigt, aber nicht durch Zulagen oder Prämien gefördert. Durch regelmäßige Einzahlungen wird auf einem Sparkonto Vermögen angesammelt. Das Kontensparen schließt Sondersparformen mit Zusatzleistungen, Boni u.a. Ausgestaltungsformen ein.

Bausparen ist das kollektive Zwecksparen, das die Anwartschaft auf ein zinsgünstiges Darlehen für wohnungswirtschaftliche Verwendungen begründet. Eine Darlehensgewährung ist an das Erreichen eines **Sparziels** geknüpft.

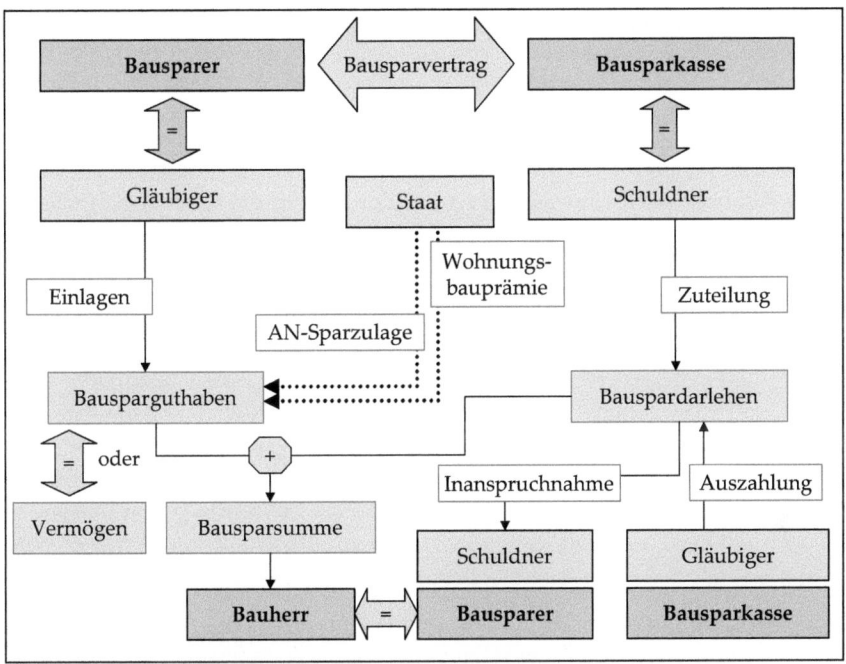

(69)

Zu jedem Bausparvertrag gehören die Phasen des **Sparens**, der **Zuteilung** und der **Darlehensgewährung**. In der **Sparphase** werden die angesammelten Guthaben verzinst. Das eigentliche Ziel des Bausparens sollte nicht das Sparen bzw. die Vermögensbildung, sondern die **Finanzierung von Wohneigentum** bzw. die Verwendung der Sparmittel und des Darlehens für wohnungswirtschaftliche Zwecke sein. Die Sparphase kann vom Sparer beeinflusst werden, weil er mit der Höhe seiner Sparbeträge die Dauer bis zur Erreichung der vereinbarten Sparsumme bestimmt. Die Sparphase kann verkürzt werden, wenn in kurzer Frist hohe Sparbeiträge entrichtet werden oder einmalige Sparleistungen erbracht werden. Dies ist sinnvoll bei einer beabsichtigten schnellen Darlehensinanspruchnahme. Da das Bausparen ein kollektives Sparen ist, hängt die Berechtigung zur Darlehensinanspruchnahme davon ab, wie viel und wie lange gespart wurde und welche Sparbeiträge und Inanspruchnahmen die anderen Sparer zu verzeichnen haben. Wenn die Darlehensberechtigung erreicht ist, wird dies **Zuteilung** genannt.

■ **Lösungsmuster zu Teil C: Anwendungswissen**

(24)

Ein erster Einflussfaktor auf den Sparzins ist der **Leitzins.** Die Leitzinsen haben eine Steuerungsfunktion für den Interbankenmarkt. Der Zins für die Einlagenfazilität bildet die Zinsuntergrenze am Geldmarkt und der Zins für die Spitzenrefinanzierungsfazilität bildet die Obergrenze. Die dritte Alternative zur Refinanzierung nach der Zentralbank und dem Interbankenmarkt sind Kundeneinlagen. Die Spareinlagen gehören zu diesen Kundeneinlagen. Die Spareinlagen sind also eine wichtige Refinanzierungsmöglichkeit, deren Preis maßgeblich von den Preisen der anderen Refinanzierungsinstrumente abhängt.

Einfluss auf die Sparzinsen hat des weiteren die Wettbewerbssituation im Bankenmarkt. Bei einem intensiven Wettbewerb um Kunden und deren Einlagen wird der Sparzins steigen, um sich gegenüber Wettbewerbern positiv abzuheben bzw. Kunden zu akquirieren. Da die Preissensitivität der Spareinlagen relativ gering ist, sind andere Einlagen wettbewerbsintensiver.

Die Liquiditätssituation am Finanzmarkt insgesamt hat einen Einfluss auf die sich bildenden Einlagenzinsen. Wenn die Liquidität am Geldmarkt, also für die kurzfristige Refinanzierung knapp ist, dann steigen die Preise für Refinanzierungsmittel. Da die Spareinlagen ein wichtiges Refinanzierungsmittel darstellen, werden in dem Fall auch die Sparzinsen ansteigen.

Richtig wären z.B. auch:

- relative Attraktivität von Spareinlagen im Vergleich zu anderen Anlagealternativen.

- Die (geschäftspolitische) Bedeutung der Refinanzierung über Spareinlagen für die

  Bank

- Zinssensitivität der Sparer

4.3.4 Das Wertpapiergeschäft

4.3.4.1 Aktien, Anleihen und Investmentfonds

Aufgaben zu Kapitel 4.3.4.1

◼ **Teil A: Multiple Choice**

(384) Welche der folgenden Rechte verbrieft grundsätzlich eine Schuldverschreibung?

a) Feste Verzinsung
b) Zinskupon
c) Tilgung am Laufzeitende
d) Recht auf vertragliche Tilgung

2 Punkte

(385) Welche der folgenden Rechte verbrieft eine Obligation?

a) Zinskupon,
b) Stimmrecht,
c) Bezugsrecht,
d) Verzinsung,
e) Recht auf Liquidationserlös.

2 Punkte

(386) Welche Aussage zu Anleihen ist richtig?

a) Anleihen sind u.a. nach den Rückzahlungsmodalitäten zu differenzieren.
b) Auslandsanleihen sind Schuldverschreibungen, bei denen ein Schuldner einen für ihn ausländischen Markt wählt, aber in seiner Währung emittiert
c) Eurobonds sind Anleihen, die in Euro auf verschiedenen internationalen Finanzplätzen emittiert werden.
d) Bei Auslosungsanleihen werden zu bestimmten, vorher definierten Terminen Teile der Anleihe ausgelost, die nicht getilgt werden müssen.

2 Punkte

(387)   Verzinsliche Wertpapiere

a) werden auch Anleihen, Schuldverschreibungen, Obligationen oder Renten genannt
b) werden nur von Banken und anderen Unternehmen emittiert
c) werden nur von Aktiengesellschaften emittiert
d) verbriefen einen Anspruch auf Rückzahlung inklusive eines Zinses oder einer Erfolgsbeteiligung

2 Punkte

(388)   Welche Möglichkeit ist nicht mit dem Besitz an einer Anleihe verbunden?

a) Erzielung einer angemessenen Verzinsung
b) Mitnahme von Kursgewinnen
c) Verpfändung bzw. Beleihung
d) Teilnahmerecht an der Hauptversammlung

2 Punkte

(389)   Verzinsliche Wertpapiere

a) können mit einem Aufschlag, aber nicht mit einem Abschlag emittiert werden
b) werden mit einem Aufschlag emittiert, wenn ein Agio erhoben wird
c) sind immer Kapitalmarktpapiere
d) werden mit einem Aufschlag emittiert, wenn ein Disagio erhoben wird

2 Punkte

(390)   Die Duration

a) ist die durchschnittliche Laufzeit von Anleihen
b) ist umso kleiner, je länger die Restlaufzeit ist
c) ist umso kleiner, je höher der Nominalzins ist
d) ist kein geeigneter Indikator für die Zinsempfindlichkeit einer Anleihe
e) ist von der Laufzeit einer Anleihe unabhängig

2 Punkte

(391)   Welches Handlungsmotiv ist für eine konservative Kapitalanlage ungeeignet?

a) Renditeoptimierung
b) Vorzeitige Liquidierbarkeit
c) Spekulationsmöglichkeit
d) Wertsicherheit
e) Diversifikation

2 Punkte

(392) Welches Recht beinhaltet ein Rentenpapier nicht?

a) Gläubigerrecht
b) Zinsanspruch auch in Verlustjahren
c) Rückzahlungsanspruch
d) Das Recht an einem Sachwert
e) Entgeltanspruch

2 Punkte

(393) Die Verzinsung einer Anleihe

a) wird variabel genannt, wenn der Zins nicht bis zum Laufzeitende konstant ist
b) kann bei einer Step-Up-Verzinsung an den EURIBOR gekoppelt sein
c) ist variabel, wenn die Zinsen unterjährig an einen Referenzzins angepasst werden
d) kann nicht nach oben begrenzt sein, wenn sie variabel gestaltet ist

2 Punkte

(394) Welche der folgenden Institutionen können nicht Emittenten von Anleihen sein?

a) Bundesländer
b) Kreditinstitute
c) Genossenschaften
d) Aktiengesellschaften
e) Die Weltbank (IBRD)

2 Punkte

(395) Anleihen

a) sind am deutschen Kapitalmarkt von untergeordneter Bedeutung
b) sind mit Vermögenswerten gedeckt, wenn sie Pfandbriefe heißen
c) sind keine Industrieobligationen, wenn sie von Dienstleistungsunternehmen emittiert werden
d) haben immer einen Zinskupon

2 Punkte

(396) Bundeswertpapiere

a) sind Schatzbriefe oder Finanzierungsschätze
b) müssen bei der Bundesschuldenverwahrung hinterlegt werden
c) decken kurze, mittlere und lange Laufzeiten ab
d) sind grundsätzlich normal verzinst (Festzins)

2 Punkte

225

(397) Welche Aussage zu Bundeswertpapieren ist richtig?

a) Alle Bundeswertpapiere sind an der Börse handelbar.

b) Bundeswertpapiere gelten als sehr sicher und können ohne Depotgebühren in Verwahrung gegeben werden.

c) Bundesschatzbriefe können während der Laufzeit nicht zurückgegeben werden.

d) Die Bundesrepublik emittiert keine abgezinsten Wertpapiere.

2 Punkte

(398) Nullkuponanleihen

a) sind mit Zerobonds leicht zu verwechseln, weil sie ähnliche Produkte sind

b) haben bei der Emission eine Verzinsung, die sich als Differenz zwischen Ausgabekurs und Rückzahlungskurs ausdrückt

c) sind Anleihen ohne eine rechnerische Verzinsung des Kapitals

d) sind Gewinnschuldverschreibungen

e) werden während der Laufzeit immer zum gleichen Kurs getauscht

2 Punkte

(399) Zerobonds

a) haben das Problem, dass die Zinsen während der Laufzeit zu einem niedrigeren Zins wieder angelegt werden müssen

b) werden am Ende der Laufzeit rechnerisch nicht mit Zins und Zinseszins zurückgezahlt

c) verzeichnen keine regelmäßigen Zinszahlungen

d) sind aufgezinste Wertpapiere

2 Punkte

(400) Welche Aussage zu Zerobonds ist richtig?

a) Die rechnerische Rendite von Zerobonds ist während der Laufzeit immer gleich der Emissionsrendite

b) Der Emissionskurs ist gleich dem Rückzahlungskurs.

c) Das Risiko eines Zerobonds ist höher als das Risiko einer Kuponanleihe mit gleicher Ausstattung und Laufzeit des gleichen Emittenten.

d) Die Nullkuponanleihe hat einen rechnerischen Zinssatz und unterliegt daher auch einem Zinsänderungsrisiko.

2 Punkte

(401)   Pfandbriefe

a) sind Anleihen zur langfristigen Refinanzierung von Grundschuld- bzw. Hypothekarkrediten und Kommunaldarlehen
b) können nur von privaten Hypothekenbanken und Landesbanken emittiert werden
c) können nicht zur Refinanzierung von Schiffen begeben werden
d) haben in der Regel eine durchschnittliche Bonität

2 Punkte

(402)   Aktien

a) können als Nennwertaktien gestaltet sein und müssen dann auf einen Euro lauten
b) können als Nennwertaktien gestaltet sein und müssen auf mindestens 5 EUR lauten
c) können als Stückaktien gestaltet sein und müssen auf mindestens einen Euro lauten
d) verbriefen als Stückaktien einen Anteil am Grundkapital

2 Punkte

(403)   Die Übertragbarkeit von Aktien ist

a) bei Inhaberaktien stark eingeschränkt
b) bei Namensaktien nicht per Indossament möglich
c) zur Vereinfachung buchmäßig auch bei Namensaktien gegeben
d) bei vinkulierten Namensaktien ausgeschlossen

2 Punkte

(404)   Bei einer Aktiengesellschaft erfolgt eine Kapitalerhöhung in Höhe von 50% des bisherigen Grundkapitals. Kurs der alten Aktien 180, Kurs der jungen Aktien 120. Wie hoch ist der Wert des Bezugsrechts?

a) 60
b) 40
c) 20
d) 15

2 Punkte

(405)   Wie hoch ist der Mittelkurs (Kurs nach der Kapitalerhöhung) in vorherigen Fall?

a) 120
b) 150
c) 160
d) 170

2 Punkte

(406)   Die Ausgabe welchen Typs von Vorzugsaktien ist unzulässig?

a) Stimmrechtslose Vorzugsaktien
b) Kumulative Vorzugsaktien
c) Mehrstimmrechtsaktien
d) Limitierte Vorzugsaktien

2 Punkte

(407)   Sogenannte Midcaps sind

a) Aktien, die die durchschnittliche Wertentwicklung eines Kapitalmarktes abbilden
b) Aktien, die man auch als Blue Chips bezeichnet
c) Aktien, die beispielsweise im DAX 100 mitenthalten sind
d) Aktienoptionen, deren Wert sich halbiert hat

2 Punkte

(408)   Welche der folgenden Rechte gelten nicht für eine Stammaktie?

(a) Recht auf Dividendenvorzug,
(b) Stimmrecht,
(c) Recht auf Anteil am Liquidationserlös,
(d) Bezugsrecht,

2 Punkte

(409)   Aus welchen Gründen wird eine Kapitalerhöhung aus Gesellschaftsmitteln durchgeführt?

a) Zuführung neuen Eigenkapitals,
b) Erhöhung des Vermögens der Aktionäre durch Ausgabe von Gratisaktien,
c) Vermeidung von Körperschaftsteuer,
d) Minderung des Börsenkurses und Erhöhung der Effektivverzinsung der Aktien.

2 Punkte

(410)   Welches Recht ist nicht mit dem Besitz einer Vorzugsaktie verbunden?

a) Mehrstimmrecht
b) Teilnahmerecht auf der Hauptversammlung
c) Informationsrechte
d) Recht auf Anteil am Liquidationserlös
e) Recht auf Dividendenvorzug

2 Punkte

(411) Welcher Einflussfaktor beeinflusst den Aktienkurs nicht?

a) Kapitalmarktzins
b) Unternehmensdaten
c) Gewinnerwartungen
d) Dividendenzahlung
e) keine der Antworten ist richtig

2 Punkte

(412) Was bedeutet das Börsenkürzel „bzG"

a) etwas bezahlt, Nachfrage vorhanden
b) kaum Umsatz, Nachfrage vorhanden
c) Umsätze fanden statt, Angebot vorhanden
d) Umsätze fanden statt, Nachfrage vorhanden
e) etwas bezahlt, Angebot vorhanden

2 Punkte

(413) Die Börsennotierung

a) „B" bedeutet, dass ein Nachfrageüberschuss besteht
b) „ausg" bedeutet, dass die Kursnotierung ausgesetzt ist
c) „ex" bedeutet, dass die Aktie vom Markt genommen wurde
d) „T" bedeutet, dass die Aktie im TecDax notiert ist

2 Punkte

(414) Investmentfonds

a) sind Sondervermögen, die von Kapitalanlagegesellschaften ausschließlich für Klein-anleger aufgelegt werden
b) ermöglichen bereits mit kleinen Beträgen eine Diversifikation der Kapitalanlage bei niedrigen Kosten
c) werden von sogenannten Investmentaktiengesellschaften emittiert
d) werden von Kapitalanlagegesellschaften aufgelegt, die in jeder Rechtsform geführt werden können

2 Punkte

(415) Welche Aussage zu Immobilienfonds ist richtig?

a) Das Fondsvermögen besteht nur aus Liegenschaften
b) Es gibt keine Sondervermögen bei Immobilienfonds
c) Es sind gemeinschaftliche Geldanlagen in Immobilien
d) Es gibt keine Mindeststreuung für Immobilien

2 Punkte

(416) Welche Aussage zu Investmentfonds ist richtig?

a) Eine Depotbank übernimmt grundsätzlich die Treuhänderfunktion für die Anleger
b) Investmentaktiengesellschaften sind in Deutschland nicht zugelassen
c) Das Fondsmanagement unterliegt nur der Beschränkung, die Angaben des Fonds-prospekt einzuhalten
d) Kapitalmittel in Vermögensgegenständen nach Maßgabe des Investmentgesetzes sind immer Anteile am Sondervermögen

2 Punkte

(417) Zu den Aufgaben

a) des Fondsmanagements gehört die Ermittlung des Anteilspreises des Investment-fonds
b) der Depotbank gehört die Information und Beratung der Fondsanleger
c) der Kapitalanlagegesellschaft gehört die Ausrichtung der Fondsanlagestruktur
d) des Fondsmanagements gehört der Kauf/Verkauf von Anteilsscheinen

2 Punkte

(418) Ein Investmentfonds arbeitet

a) auf eigene Rechnung in fremdem Namen
b) im eigenen Namen auf gemeinschaftliche Rechnung der Einleger
c) im fremden Namen auf gemeinschaftliche Rechnung der Einleger
d) auf fremde Rechnung in fremdem Namen

2 Punkte

(419) Investmentfonds sind

a) Spezialfonds, wenn sie nur in ausgewählte Vermögenswerte einer Branche oder einer Region investieren dürfen
b) Publikumsfonds, wenn sie nach den Anlagewünschen der Anteilseigner investieren
c) Offene Fonds, wenn die Anteile jederzeit veräußert werden können
d) Geschlossene Fonds, wenn nur institutionelle Anleger investieren dürfen

2 Punkte

(420) Publikumsfonds

a) sind so gestaltet, dass eine Vielzahl von Anlegern kleine Beträge regelmäßig aber nicht einmalig anlegt.
b) werden nach den Anlageschwerpunkten der Investoren gestaltet
c) sind üblicherweise als geschlossene Fonds konzipiert
d) sind für eine Vielzahl von Anlegern konzipiert und können als Anlageschwerpunkte verschiedenste Vermögenswerte haben

2 Punkte

(421) Welche Aussage zu Investmentfonds ist richtig?

a) Thesaurierende Fonds schütten Erträge nur aus, um dafür neue Investmentanteile für die Anleger zu kaufen
b) Investmentfonds ohne Ausgabeaufschlag haben eine günstigere Kostenstruktur als Fonds mit Ausgabeaufschlag
c) Geschlossene Investmentfonds müssen als AG oder GmbH gestaltet sein
d) Erträge von Investmentfonds entstehen aus ordentlichen Zinsen, Dividenden und ggf. realisierten Kursgewinnen.

2 Punkte

(422) Ein Ausgabeaufschlag

a) wird bei der Rücknahme von Investmentanteilen berechnet
b) wird auf den jeweiligen Rücknahmepreis addiert
c) wird nur bei Tradingsfonds erhoben
d) wird erhoben, um die Transaktionskosten des Fonds abzudecken

2 Punkte

(423) Anlageschwerpunkte von Investmentfonds

a) können nicht regional eingegrenzt werden
b) können risikoorientiert sein, auch wenn dies im Fondsprospekt nicht mitgeteilt wird
c) werden meistens in der Bezeichnung der Fonds deutlich
d) können sich nicht auf ausgewählte Kapitalmarktinstrumente beziehen

2 Punkte

(424) Welche Aussage zu Investmentfonds ist richtig?

a) High-Yield-Fonds sind Aktienfonds.
b) Risikobezogen kann die Investmentanlage konservativ bzw. sicherheitsorientiert ausfallen, indem nur in Standardwerte investiert wird.
c) Hedgefonds sind sicherheitsorientiert, weil sie Geschäft und Gegengeschäft beinhalten.
d) Dachfonds sind umstritten, weil sie besonders hohe Risiken beinhalten.

2 Punkte

■ **Teil B: Grundlagenwissen**

(70) Grenzen Sie Aktien **eindeutig** von Anleihen **ab!**

8 Punkte

(71) Nennen Sie **vier Rechte** von Aktionären und **nennen** Sie **vier** Einflussfaktoren auf den Aktienkurs! **Erklären** Sie **kurz jeweils ein** Recht und einen Einflussfaktor!

8 Punkte

(72) Nennen Sie **vier** Kriterien und **erläutern ein** Kriterium, nach denen Investmentfonds systematisiert werden!

6 Punkte

(73) Grenzen Sie Effekten **eindeutig** von Sparprodukten **ab!**

9 Punkte

(74) Ermitteln Sie den Ausführungskurs und den Umsatz für folgende Angebots- und Nachfragesituation einer Aktie! Nennen Sie die Bedeutung der Börsenkürzel b, B, ExD!

Nachfrage: 3000 zu 90; 2500 zu 91, 5000 zu 92, 1000, zu 93, 20.000 billigst

Angebot: 12.000 bestens, 6.000 zu 93, 3.500 zu 92, 1.000 zu 91, 1.000 zu 90

6 Punkte

■ **Teil C: Anwendungswissen**

(25) Kennzeichnen Sie (in groben aber systematischen Zügen) den **Zusammenhang** zwischen Anlegermentalität (Risikoneigung) und der Eignung von Sparprodukten, Anleihen, Fonds und Aktien!

15 Punkte

(26) Ermitteln Sie den Wert des Bezugsrechts, wenn bei einer Kapitalerhöhung von 500 Mio. EUR auf 625 Mio. EUR und einem Kurs der alten Aktien von 200,- EUR die neuen Aktien für 120,- EUR ausgegeben werden! **Wie hoch** ist der Mittelkurs?

6 Punkte

Lösungen zu Kapitel 4.3.4.1

■ Lösungsmuster zu Teil A: Multiple Choice

	a	b	c	d	e
385				x	
386				x	
387	x				
388	x				
389				x	
390		x			
391			x		
392			x		
393				x	
394			x		
395			x		
396		x			
397			x		
398		x			
399		x			
400			x		
401				x	
402	x				
403				x	
404			x		
405			x		

	a	b	c	d	e
406			x		
407			x		
408			x		
409	x				
410				x	
411	x				
412					x
413				x	
414		x			
415		x			
416			x		
417	x				
418			x		
419		x			
420			x		
421				x	
422				x	
423		x			
424			x		
425		x			

Lösungsformel zu (405) und (406) auf S. 235 in Lösung zu Teil C Aufgabe (26).

Lösungsmuster zu Teil B: Grundlagenwissen

(70)

Geeignete Kriterien zur Abgrenzung sind:

Kriterien	Aktien	Renten
Rechtstellung	Teilhaber	Gläubiger
Entgelt	Dividende	Zins
Ertrag	Kurssteigerung + Dividende	Zinsen + evtl. Kurssteigerung
Rückzahlung	nein	ja
Haftung	Verlustteilnahme	keine Verlustteilnahme
Laufzeit	unbegrenzt	kurz/mittel/lang

(71)

- Teilnahmerecht auf der Hauptversammlung, Auskunftsrecht, Stimmrecht, Anspruch auf einen Anteil am Bilanzgewinn (Dividendenrecht), Bezugsrecht, Recht auf Anteil am Liquidationserlös

- Erwartungen, Konjunktur, Branchenentwicklung, Unternehmensdaten, Börsenpsychologie, Kapitalmarktzinsen, usw.

z.B.: Das Bezugsrecht beinhaltet den Anspruch, bei Kapitalerhöhungen einen Anteil neuer Aktien zu erhalten, der dem bisherigen Anteil am Grundkapital der Gesellschaft entspricht. Damit wird eine Verwässerung der Anteile der Altaktionäre verhindert.

z.B.: Gewinnerwartungen drücken aus, welche Ertragskraft das Unternehmen in naher bzw. weiterer Zukunft voraussichtlich haben wird. Der Wert der Aktie kann nur steigen, wenn ein Unternehmen Gewinne (besser Cash Flow) erwirtschaftet, aus dem Dividenden gezahlt werden und/oder der in die Rücklagen fließt. Gewinnerwartungen drücken damit direkt die Renditeerwartung der Aktien aus.

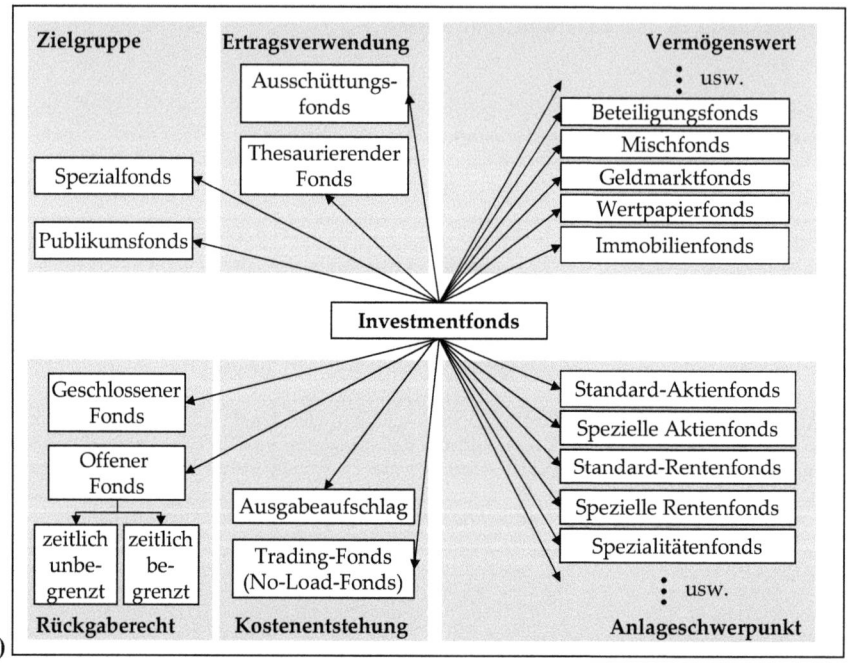

(72)

z.B. **Zielgruppe**: Spezialfonds werden für einen oder wenige institutionelle Investoren aufgelegt. Der Investor hat maßgeblichen Einfluss auf Anlageschwerpunkte und Anlagestrategie. Publikumsfonds werden für ein breites Spektrum von Anlegern, insbesondere Kleinanlegern aufgelegt, die Anlageschwerpunkte und die Anlagestrategie werden von der KAG bzw. dem Fondsmanagement vorgegeben, um Kunden mit den entsprechenden Präferenzen für den Fonds zu gewinnen.

(73)

Spareinlagen sind Guthaben auf Sparkonten, die in **Urkundenform** ausgewiesen sind. Spareinlagen sind nicht für den Zahlungsverkehr bestimmt. Außerdem besteht ein **Befristungsverbot**, so dass die Einlage immer unbefristet erfolgen muss. Die kürzeste zulässige **Kündigungsfrist** für Spareinlagen beträgt drei Monate. Eine Besonderheit der Spareinlagen stellt deren **Mündelsicherheit** dar. Gelder von unter Vormund stehenden Personen, die besonders sicher angelegt werden müssen, können bei inländischen öffentlich-rechtlichen Sparkassen oder Kreditinstituten, die einer entsprechenden Sicherungseinrichtung angehören, als Spareinlagen angelegt werden. Um diese Refinanzierungsmöglichkeit auszuschöpfen und die Kapitalanlage in Bankprodukten zu stärken, wird die Spareinlage in verschiedenen **Variationen** angeboten, die den Charakter einer Kapitalanlage unterstreichen.

Neben dem **Kontensparen** (Einlagen bzw. Depositen) bieten die Banken sogenannte **Sparbriefe** oder **Sparschuldverschreibungen** an, die nicht börsengehandelt sind, aber

236

prinzipiell die Merkmale verzinslicher Wertpapiere vorweisen. Der Übergang von Banksparprodukten zu verzinslichen Wertpapieren ist fließend. Die Sparprodukte sind zur **Bildung und Anlage von Vermögen** für breite Bevölkerungskreise besonders gut geeignet, weil sie eine Kombination aus großer **Sicherheit, sicherem Zinsertrag** und **guter Verfügbarkeit** darstellen.

Ein wesentliches Merkmal von Wertpapieren ist die **Fungibilität** (Vertretbarkeit). Wertpapiere sind fungibel, wenn bei gleichem Nennwert bzw. gleicher Stückelung jedes Papier die gleichen Rechte verkörpert. In diesem Fall wird von **Effekten** gesprochen. Handelbare (fungible) Wertpapiere sind sowohl Geldmarktpapiere als auch Kapitalmarktpapiere. Effekten sind aufgrund der Handelbarkeit **liquider** als Sparprodukte, haben eine **höhere Rendite**, aber eine **geringere Sicherheit**. Da zu den Effekten Anleihen, Aktien und Fonds gehören, unterscheiden sie sich untereinander bzgl. der genannten Kriterien jedoch sehr stark.

Sparprodukte sind für die Bank bilanzwirksame Finanzierungsinstrumente. Effekten sind nur dann Passiva für die Bank, wenn sie selbst Emittenten dieser Wertpapiere sind.

■ **(74)**

■ **b – bezahlt => Alle Aufträge ausgeführt**

■ **B- Brief => Zum Kurs bestand Angebot**

■ **exD – ohne Dividende => Kurs nach Abschlag der Dividende**

Nachfrage: 3000 zu 90; 2500 zu 91, 5000 zu 92, 1000, zu 93, 20.000 billigst

Angebot: 12.000 bestens, 6.000 zu 93, 3.500 zu 92, 1.000 zu 91, 1.000 zu 90

Kurs	Angebot	Nachfrage	Umsatz
90	**1.000**	3.000	13.000
91	**1.000**	2.500	14.000
92	**3.500**	5.000	17.500
93	**6.000**	**1.000**	**21.000**
bestens/billigst	12.000	**20.000**	

■ **Lösungsmuster zu Teil C: Anwendungswissen**

(25)

Anleger werden allgemein nach den Kriterien des „magischen Dreiecks" (Rendite, Risiko, Liquidität) eingeordnet. Insbesondere spielt dabei die Risikoneigung eine entscheidende Rolle. Anleger werden als risikoavers (vorsichtig, sicherheitsorientiert), risikoneutral (risikobewusst), risikofreudig (spekulativ) klassifiziert.

Systematik:

Begriffserklärung: Anlegermentalität, Sparprodukte, Anleihen, Fonds, Aktien

Anlegermentalität: (Risikoneigung)

„Magisches Dreieck" der Geldanlage

Zielkonflikt zwischen den Größen

Speziell ging es hier um Risikoneigung =>

(erwartete) Rendite = Chance demgegenüber Risiko

Verfügbarkeit (Liquidität) schränkt Rendite ein, aber aus Risikogesichtspunkten vernachlässigbar

Einordnung der Produkte nach dem Risikoprofil

Sparprodukt:

Bankeinlagen = hohe Sicherheit durch Bevorrechtigung Zahlungsunfähigkeit + Einlagensicherung, Banken gelten zudem als „gute" Schuldner, Rendite durch Zinsversprechen, Sicherheit kostet Rendite

Vernachlässigbar geringes Ausfallrisiko

Anleihen:

Gläubigerpapiere = hohe Sicherheit bei besten Bonitäten (Staat), Risiko steigt mit abnehmender Bonität

Rückzahlungs- und Zinsversprechen = relative Sicherheit, geringes Ausfallrisiko

Bei börsengehandelten Papieren Kurschance/-risiko, Liquidität abhängig von Handelbarkeit

Aktien:

Beteiligungspapier = Mithaftung für das Unternehmen, bei Misserfolg bestenfalls verbleibender Liquidationserlös nach der Bedienung aller Gläubiger

Kein Rückzahlungsversprechen, kein Zinsversprechen => hohes Risiko

Beteiligung am Unternehmenserfolg durch Wertsteigerung und Erfolgsbeteiligung (Anspruch auf Dividende), => keine sicheren Erträge, aber bei Erfolg sehr hohe Erträge

Fonds:

sind hinsichtlich ihres Risikos vor allem nach Anlagewerten zu unterscheiden.

Fonds bieten grundsätzlich den Vorteil der Risikostreuung.

Wertpapierfonds haben demnach als Rentenfonds ein gegenüber einer Einzelanlage in Anleihen bzw. als Aktienfonds gegenüber einer Einzelanlage in Aktien geringeres Risiko bei gleicher Renditeerwartung (Kostenfaktor vernachlässigt)

Grundsätzlich ist mit Fonds jede Risikoneigung abdeckbar in Abhängigkeit der zugrunde liegenden Einzelwerte.

Es ergibt sich die Eignung von Sparprodukten und evtl. Anleihen bester Bonität für risikoscheue Anleger, die Eignung von Anleihen und m.E. Fonds für risikoneutrale Anleger und die Eignung von Aktien bzw. Aktienfonds für risikofreudige Anleger. Eine Mischung verschiedener Anlageformen ist aus Risikogesichtspunkten **immer** sinnvoll.

(26)

$$K_M = \frac{a \cdot K_a + n \cdot K_n}{a + n}$$

$$K_M = \frac{0,8 \cdot 200 + 0,2 \cdot 120}{1} = 184,-\text{EUR}$$

$$B = \frac{K_a - K_n}{a/n + 1} = \frac{200 - 120}{0,8/0,2 + 1}$$

$$B = 16,-\text{EUR}$$

Umlaufende Stammaktien	a
Zahl der neue Aktien	n
Bezugsverhältnis	a/n
Aktienpreis (alt)	K_a
Aktienpreis (neu)	K_n
Neuer Marktpreis (Mittelkurs)	K_M
Bezugsrecht	B

Die Formel ist bei der Lösung der Aufgaben (405) und (406) des Teils A ebenfalls zu nutzen!

4.3.4.2 Sonderformen von Wertpapieren

Aufgaben zu Kapitel 4.3.4.2

■ **Teil A: Multiple Choice**

(425) Sogenannte Finanzinnovationen sind immer

a) abgeleitete Finanzinstrumente (Derivate)
b) Anlageformen aus variierten Sparprodukten
c) Anlageformen, deren Ausgestaltung individuell vereinbart wird
d) gegenüber klassischen Aktien und Anleihen modifizierte Anlageformen

2 Punkte

(426) Genussscheine

a) können auch Stimmrechte verbriefen
b) gewähren Vermögensrechte, die sowohl mit Anleihen als auch mit Aktien verbunden sein können
c) gewähren immer eine Mindestverzinsung
d) gewähren dem Investor ein Entgelt, dass für den Emittenten steuerlich Aufwand darstellt

2 Punkte

(427) Zu den Sonderformen von Wertpapieren gehören nicht

a) Wandelanleihen
b) Optionsanleihen
c) Aktienanleihen
d) Optionen
e) Optionsscheine

2 Punkte

(428) Die Finanzinnovationen

a) werden auch hybride Wertpapiere genannt, weil sie weder Anleihen noch Aktien eindeutig zugeordnet werden können
b) sind grundsätzlich alle Gläubigerpapiere mit Merkmalen von Teilhaberpapieren
c) sind erst in den letzten Jahren entstandene Wertpapierformen
d) verbriefen stets ein Teilhaberrecht

2 Punkte

(429) Wandelanleihen

a) haben als wesentliches Merkmal, dass sich der Zins wandeln kann
b) sind höher verzinst als klassische Anleihen, weil das Kursrisiko der Aktie hinzutritt
c) haben als Besonderheit, dass der Rückzahlungsanspruch in Aktien des Emittenten umgewandelt werden kann.
d) räumen dem Emittenten ein Wahlrecht ein, dem Investor Aktien anzudienen

2 Punkte

(430) Optionsanleihen

a) haben mit Wandelanleihen gemeinsam, dass dem Anleger ein Wechsel von einer Gläubigerposition zu einem Anteilseigner ermöglicht wird
b) beinhalten die Möglichkeit, die Anleihe in Aktien zu tauschen
c) werden nicht zurückgezahlt, wenn das Bezugsrecht ausgenutzt wird
d) beinhalten einen untrennbar mit der Anleihe verbundenen Optionsschein

2 Punkte

(431) Welche Aussage zu Wandel- bzw. Optionsanleihen ist richtig?

a) Bestandteil einer Optionsanleihe ist neben der eigentlichen Anleihe das verbriefte Wertrecht auf Aktienerwerb.
b) Die Optionsanleihe wird nur mit Optionsschein an der Börse notiert.
c) Je früher der Anleger (innerhalb der Wandlungsfrist) seine Wandelanleihe in Aktien tauscht, desto höher ist der Preis der Aktie.
d) Die Attraktivität sinkt mit während der Laufzeit steigenden Aktienkursen.

2 Punkte

(432) Optionsscheine

a) heißen traditionell, wenn sie im Rahmen von Optionsanleihen emittiert werden
b) werden als gedeckt bezeichnet, wenn der Inhaber auch die Aktie besitzt
c) sind bedingte Termingeschäfte
d) haben eine zu Optionen entgegengesetzte Preisbildung

2 Punkte

(433) Aktienanleihen

a) können die Rückzahlung in Aktien des Emittenten, aber nicht in Aktien anderer Emittenten beinhalten
b) werden höher verzinst als klassische Anleihen, weil der Emittent ein Wahlrecht hat, Aktien anzudienen

241

c) beinhalten eine Short Call-Position des Emittenten

d) haben einen Zinsabschlag, weil der Anleger an steigenden Aktienkursen partizipiert

2 Punkte

(434)   Hybridanleihen

a) können so ausgestaltet sein, dass Zinszahlungen an die Ertragslage des Emittenten gekoppelt sind

b) sind zu klassischen Anleihen gleichrangig ausgestaltet

c) können nicht vorzeitig getilgt werden

d) sind immer als unendliche Anleihen (Perpetuals) gestaltet

2 Punkte

(435)   Zertifikate

a) sind Finanzinnovationen, die bei fallenden oder stagnierenden Aktienkursen gewinnen und bei steigenden Kursen verlieren

b) sind Anteilsscheine, die das Recht auf die Zahlung eines Abrechnungsbetrages in Abhängigkeit von der Wertentwicklung eines Basiswertes verbriefen

c) werden auch als Partizipationsscheine bezeichnet, weil der Anleger mit dem Zertifikat einen Basiswert direkt erwirbt

d) sind ungeeignet für risikoaverse Anleger

2 Punkte

(436)   Welche Aussage zu Zertifikaten ist richtig?

a) Zertifikate werden oft auch strukturierte Anlageprodukte genannt.

b) Die Partizipation an den Indizes erspart den Anlegern nicht den Erwerb der einzelnen Aktien, um an der Wertentwicklung von Aktienmärkten teil zu haben.

c) Bei Garantiezertifikaten gilt grundsätzlich, dass mit dem Produkt die Hebelwirkung eines Derivates abgebildet werden soll.

d) Die Partizipationsrate von Zertifikaten kann in Bezug auf das Basisinstrument nicht größer als 100% sein

2 Punkte

■ **Teil B: Grundlagenwissen**

(75) Grenzen Sie eine Optionsanleihe von einer Wandelanleihe ab, **gehen** Sie auch auf Gemeinsamkeiten **ein**!

8 Punkte

(76) Definieren Sie den Begriff Finanzinnovationen und **nennen** Sie Gestaltungsmöglichkeiten von Finanzinnovationen!

6 Punkte

(77) Erklären Sie den Begriff Hybridanleihen und **erläutern** Sie **kurz** die Struktur!

6 Punkte

■ **Teil C: Anwendungswissen**

(27) Systematisieren Sie Zertifikate und **empfehlen** für **zwei** selbst gewählte Kapitalmarktsituationen bei selbst gewählten Anlagepräferenzen **jeweils ein** geeignetes Zertifikat!

12 Punkte

Lösungen zu Kapitel 4.3.4.2

■ Lösungsmuster zu Teil A: Multiple Choice

	a	b	c	d	e
426				x	
427		x			
428				x	
429	x				
430			x		
431	x				
432	x				
433	x				
434		x			
435	x				
436		x			
437	x				

■ **Lösungsmuster zu Teil B: Grundlagenwissen**

(75)

Beide Produkte sind klassische Sonderformen von Wertpapieren, die zunächst als Gläubigerpapiere emittiert werden. Bei Wahrnehmung des **Tauschrechts/Bezugsrechts** wird der Gläubiger zum Aktionär und damit zum Teilhaber. Der wesentliche Unterschied ist, dass bei einer Wandelanleihe ein Umtausch in Aktien erfolgt und dabei das Gläubigerrecht auf Rückzahlung erlischt. Bei einer Optionsanleihe bleibt das Recht auf Rückzahlung des Gläubigers bestehen und ein Bezugsrecht auf Aktien tritt hinzu. Die Attraktivität der Wandelanleihe wird durch die **Wandlungsbedingungen** bestimmt. In den Anleihebedingungen wird ein festgelegtes Wandlungsverhältnis formuliert, zu dem die Aktien erworben werden können. Das **Wandlungsverhältnis** gibt an, wie viele Aktien für einen bestimmten Nennbetrag der Anleihe getauscht werden können. Zum Wandlungsverhältnis addiert sich eine **Zuzahlung**, die über die Laufzeit ansteigt. Das bedeutet, je früher der Anleger, innerhalb der **Wandlungsfrist**, seine Anleihe in Aktien tauscht, desto niedriger ist der Preis der Aktie. Alternativ kann ein konkreter **Zeitpunkt für die Wandlung** vorgesehen sein, für den dann entsprechend der festgelegte **Wandlungspreis** gilt. Bestandteil einer Optionsanleihe ist neben der eigentlichen Anleihe das verbriefte Wertrecht auf Aktienerwerb. Der **Optionsschein** wird nach einer bestimmten Laufzeit von der eigentlichen Anleihe getrennt. Die **Anleihe** wird mit Optionsschein und ohne Optionsschein an der Börse notiert. Der Optionsschein wird während der Laufzeit der Option (Optionsfrist) selbständig gehandelt. Der **Bezugspreis** ist der in den Anleihebedingungen festgelegte Aktienkurs, zu dem die Aktien in der **Optionsfrist** erworben werden können.

(76)

Finanzinnovationen sind gegenüber Aktien und Anleihen in der Ausgestaltung variierte Wertpapiere. Diese Kombination von Gläubigerpapier und Beteiligungsrecht erhöht aus Emittentensicht das Spektrum und die potentielle Zahl von Kapitalanlegern. Zudem bieten Finanzinnovationen sowohl dem Emittenten als auch dem Investor mehr Flexibilität, um die jeweiligen Interessen zu berücksichtigen.

Gestaltungsmöglichkeiten: Basiswertkopplung; Nachrangabrede, Fristenvariation, Variable Ausschüttung, Wandlungs- oder Optionsrechte, Prämienanspruch, Geld- oder Abrechnungsbeträge, Gewinnanspruch, Verlustbeteiligung, Feste Ausschüttung

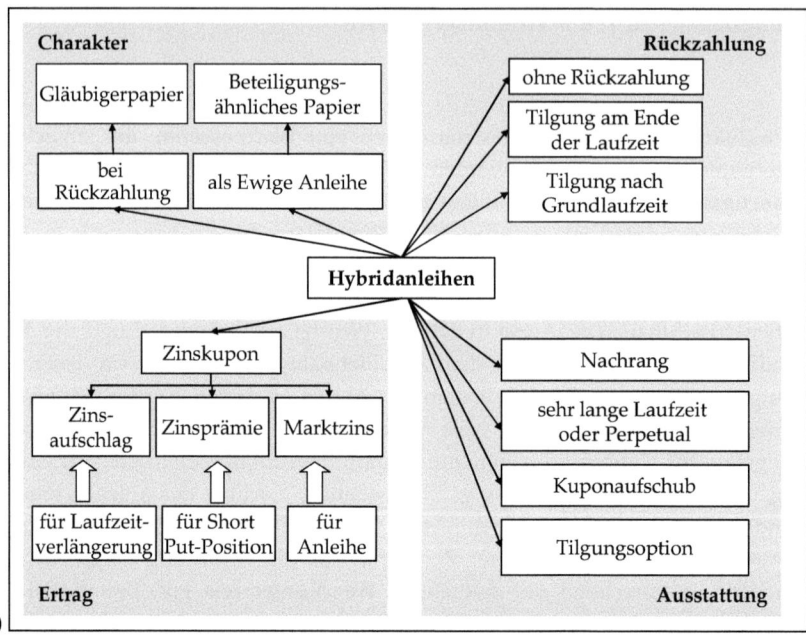

(77)

Besonderes Konstruktionsmerkmal der Hybridanleihe ist eine **sehr lange** (100 Jahre und mehr) oder teilweise auch **unendliche Laufzeit** (Perpetuals). Des weiteren sind diese Anleihen **nachrangig** ausgestaltet, das heißt Investoren werden (im Liquidationsfall) nach allen anderen Gläubigern bedient. Beide Merkmale führen dazu, dass eine Anerkennung als Eigenkapital oder eigenkapitalähnlichem Kapital der Regelfall ist. Das anleihetypische Element der Hybridanleihe ist die Verzinsung. Die Anleihe wird üblicherweise mit einem **Festzins** ausgestattet, dessen Zahlung an die **Ertragslage** des Unternehmens gekoppelt sein kann. Bei vorzeitiger **Tilgung zum Optionszeitpunkt** muss die Hybridanleihe durch Kapital in mindestens der gleichen Qualität, also Mezzanine- oder Eigenkapital, ersetzt werden. Dies bedeutet, dass sich das Verhältnis von Eigen- zu Fremdkapital nicht verschlechtern darf. Das Finanzierungsinstrument ist für Unternehmen geeignet, die ihre **Kapitalstruktur** verbessern wollen, ohne Eigenkapital zu erhöhen. Die relativen Eigentumsverhältnisse werden nicht verwässert.

■ Lösungsmuster zu Teil C: Anwendungswissen

(27)

Zertifikate sind Anteilsscheine, die das Recht auf die Zahlung eines Abrechnungsbetrages in Abhängigkeit von der **Wertentwicklung eines Basiswertes** verbriefen. Sie werden daher oft auch strukturierte Anlageprodukte genannt. Die Möglichkeit, in

stagnierenden oder **fallenden Finanzmärkten** positive Renditen zu erwirtschaften, klassifiziert Zertifikate als **Total Return Produkt**.

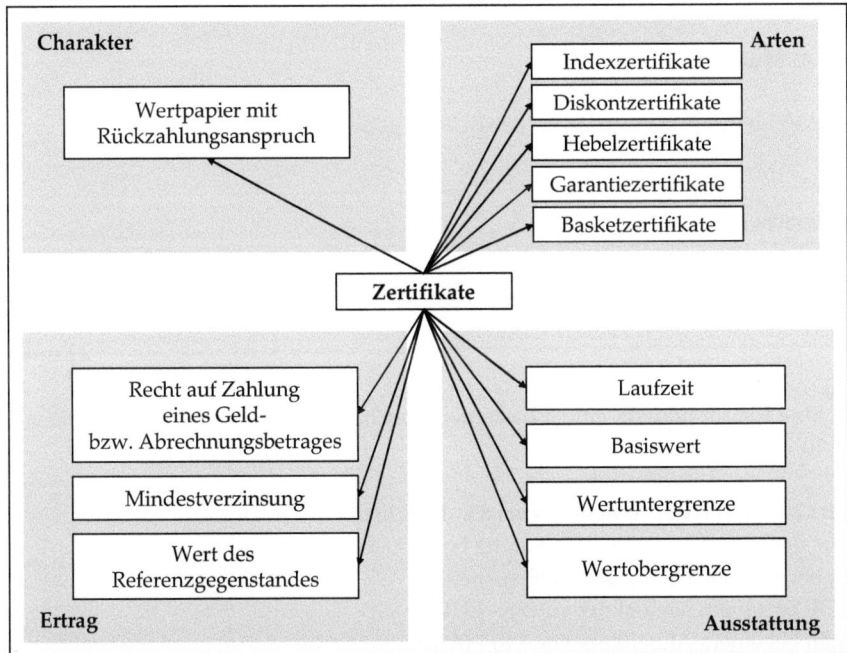

Kapitalmarktsituation: Erwartung steigender Aktienkurse, Erwartung stagnierender Aktienkurse, Erwartung fallender Aktienkurse

z.B. : Erwartung steigender Kurse / risikofreudiger Anleger

Durch die Nutzung der Hebelwirkung von Derivaten können überproportionale Renditen erzielen, wenn Anleger bereit sind, entsprechend hohe Verlustrisiken einzugehen. **Hebelzertifikate**, die auch **Turboscheine** genannt werden, ermöglichen gegenüber der Direktanlage in dem Basiswert auf den sie sich beziehen, höhere Gewinnchancen aber auch höhere Verlustpotentiale. Analog zu den Optionsscheinen existieren ein Long-Zertifikat (Bull-Zertifikat), das mit steigenden Kursen des Basiswertes gewinnt und ein Short-Zertifikat (Bear-Zertifikat), das mit sinkenden Kursen des Basiswertes gewinnt.

z.B.: Erwartung stagnierender oder fallender Kurse / risikoscheuer Anleger

Zertifikate mit vollständiger oder weitgehender Kapitalgarantie sind hier grundsätzlich geeignet. **Garantiezertifikate** sind so konstruiert, dass Wertverluste um so stärker **gedämpft** werden, je größer sie ausfallen, gleichzeitig wird aber auch die Partizipation an Wertsteigerungen gegenüber der Direktanlage mit zunehmender Rendite gemildert.

4.3.4.3 Derivate

Aufgaben zu Kapitel 4.3.4.3

■ **Teil A: Multiple Choice**

(437) Welche Produkte werden an der EUREX gehandelt?

a) Swaps
b) Optionsscheine
c) Wandelschuldverschreibungen
d) Optionsanleihen
e) Futures

2 Punkte

(438) Eine Kaufoption mit einem Basispreis von 100,- EUR und einem Kaufpreis von 10,- EUR

a) ist im Geld, wenn der Aktienkurs bei 85,- EUR liegt
b) ist aus dem Geld, wenn der Aktienkurs bei 105,- EUR liegt
c) wird bei einem Kurs von 95,- EUR ausgeübt
d) verfällt bei einem Aktienkurs von 85,- EUR
e) verfällt bei einem Aktienkurs von 110,- EUR

2 Punkte

(439) Der Käufer einer Option

a) erwartet stagnierende Kurse, wenn er einen Call kauft
b) begrenzt seinen Verlust auf das für die Prämie eingesetzte Kapital
c) trägt das Risiko den Basiswert abzunehmen, wenn er einen Put kauft
d) gewinnt bei unveränderten Kursen

2 Punkte

(440) Welche Aussage zu Derivaten ist richtig?

a) Derivate sind nicht selbständig handelbare Finanzinstrumente, die von anderen Finanzinstrumenten abgeleitet sind.
b) Derivate sind Wertrechte mit Bezug zu einem Basisinstrument
c) Es handelt sich bei Geschäften mit Derivaten um Kassageschäfte mit Termincharakter
d) Bedingte Termingeschäfte verpflichtet keine der Vertragsparteien zur Erfüllung

2 Punkte

(441)   Termingeschäfte

a) setzen voraus, dass die Geschäftspartner gleiche Markterwartungen haben
b) sind immer unbedingte Geschäfte, die die Vertragspartner zur Erfüllung verpflichten
c) können bedingte Geschäfte sein, bei denen der Inhaber das Recht zum Kauf oder zum Verkauf eines Basisinstruments besitzt
d) finden ausschließlich an Terminbörsen statt

2 Punkte

(442)   Derivate

a) haben immer ein unbegrenztes Verlustpotential
b) können eine Renditesteigerung des Portfolios durch Prämieneinnahmen bewirken
c) haben eine Hebelwirkung, weil der Kapitaleinsatz gegenüber dem Kassageschäft höher ist
d) verzeichnen nur einen Bruchteil des Wertverlustes bzw. der Wertsteigerung des Basisinstruments

2 Punkte

(443)   Welche Aussage zu Termingeschäften ist richtig?

a) In der Regel werden die Verpflichtungen aus Termingeschäften (Derivaten) vor Fälligkeit durch ein Gegengeschäft glattgestellt.
b) Die Verpflichtungen aus dem Geschäft können nur durch Lieferung des Basiswertes aufgehoben werden
c) Termingeschäfte können außerbörslich nur ausnahmsweise stattfinden
d) Unbedingte Termingeschäfte haben ein asymmetrisches Gewinn/Verlust-Profil

2 Punkte

(444)   Für den Handel mit Derivaten gilt:

a) Swaps und FRAs sind primär keine Instrumente zur Kapitalanlage, sondern zur Optimierung von Zahlungsströmen
b) Swaps sind typischerweise börsengehandelte Derivate
c) Ein FRA ist ein standardisiertes (börsengehandeltes) Termingeschäft
d) Der Vorteil der börsengehandelten Derivate ist die Möglichkeit, individuelle Vereinbarungen zwischen den Marktpartnern zu treffen

2 Punkte

(445)   Optionen

a) sind bedingte Termingeschäfte.
b) sind standardisierte, börsengehandelte Vereinbarungen, bei denen der Stillhalter das Recht, aber nicht die Verpflichtung erwirbt ein Basisinstrument zu kaufen oder zu verkaufen.
c) können sich nur auf Aktien, Zinsen und Indizes als Basiswerte beziehen.
d) auf einen bestimmten Basiswert können jeweils nur einen Basispreis zur Grundlage haben.

2 Punkte

(446)   Welche Aussage zu Optionen ist richtig?

a) Der Käufer einer Kaufoption hat eine Short-Call-Position.
b) Der Verkäufer einer Put-Option hat eine Short-Position.
c) Der Verlust einer Long-Put-Position ist unbegrenzt.
d) Der Gewinn einer Long-Call-Position ist auf die Prämie begrenzt.

2 Punkte

(447)   Welche Aussage zu Futures ist richtig?

a) Bei Futures ergibt sich immer ein symmetrisches Ertrags-Risikoprofil.
b) Es existieren vier Grundpositionen.
c) Futures sind unbedingte, nicht standardisierte Termingeschäfte
d) Bei Zinsfutures beschreibt der Kontraktwert einen bestimmten Nominalzins der zugrunde liegenden Schuldverschreibung.

2 Punkte

(448)   Welcher Parameter beeinflusst den Preis von Derivaten (bei normalem Verlauf) nicht?

a) Bonität des Kontraktpartners
b) Restlaufzeit
c) Geldmarktzins
d) Verfallsdatum
e) Kurs des Basiswertes

2 Punkte

■ **Teil B: Grundlagenwissen**

(78) Nennen Sie die **vier** Grundpositionen bei Optionen! **Erklären** Sie **eine** Position!

6 Punkte

(79) Welche Motive können mit der Nutzung von Derivaten verbunden sein?

6 Punkte

(80) Erklären Sie **kurz** die Grundformen von Derivaten!

9 Punkte

■ **Teil C: Anwendungswissen**

(28) Nennen Sie **drei** strukturierte Produkte und **begründen Sie kurz** den Nutzen dieser Produkte!

9 Punkte

(29) Welche Werte nimmt die Option bei einem Basispreis von 50 EUR für die unterschiedlichen Aktienkurse an und wie sieht die **jeweilige** Gewinn/Verlust-Position bei 5 EUR Optionsprämie aus (andere Preisfaktoren vernachlässigt)?

9 Punkte

Position	Kurs	Optionswert	Einsatz	Gewinn/Verlust
Long Call	40			
	60			
Short Call	50			
	70			
Long Put	30			
	50			
Short Put	40			
	60			

Lösungen zu Kapitel 4.3.4.3

■ Lösungsmuster zu Teil A: Multiple Choice

	a	b	c	d	e
438					x
439				x	
440		x			
441		x			
442			x		
443		x			
444	x				
445	x				
446	x				
447		x			
448	x				
449	x				

■ **Lösungsmuster zu Teil B: Grundlagenwissen**

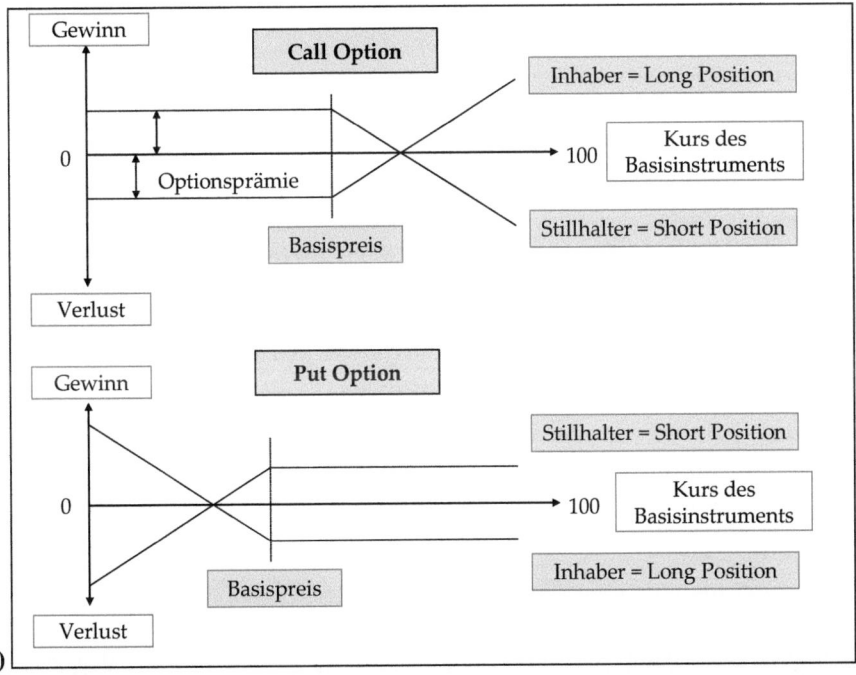

(78)

Positionen: Long Call = Käufer einer Kaufoption; Short Call = Verkäufer einer Kaufoption; Long Put = Käufer einer Verkaufsoption, Short Put = Verkäufer einer Verkaufsoption

Der Käufer einer Option (Long Position) ist der **Optionsinhaber**. Bei Kauf eines **Calls** ist er Inhaber eines Kaufrechts (bei Kauf eines **Puts** ist er Inhaber eines Verkaufsrechts). Der Inhaber zahlt an den Verkäufer der Option eine Prämie. Die Prämie stellt für den Verkäufer (Stillhalter) das Entgelt für die Verpflichtung dar, den Basiswert zu den Bedingungen der Option abzunehmen (Put) oder zu liefern (Call). Von der Wertentwicklung der Option über die Laufzeit ist das Verhalten des Optionsinhabers abhängig. Wenn der Basispreis eines Calls (Puts) am Verfallstag (Ausübungstag) über (unter) dem Marktpreis liegt, ist die Option wertlos und verfällt.

(79)

Da der Kapitaleinsatz bei Derivaten sehr gering ist, existiert eine sogenannte **Hebelwirkung** bezüglich der Chancen (Erträge) und Risiken. Dadurch eignen sich Derivate sehr gut zur **Spekulation**. Chancen/Risiken von Basisinstrumenten werden durch den Einsatz von Derivaten vervielfacht. Das Motiv kann auch vorsichtiger als Renditeoptimierung bezeichnet werden, wenn Derivate durch Beimischung zu einem Portfolio die Chance stärker erhöhen als das Risiko.

Derivate erlauben es dem Nutzer, sich gegen unerwartete Marktentwicklungen abzusichern. **Hedging** ist daher ein wesentliches Motiv für den Derivatehandel. Es können bereits erzielte Erträge durch entsprechende Termingeschäfte mit Derivaten gegen Wertverluste gesichert werden. Ein Portfolio kann durch Beimischung von Derivaten eine Risikoreduktion erfahren, ohne Renditechancen einzubüßen.

Außerdem können Derivate auch gehandelt werden, um aus Preisdifferenzen Erträge zu erwirtschaften. Dieses **Arbitragegeschäft** ist bei allen Kapitalmarktprodukten zu beobachten, aufgrund der komplexen Preisbildung bei Derivaten aber besonders erfolgversprechend.

(80)

Termingeschäfte (Derivate) sind zunächst nach der Art der Verpflichtung zu unterscheiden. Ein **unbedingtes Termingeschäft** verpflichtet beide Vertragsparteien zur Erfüllung. Der Charakter eines bedingten Termingeschäftes gestattet dagegen einer Vertragspartei ein Wahlrecht, welches ungenutzt verfallen kann. Die **bedingten Termingeschäfte** sind Optionen, bei denen der Inhaber das Recht zum Kauf oder zum Verkauf eines Basisinstruments besitzt.

Grundformen von Derivaten sind Swaps, Optionen, Futures und FRA's

Swaps und Forward Rate Agreements (FRA) sind keine börsengehandelten Derivate, sondern individuelle Vereinbarungen zwischen Marktteilnehmern. Ein Swap beinhaltet den Austausch von unterschiedlichen Zahlungsströmen, beispielsweise den Tausch einer Festzinszahlung gegen eine variable Zinszahlung unter Vereinbarung von Ausgleichzahlungen bei verschiedenen Marktentwicklungen. Ein **FRA** ist ein nicht standardisiertes (nicht börsengehandeltes) Termingeschäft, das deshalb unterschiedlichste Vereinbarungen zwischen Vertragsparteien einschließen kann. Ein FRA beinhaltet die Festlegung eines Zinssatzes zu einem bestimmten Termin in der Zukunft.

Optionen sind bedingte Termingeschäfte. Optionen sind standardisierte, börsengehandelte Vereinbarungen, bei denen der Inhaber das Recht, aber nicht die Verpflichtung erwirbt ein Basisinstrument zu kaufen oder zu verkaufen. **Futures** sind unbedingte, standardisierte Termingeschäfte. Beide Vertragsparteien übernehmen eine Verpflichtung und es ergibt sich ein symmetrisches Ertrags-Risikoprofil.

■ **Lösungsmuster zu Teil C: Anwendungswissen**

(28)

Cap-Darlehen, Garantiezertifikat, Aktienanleihe

Ein **Cap-Darlehen** verbindet einen variabel verzinslichen Kredit mit dem Kauf einer Zinsoption. Damit kann der Kreditnehmer von den meistens am Geldmarkt niedrigeren Zinsen profitieren, in dem er unterjährige Zinsvereinbarungen abschließt. Gleichzeitig kann der Kreditnehmer bei steigenden Marktzinsen fest kalkulieren, da er lediglich den Maximalzins bezahlen muss, bei dem der Cap (Zinsobergrenze) wirksam wird. Die Absicherung ist umso preiswerter, je unwahrscheinlicher steigende Zinsen sind.

Bei einem **Garantiezertifikat** kann durch Investition in eine „risikolose" Nullkuponanleihe eine Kapitalsicherung erzielt werden. Der Ertrag der Nullkuponanleihe, die Differenz zwischen dem Barwert und dem Nominalwert (=Zertifikatpreis), wird in eine Kaufoption mit dem Basispreis zum Zertifikatpreis investiert. Als Basiswerte sind in der Regel Aktien, Indizes oder Aktienkörbe definiert.

Es handelt sich bei der **Aktienanleihe** um eine Schuldverschreibung mit einer festen Zinsvereinbarung und einem Nominalbetrag. Der Anleger verkauft dem Emittenten bei der Konstruktion der Aktienanleihe eine Verkaufsoption und erhält für diese Short-Put-Position eine Optionsprämie in Form eines zusätzlichen Zinses. Ein Kapitalanleger kann gegenüber der Investition in eine Anleihe eine Renditesteigerung erzielen. Das Risiko liegt in fallenden Kursen der Aktien, die der Emittent statt der Rückzahlung andienen darf.

(29)

Position	Kurs	Optionswert	Einsatz	Gewinn/Verlust
Long Call	40	0	-5	-5
	60	10	-5	+5
Short Call	50	0	+5	+5
	70	20	+5	-15 (ungedeckt)
Long Put	30	20	-5	+15
	50	0	-5	-5
Short Put	40	10	+5	-5
	60	0	+5	+5

4.3.4.4   Risiken der Kapitalanlage

Aufgaben zu Kapitel 4.3.4.4

■ **Teil A: Multiple Choice**

(449)   Welche Aussage zu Rendite und Risiko ist richtig?

Anlage	Rendite (in % p.a.)	Risiko (σ in %)
1	7,5	2
2	15	6
3	8	2
4	11	5
5	9	1,5

a) Anlage 1 schlägt Anlage 5
b) Anlage 3 ist gegenüber Anlage 1 ineffizient
c) Anlage 5 dominiert Anlage 3 und Anlage 1
d) Anlage 2 ist besser als alle anderen Anlagen
e) Anlage 2 ist besser als Anlage 4

2 Punkte

(450)   Welche Aussage zu Risiko und Rendite aus obigem Beispiel ist richtig?

a) Ein risikofreudiger Anleger wählt Anlage 5
b) Ein sicherheitsorientierter Anleger wählt Anlage 1
c) Ein risikoneutraler Anleger ist zwischen Anlage 3 und Anlage 1 indifferent
d) Ein risikofreudiger Anleger wählt Alternative 2
e) Ein sicherheitsorientierter Anleger wählt keine der Alternativen, weil das Risiko zu groß ist

2 Punkte

(451)   Das Zinsänderungsrisiko

a) hat auf Aktienkurse keine Auswirkungen
b) beschreibt die Gefahr von Kursschwankungen bei Anleihen
c) bewirkt bei fallenden Zinsen fallende Anleihekurse
d) bewirkt umso stärkere Kursschwankungen, je kürzer die Restlaufzeit einer Anleihe

2 Punkte

(453)   Welche Aussage zum Risikoprofil von Kapitalanlagen ist richtig?

a) Aktienfonds und Indexzertifikate haben ein stark unterschiedliches Risikoniveau.
b) Garantiezertifikate haben ein niedriges Risiko und sind für sicherheitsorientierte Kapitalanleger geeignet.
c) Investmentfonds haben gegenüber jeder Einzelanlage ein geringeres Risiko
d) Rentenfonds haben immer ein geringeres Risiko als einzelne Rentenpapiere

2 Punkte

(453)   Zu den allgemeinen Risiken von Vermögensanlagen zählt nicht

a) Das Liquiditätsrisiko
b) Das Konjunkturrisiko
c) Das Inflationsrisiko
d) Das Zinsänderungsrisiko
e) Das steuerliche Risiko

2 Punkte

(454)   Zu den Risiken von Aktien gehört nicht

a) Das Bonitätsrisiko
b) Das Hebelrisiko
c) Das Dividendenrisiko
d) Das Konjunkturrisiko
e) Das Prognoserisiko

2 Punkte

(455)   Das Inflationsrisiko

a) kann als Risiko des Kaufkraftverlusts des Kapitals bezeichnet werden
b) ist bei Aktienanlagen genauso groß wie bei Rentenpapieren
c) ist bei unabhängig tätigen Zentralbanken besonders hoch
d) ist in der Europäischen Union ausgeschaltet

2 Punkte

(456)   Das Länderrisiko bezeichnet

a) u.a. das Risiko der freien Konvertierbarkeit der fremden Währung
b) das Risiko des Wertverlustes der Fremdwährung
c) die Volatilität ausländischer Börsen
d) nicht die Gefahr politischer Eingriffe in den Finanzmarkt

2 Punkte

(457) Verzinsliche Wertpapiere

a) haben ein Bonitätsrisiko, das sich in der Änderung des externen Ratings ausdrücken kann
b) haben ein Ausfallrisiko, das nur Auswirkungen auf den Kurs hat, wenn Zins oder Tilgungsraten nicht gezahlt werden
c) haben ein Zinsänderungsrisiko, das aber keinen Einfluss auf den Kurs von Anleihen hat
d) haben ein Verlustrisiko, weil sie am Erfolg des Unternehmen beteiligt sind

2 Punkte

(458) Welche Aussage zu Risiko und Rendite ist richtig?

a) Ein effizientes Portfolio ist für jeden Kapitalanleger auch optimal
b) Ein Portfolio gilt als effizient, wenn es keine Anlagealternative gibt, die bei gleichem Risiko eine höhere Rendite erzielt
c) Jedes Portfolio hat ein gegenüber einer Einzelanlage besseres Risiko-Rendite-Profil
d) Eine Aktie hat immer ein höheres Risiko als eine Rente

2 Punkte

(459) Welche Aussage zu Risiken ist richtig?

a) Das Kursänderungsrisiko von Aktien beinhaltet die Gefahr stetiger Schwankungen des Aktienpreises.
b) Zinsänderungen haben auf die Kursentwicklung von Aktien keine Auswirkungen
c) Das Marktpreisrisiko beinhaltet die Gefahr der Veränderung von Zinsen, Kursen und Währungen.
d) Investmentfonds unterliegen keinen anderen Risiken als Aktien

2 Punkte

(460) Das Risiko von Kapitalanlagen kann

a) mit Hilfe von Vergangenheitsdaten zuverlässig berechnet werden
b) nicht quantifiziert werden
c) mit Hilfe von Prognosen nicht geschätzt werden
d) mit Hilfe von Erfahrungswerten der Vergangenheit besser beurteilt werden

2 Punkte

▨ **Teil B: Grundlagenwissen**

(81) Nennen Sie allgemeine Risiken der Kapitalanlage und **erklären zwei** davon!

6 Punkte

(82) Nennen Sie die speziellen Risiken, die mit Aktien bzw. Anleihen verbunden sind und **erläutern** Sie **kurz jeweils ein** Risiko!

6 Punkte

▨ **Teil C: Anwendungswissen**

(30) Interpretieren Sie die Begriffe Erwartungswert und Standardabweichung im Zusammenhang mit der Kapitalanlage!

10 Punkte

Lösungen zu Kapitel 4.3.4.4

■ Lösungsmuster zu Teil A: Multiple Choice

	a	b	c	d	e
450			x		
451				x	
452		x			
453		x			
454				x	
455		x			
456	x				
457	x				
458	x				
459		x			
460			x		
461				x	

■ **Lösungsmuster zu Teil B: Grundlagenwissen**

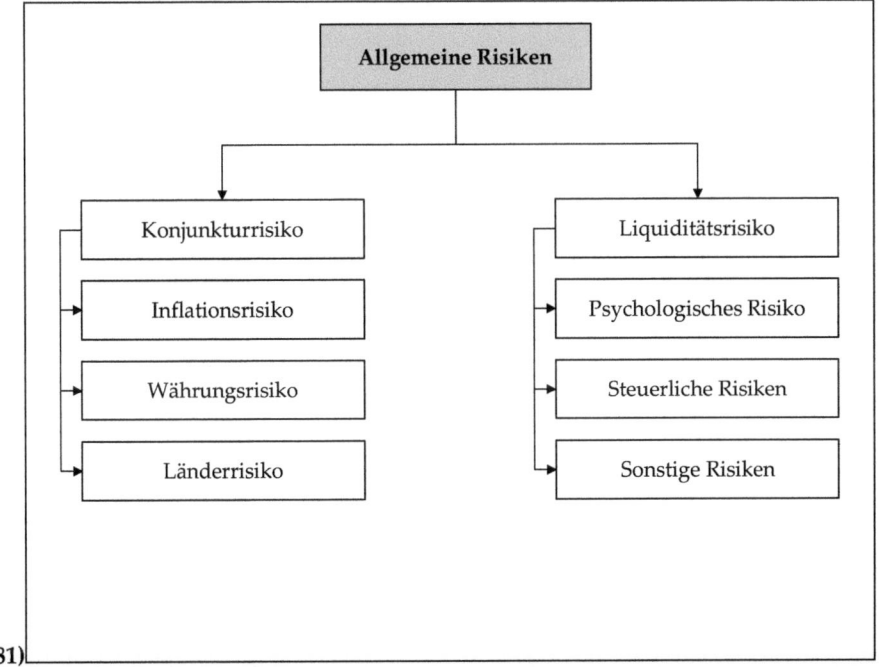

(81)

Alle Vermögensanlagen unterliegen dem **konjunkturellen Risiko**. Dabei haben verschiedene Wertpapiere bzw. Vermögensanlagen in unterschiedlichen Konjunkturphasen Kursverluste zu verzeichnen. Tendenziell besteht ein größeres Verlustrisiko in konjunkturellen Schwächephasen. Bei allen finanzwirtschaftlichen Kapitalanlagen besteht darüber hinaus das **Risiko des Kaufkraftverlustes** (**Inflationsrisiko**) durch Geldentwertung. Dies bedeutet, dass Kapitalanlagen einen nominalen Wertzuwachs erzielen, der unterhalb der Inflationsrate liegt, so dass mit dem Kapital nach der Anlage weniger Güter und Leistungen erwerbbar sind als vorher.

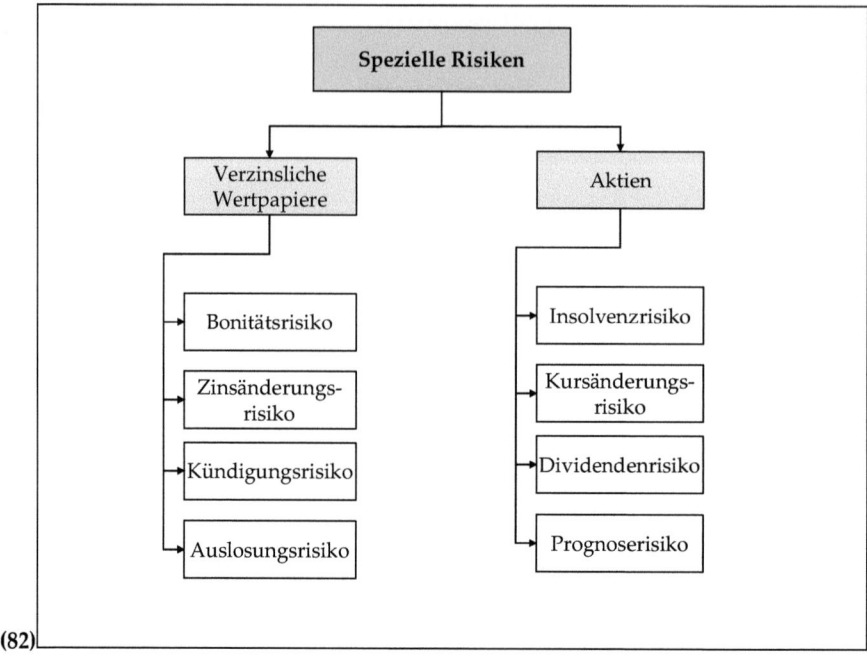

(82)

Das **Kursänderungsrisiko** von Aktien beinhaltet die Gefahr unkalkulierbarer Schwankungen des Aktienpreises. Die Aktienkurse schwanken aufgrund allgemeiner Markttendenzen bzw. branchen- oder unternehmensspezifischer Faktoren, ohne dass ein erkennbarer Algorythmus oder rational erfassbare Ursachen feststellbar sind.

Schuldverschreibungen haben aufgrund des Gläubiger-Schuldner-Verhältnisses das Risiko des Ausfalls des Schuldners. Dieses Risiko wird als **Bonitätsrisiko** (Ausfallrisiko) bezeichnet und verkörpert die Verschlechterung der Zahlungsfähigkeit bzw. den Eintritt der Zahlungsunfähigkeit.

■ **Lösungsmuster zu Teil C: Anwendungswissen**

(30)

Die wichtigsten Kriterien der Kapitalanlage sind Risiko und Rendite. Für alle Kapitalanlagen, die kein fixes Entgelt gewähren, kann die Rendite nur prognostiziert werden.
Für unterschiedliche Szenarien der Wertentwicklung können sich unterschiedliche
Renditen und Risiken ergeben. Mathematisch kann für unterschiedliche Ausprägun-
gen der Rendite in unterschiedlichen Marktsituationen der Erwartungswert der Rendite gebildet werden. Sie drückt die Rendite aus, die bei Berücksichtigung aller möglichen Marktsituationen aus einer Kapitalanlage durchschnittlich erzielt werden kann.
Die tatsächliche Rendite in jeder einzelnen Marktsituation weicht jeweils mehr oder
weniger stark nach oben oder unten vom Erwartungswert ab. Diese Abweichungen
vom Erwartungswert können als Risiko interpretiert werden. Strikt genommen ist eine
positive Abweichung vom Erwartungswert eine Chance und jede negative Abweichung vom Erwartungswert ein Risiko. Das Risiko einer Kapitalanlage ist also um so
größer, je größer die Schwankungen um den Erwartungswert sind.

Erwartungswert:

$$E[r] = \sum_{i=1}^{N} p_i E[r_i]$$

Standardabweichung:

$$VAR[r] = \sum_{i=1}^{N} p_i (r_i - E[r])^2 = \sigma^2 \qquad SD(r) = \sigma = \sqrt{\sigma^2}$$

Ein risikoneutraler Anleger wird den Erwartungswert zu seiner Entscheidungsgrund-
lage machen, denn das Risiko ist ihm egal. Ein risikofreudiger Anleger wertet jede
Abweichung vom Erwartungswert als Chance und wird die Standardabweichung
(bzw. ein Vielfaches davon) für seine Anlageentscheidung als zusätzliche mögliche
Rendite zum Erwartungswert hinzuziehen. Ein risikoscheuer Anleger interpretiert
jede Abweichung vom Erwartungswert als Risiko und zieht die Standardabweichung
(oder ein Vielfaches davon) vom Erwartungswert ab, um seine Anlageentscheidung zu
treffen.

Mehr wissen – weiter kommen

Souverän von der Uni in den Job

_ Durchstarten zum Examen

_ Der Blick auf den Arbeitsmarkt
 mit Branchenübersicht und Einstiegsmöglichkeiten

_ Bewerbung par Excellence

_ Stellanzeigen und Firmenprofile

_ Branchen-Specials:
 Banken und Versicherungen | Handel

Der neue Berufs- und Karriere-Planer Wirtschaft 2007/2008 ist der optimale Ratgeber für alle Studierenden der Wirtschaftswissenschaften, die kurz vor dem Examen stehen und danach in den Beruf durchstarten wollen. Der bewährte Wegweiser rund um den Berufseinstieg wurde für die aktuelle 10. Auflage völlig neu konzipiert und passgenau auf die Bedürfnisse von Prüfungskandidaten und Hochschulabsolventen zugeschnitten. Das Kompendium begleitet sie mit den besten Lern- und Organisationstipps durch die letzte Lern- und Prüfungsphase, gibt Entscheidungshilfen für Zusatz- oder Weiterqualifikation und bietet Orientierung im Dschungel der Bildungsanbieter.

Aktuelle Arbeitsmarktanalysen mit umfassenden Branchenübersichten und den Themen-Specials "Banken und Versicherungen" und "Handel" eröffnen den Einblick in alle wichtigen Bereiche, informieren über Einstiegsmöglichkeiten sowie speziell geforderte Qualifikationen und ebnen den Weg zum begehrten Arbeitsplatz.

Ein exzellenter Bewerbungsleitfaden bildet den Kern des Buchs. Die praktische Anleitung befasst sich mit allen Aspekten des Bewerbungsprozesses und lässt keine Fragen offen.

Das bewährte Bewerbungs-Know-how hilft beim Erstellen der schriftlichen Unterlagen, der erfolgreichen Vorbereitung von Vorstellungsgesprächen,

**Gabler| MLP Berufs- und
Karriere-Planer Wirtschaft
2007/2008**
Für Studenten und
Hochschulabsolventen
Mit zahlreichen Stellenanzeigen
und Firmenprofilen
10., vollst. überarb. u. akt. Aufl.
2007. XX, 440 S.
Br. EUR 18,90
ISBN 978-3-8349-0450-8

Assessment Centern und Job-Messen und schließt mit den ultimativen Dos & Don'ts der Bewerbungsprofis Hesse/Schrader.

Nützliche Karriere-Tools und ein kleiner Business-Knigge verhelfen zum überzeugenden Auftritt beim Antritt in der Arbeitswelt. Sie vermitteln Berufsanfängern Sicherheit und Kompetenz im Umgang mit Vorgesetzten, Kunden und Kollegen und stärken ihre persönliche Ausstrahlung.

Mit einem Grußwort von
Prof. Dr. Lothar Seiwert.

*"Ein Handbuch, das in keinem
Bücherschrank fehlen sollte ..."*
Hochschul-Anzeiger

Änderungen vorbehalten. Stand: Juli 2007.
Erhältlich im Buchhandel oder beim Verlag
Gabler Verlag . Abraham-Lincoln-Str. 46 . 65189 Wiesbaden . www.gabler.de

GABLER

Mehr wissen – weiter kommen

Kompaktes Einführungslehrbuch in die Bankbetriebslehre

„Neue Bankbetriebslehre" trägt dem tiefgreifenden Strukturwandel im Bankensektor
Rechnung und stellt einen zeitgemäßen An-
satz des Bankgeschäftes vor. Volker Tolkmitt
führt zunächst in Bankensysteme und Finanzmärkte ein und geht dann systematisch und
kompakt auf alle wichtigen Finanzprodukte
und Finanzdienstleistungen ein. Die gleichrangige Aufnahme von Versicherungsdienst-
leistungen spiegelt den Allfinanzgedanken
wider. Der Autor verknüpft theoretische
Grundlagen mit praktischem Wissen und
fördert dadurch wesentlich das Verständnis
dieses komplexen Fachgebietes.

Die zweite Auflage berücksichtigt Veränderungen der gesetzlichen Rahmenbedingungen
sowie neue Finanzdienstleistungsprodukte.
Sie ist außerdem um finanzmathematische
Grundlagen erweitert, um der Bedeutung
dieser elementaren Kenntnisse im Bankgeschäft Rechnung zu tragen.

Volker Tolkmitt
Neue Bankbetriebslehre
Basiswissen zu Finanzprodukten
und Finanzdienstleistungen
2., überarb. Auflage 2007. XVIII,
390 S. mit 279 Abb., 2 Tab.
Br. EUR 26,90
ISBN 978-3-8349-0337-2

Änderungen vorbehalten. Stand: Dezember 2007.
Erhältlich im Buchhandel oder beim Verlag.

Gabler Verlag . Abraham-Lincoln-Str. 46 . 65189 Wiesbaden . www.gabler.de

GABLER

MIX
Papier aus verantwortungsvollen Quellen
Paper from responsible sources
FSC® C105338

If you have any concerns about our products,
you can contact us on
ProductSafety@springernature.com

In case Publisher is established outside the EU,
the EU authorized representative is:
Springer Nature Customer Service Center GmbH
Europaplatz 3, 69115 Heidelberg, Germany

Printed by Libri Plureos GmbH
in Hamburg, Germany